2019 개정 누리과정에 기초한

영유아 교수·학습방법

김금주 · 오진희 · 김은정 · 박형신 공저

학지사

머리말

2019년 누리과정이 유아의 흥미에 기반을 둔 '유아 · 놀이 중심' 교육과정으로 개정됨에 따라, 놀이 중심 교육과정을 실천하며 유아의 놀이를 지원해 나가는 교사의 역량이 그 어느 때보다 중요하게 되었다. 교사의 실천 역량은 교육학적 지식만으로 적절히 구현될 수 없다. 교육과정을 잘 운영하기 위해 영유아 교사는 이론적 지식과 함께 영유아의 흥미와 교육환경의 특성을 고려하여, 적절한 방법으로 교수 · 학습 과정을 실천해 냄으로써 영유아의 발달을 이끌어 나가야 한다.

이에 저자들은 영유아 교수 · 학습의 기초와 실제 전반을 아우르는 내용을 담아 이 책을 집필하였다. 제1부에서는 영유아 교수 · 학습의 기초가 되는 교육이념과 아동 중심의 교육적 접근의 특징을 살펴보고 교사의 역할을 제시하였다. 제2부에서는 표준보육과정과 누리과정을 비교해 보고, 교육환경 구성, 영유아를 위한 놀이와 활동의 계획을 다루었고, 영유아를 위한 놀이와 활동의 실행 및 일상생활 지도를 위한 교수 · 학습방법과 교사의 역할을 제시함으로써 영유아 교수 · 학습의 실제를 안내하였다. 이 책은 각 장을 시작하기 전에 예비 영유아교사들이 각 장의 내용과 관련된 자신의 지식과 경험을 반성적으로 생각함으로써 깊이 있는 학습이 가능하도록 하였으며, 각 장을 마무리하면서 학습한 내용을 바탕으로 영유아들의 발달을 도울 수 있는 교수 · 학습방법을 실천해 볼 수 있는 기회를 제공하였다.

아무쪼록 이 책이 예비 영유아교사와 현장 전문가들의 교수 · 학습에 대한 이해를 돕는 지침서가 되기를 기대하며, 이 책이 나올 수 있도록 도움을 주신 학지사에 깊이 감사드린다.

2021년

저자 일동

차례

제2부
영유아 교수 · 학습의 실제

제1부

영유아 교수 · 학습의 기초

제1장 교수 · 학습의 교육이념

제2장 아동 중심의 교육적 접근

제3장 교사의 역할

제1장

교수 · 학습의 교육이념

1. 성숙주의
2. 행동주의
3. 구성주의

생각해 봅시다.

1. 나는 교육을 무엇이라고 생각하고 왜 필요하다고 생각하나요?

2. 지난 학교생활(유초중고)을 돌아보세요. 가장 좋았던 수업시간은 무엇이었나요? 어떤 수업방법이었나요?

3. 내가 생각하는 교육에 가장 적절한 교육 방법은 무엇이라고 생각하나요?

영유아 시기에 대한 교사의 생각은 영유아를 대하는 태도나 교육방법에 영향을 미친다. '크면 다 할 수 있어'라고 생각하는 교사와 '잘 계획해서 가르치면 무엇이든 다 할 수 있어'라고 생각하는 교사는 유아에 대한 생각뿐 아니라 교육 태도에서도 차이가 있을 것이다. 영유아의 교육과 발달에 대한 교사의 신념은 교육 실제에 직간접적으로 영향을 미친다. 이러한 신념은 교사가 되기 이전 오랜 시간에 걸친 교사 개인의 교육적 경험과 직전교육을 통해 형성된 유아교육 이념 혹은 교육철학의 영향을 받는다고 볼 수 있다.

교사의 생각과 교육 실제에 영향을 미치는 교육이념은 크게 낭만주의라는 이름으로도 불리는 성숙주의(Romanticism), 문화전달주의라고도 불리는 행동주의(Behaviorism) 그리고 상호작용이라는 이름으로도 불리는 구성주의(Constructivism)가 있다.

1 성숙주의

성숙주의자들은 인간의 타고난 능력을 무한히 신뢰하며 따라서 유전이 인간의 발달에 결정적인 영향을 미친다고 본다. 이러한 생각은 프랑스의 교육 사상가 Rousseau에서 비롯되어 Fröbel, Gesell 등의 사상과 발달이론에 의해 전개된 교육이념이다. 이들은 발달을 성숙의 과정이자 결과로 여기기 때문에 교육이나 환경과 같은 외적인 요인이 개개인의 타고난 능력의 발현을 방해해서는 안 된다고 본다. 따라서 **교육이 최소한으로 이루어져야 한다**고 주장한다.

성숙주의에서는 학습자 위주의 교육을 전적으로 지향한다. 교사는 학습자를 관찰하여 유아들에게 필요하거나 유아의 요구가 있는 것을 제공하는 소극적 역할을 한다. 다시 말해, 성숙주의 교육이념에서는 성인의 간섭과 프로그램의 구조화를 최소화하여 영유아의 **본성 계발에 역점**을 둔다. 성숙주의를 대표하는 프로그램으로는 아동 중심적 접근을 추구하는 뱅크 스트리트(Bank Street) 프로그램 있다. 1919년 Mitchell에 의해 설립된 뱅크 스트리트 프로그램은 정서발달을 간과하고 인지발달만 강조했던 기존의 교육에 대한 반발로 Dewey의 진보주의에 기초하는 성숙주의 교육과정 접근법의 대표적인 프로그램이다.

2 행동주의

Skinner와 Watson 등으로 대표되는 행동주의 교육이론가들은 인간이 백지상태(tabula rasa)로 태어나며, 개인이 **환경과 같은 외적 요인의 전적인 영향을 받아 성장한다**고 본다. 또한 이들은 **교육을 사회화의 과정**으로 보기 때문에 기성 사회의 산물인 지식 · 기술 · 가치 등을 다음 세대에 전수하는 것이 교사의 역할이라 생각한다. 그러한 이유에서 행동주의 학습이론을 **문화전달주의**라고도 한다. 이들은 기존 사회에 존재하는 수많은 산물을 전수하기 위해 이를 체계화할 필요를 느꼈다. 따라서 이들은 이러한 산물들을 학습자에게 알맞은 자극으로 제공하기 위하여 교육 내용과 과정을 계열(sequence)에 맞게 분류하고 조직함에 따라 결과적으로 **교육의 체계화 · 과학화에 기여하였다.**

행동주의 이론에서는 교육을 자극(S)에 대한 반응(R), 즉 S → R로 설명하였다. 백지상태로 학습에 임하는 학습자에게 적절한 자극을 제공하여 학습자의 반응을 이끌어 냄으로써 학습이 가능해진다는 것이다. 따라서 교육은 자극(S)을 잘 조직해야 한다. 이런 가정하에 수많은 지식 · 기술 · 가치 등을 세분화하여 가르치는 다양한 교수 · 학습방법을 창출해 냈다.

행동주의 교육이념에 따르면 교육과정은 교육하고자 하는 목표에 따라 체계화된 내용이 학습자에게 잘 전달되도록 구성되며, 목표의 달성 여부를 파악하도록 구체적인 목표를 설정하여 이를 실행하도록 되어 있다. 행동주의에서 **교사는 학습자의 변화를 유발하는 자극 제공자의 역할로 학습자에 비해 적극적이며 지시적인 역할을 수행한다.** 행동주의에 해당하는 대표적인 프로그램으로는 헤드스타트 이후 혜택받지 못한 유아에 대한 관심이 고조되면서 유아의 학문적 기초를 형성시키고자 개발된 디스타

(DISTAR) 프로그램 등이 있다. 디스타 프로그램은 Bereiter와 Engelman 교수가 저소득층 유아들이 학교에서 실패하는 것을 막기 위해 개발한 실천적 프로그램으로, 모든 유아는 그들의 발달적 준비도나 배경에 상관없이 배울 수 있다는 전제하에 프로그램을 구성하였다.

표 1-1 성숙주의와 행동주의

성숙주의	행동주의
• 영유아의 본성 계발에 역점 • 성인의 간섭 최소화 • 프로그램 구조화를 최소화 • 소극적 교사의 역할 • 뱅크 스트리트 프로그램	• 영유아의 사회화에 역점 • 성인의 영향 최대화 • 프로그램의 계열화, 체계화 • 적극적인 교사의 역할 • 디스타 프로그램

3 구성주의

성숙주의가 유전을 인간의 발달에 결정적인 영향을 미치는 요인으로 여겼다면, 행동주의는 교육을 포함한 환경적인 요인이 발달에 결정적인 영향을 미친다고 보았다. 그러나 구성주의 이론가들은 유전과 환경이 분리되어 인간 발달에 영향을 미치지 않으며, 두 요인 간의 상호작용의 결과로 발달이 이루어진다고 주장한다. 그러한 이유에서 구성주의 이론을 **상호작용 이론**이라고도 부른다. 그러나 구성주의 내에서도 유전과 환경의 상호작용 정도에 따라 발달을 바라보는 관점이 다양하며, 대표적인 학자로 Piaget와 Vygotsky가 있다.

1) Piaget

Piaget는 인지발달을 연구한 인지적 구성론자로서 영유아기에 대한 인식을 새롭게 하는 데 기여하였다. 그는 인간의 인지가 선천적으로 결정되지도 외부의 자극만으로 발달하지도 않는다고 보았다. 즉, 인지는 여러 유전적 요소를 가진 유아와 그를 둘러싼 환경과의 상호작용의 결과로 구성된다고 보았다.

오랫동안 유아는 독립된 인간으로서가 아니라 성인이 되지 못한 미숙한 인간으로 여겨져 왔다. 오랫동안 유아 시기는 성인으로서 부족한 부분을 갖추기 위해 엄격한 교육이 이루어져야 하는 시기라고 생각하였다. 그러나 Piaget는 영유아기를 미성숙한 성인의 시기가 아니라 성인과 확연히 다른 특징을 지닌 고유한 시기라고 주장하였다. 인간은 태어나서 성인에 이르기까지 각각의 단계를 거쳐 발달하며, 인간의 발달단계는 애벌레에서 나비의 모습을 예측할 수 없었던 것처럼 각 단계마다 나름의 가치와 의미를 갖는 질적으로 다른 고유한 특성을 가진다고 하였다. 즉, **발달은 양적인 변화가 아니라 질적인 변화의 과정**이라고 주장한 것이다.

Piaget는 영아들이 감각운동을 통해 주변 세계를 이해하여 인지를 구성한다고 보아 인지발달단계의 첫 단계를 '감각운동기(0~2세)'라 명명하였다. 그러나 **감각을 통해 세상을 이해**하는 방식은 영아뿐 아니라 논리적인 추론이 어려운 유아기에도 적용될 수 밖에 없었다. 유아교육은 이에 영향을 받아 오감각을 통한 **실물교육(object lesson)** 방식을 지향하는 근거를 얻게 되었다. 실물교육은 오래전 Comenius와 같은 선각자들이 이미 주장한 바 있으나 Piaget는 이를 과학적으로 증명하였다는 점에서 차별화된다. 이러한 그의 연구성과는 과거 성인 주도의 언어 위주 교육이 아동중심, 감각중심에 입각한 교육으로 변화하는 기폭제가 되었다. 이를 통해 정보 전달에 치중했던 언어 주도의 교수법[1]이 실물교육과 학습자의 **오감각에 기초한 직접적인 조작(hands-on)을 통한 교육**으로 대치될 수 있었다(유윤영, 2010).

그는 영유아기의 인지발달이 모든 문화권에서 예외 없이 보편적으로 발달한다고 주장하였다. 이러한 까닭에서 Piaget의 인지발달을 **보편 영역적 지식 구성** 접근(domain-general approach)이라고 부른다. Piaget는 인간의 인지발달이 주변 세계에 적응해 살아가는 과정에서 발생하는 **인지적 불평형상태를 평형상태로 만들어 가는 과정**

❶ Piaget는 논리의 발달을 중시하여 언어와 논리를 전혀 별개의 것으로 간주했으며 지나친 언어 위주의 교육의 폐해에 대해 우려하였다.

에서 이루어진다고 보았다. 유아가 새로운 상황이나 환경, 지식 등에 접하게 되었을 때 기존에 구성된 스키마를 바탕으로 새로운 자극을 이해하는 '**동화**(assimilation)'와 기존의 스키마로 이해하기 어려운 경우 기존의 스키마를 변화시키는 '**조절**(accomodation)'을 통해 **평형상태를 유지**하려고 하는 변증법적 과정을 거치게 되는데 이 과정에서 인지발달이 이루어진다는 것이다. 즉, **불평형-평형-불평형의 과정**을 겪으며 유아는 점점 복잡한 문제를 해결하고 또다시 일어날 수 있는 문제를 미리 예상하고 방어하기도 한다(DeVries & Sales, 2014). 그러기 위해서는 '인지적 갈등'을 필요로 하는데, Piaget는 이러한 **인지적 갈등이 학습자의 내부에서 유발되어야 한다고 주장함으로써 학습자가 학습의 주체**임을 강조하였다.

Piaget는 **논리 혹은 추론 능력**은 선천적으로 타고나는 것이 아니라 개인이 사물(object)이나 사람에 직접적인 행위를 가하고, 자신의 경험을 토대로 **의미를 찾으려 노력할 때야 비로소 얻어진다고** 생각했다. 그에 따르면 전조작기에는 물리적 활동을 통해 지식을 구성할 수 있으며 이를 위해서는 몇 가지 조건이 충족되어야 한다. 그것은 ① 유아 자신의 행위가 원인이 되어 사물의 움직임을 만들어야 하고, ② 유아

① 나의 행동으로 공이 날아간다(공이 움직이는 원인이 나다).
② 공을 던지는 자신의 행위에 따라 공의 움직임이 달라진다
(행동변화가 공의 변화를 가져온다).
③ 공이 날아가는 경로를 볼 수 있다(나의 행위로 일어나는 공의 반응을 관찰할 수 있다).
④ 공이 날아가 과녁판에 붙는 모습을 볼 수 있다.

그림 1-1 **과녁 맞추기 놀이하는 유아**

가 자신의 행위를 바꿀 수 있으며, ③ 사물의 반응이 관찰 가능하고 동시에 ④ 그 반응이 즉각적이어야 한다는 것이다.

다시 말해, **자신의 행위로 사물이 변화하고, 그 변화를 시각적으로 확인함으로써 사물과 사물에 관한 물리적인 개념을 구성할 수 있게 된다**는 것이다(Kamii & DeVries, 1978). 그러기 위해서는 선생님이 사물의 변화를 일으키고 학습자는 이를 관찰하기만 하는 수동적인 교육이 아니라 영유아가 사물의 변화를 유발하는 주체가 되어야 하며, 이에 대한 관찰이 용이하도록 해야 한다. 이러한 원리는 특히 영유아 과학교육의 교수 · 학습에 적용되고 있다.

2) 후기 피아제 학파

Piaget의 인지발달 이론은 인간 발달과 교육에 지대한 공헌을 한 것만큼 이후 많은 비판을 받았다. 후기 피아제 학파(post-piagetian)에 속하는 연구자들은 인간 발달이 철저하게 논리의 발달에 근거한다고 보는 Piaget와 달리 **논리 구조 외에도 사회문화적 요인, 학습자가 했던 사전경험과 학습자의 언어 이해력 등이 인지발달에 영향을 미친다고 보았다.**

Piaget는 나이가 들면서 논리적 사고력이 점차 발달하고 이에 따라 추상적이며 고도의 논리적인 개념이 발달된다고 보았다. 그러나 이들은 Piaget가 논리적 한계를 가진다고 지적한 전조작기 유아들이 '체스'나 '공룡'과 같은 특정한 몇몇 영역에서 보이는 놀라운 개념형성과정에 주목하였다. 그들은 이를 **개념상승(shift)**[2]으로 설명하였다. 그러나 Piaget의 이론으로는 유아들이 '공룡'과 같은 분야에서 이 분야의 문외한인 성인보다 왜 인지적으로 더 유능한지를 설명할 수 없다.

Piaget는 개념 및 이론이 구성되기 위해서는 일정 수준의 사고가 발달되어야 하는데 그러기 위해서는 인지가 여러 영역에 걸쳐 전반적으로 구성되는 것이라는 보

❷ 개념상승현상이란 발달적으로 어려운 시기에 특정한 분야에서 개념의 발달이 놀라운 수준에 이르게 됨을 뜻한다.

편 영역적(domain-general) 지식을 주장하였다. 그러나 후기 피아제 학파는 Piaget와 달리 인간에게는 아주 어린 시절부터 고유한 지식 영역(domain)이 존재하며, 핵심 영역에서 개념을 구성하게 하는 인과관계 및 추론 체계마저도 각기 따로 마련되어 있어 각각의 영역마다 개념구성이 달라질 수밖에 없다는 **특정 영역적 관점(domain-specific approach)**[3]으로 인지발달을 설명한다(유윤영, 2011; Carey, 1985; Laudan, 1977; Vosniadou, 1997; Wellman, 1991).

이들은 논리 외에도 영유아가 일상에서 경험했던 것들이나 관심 여부 등이 지식을 구성하는 데 영향을 미친다고 본다. 유아들은 학습에 백지상태로 임하는 것이 아니라 일상에서 경험으로 형성된 **사전지식**—그것이 항상 옳은 것은 아니지만—을 갖고 있다고 본다. 전혀 알지 못하는 대상을 배울 때보다 평소 경험을 통해 맞건 틀리건 그것에 대해 구성한 사전지식을 가지고 있고, 여기에 현재 영유아가 관심을 가지고 있는 대상에 관해 수업을 한다면 유아들의 흥미를 유발시키게 되어 학습자 주도의 심도 있는 탐색이 이루어질 수 있다고 본다.

무엇인가 하나를 오랫동안 깊이 탐구하다 보면 다른 것을 배울 기회를 잃게 되는 것은 자명한 결과인지도 모른다. 그러나 이들은 금붕어에 대해서 심도 있는 탐색을 하면서 얻었던 지식이 금붕어 하나에만 그치지 않고, 다른 동물, 나아가 차후에 커다란 생물계를 이해하는 토대가 된다고 보았으며, 어린 시기에도 이러한 심도 있는 탐색이 충분히 가능하다고 주장하였다(Inagaki, 1997). 교사들은 유아들과 하나의 주제를 오랫동안 탐색하게 될 경우, 유아들이 다른 주제를 경험하지 못할까 두려워한다. 이러한 두려움은 **하나의 주제에서 익힌 지식과 개념이 다른 개념을 학습할 때 기초가 되어 지식과 사고가 확장**된다는 이들의 주장을 통해 해소될 수 있었다. 인지 구성에 대한 이들의 견해는 학습자의 **일상생활에 주목하게 했을 뿐 아니라 유아들이 구성한 사전개념을 교육의 시작**으로 삼게 하였다.

[3] Piaget는 지식의 구성이 특정한 영역이 아닌 보편적으로 구성된다는 보편 영역적(domain-general) 관점에서 인지발달을 논하였다.

또한 이들은 Piaget가 인지발달 과정에서 '인지적 갈등'이 자발적으로 학습자의 내부에서 유발되어야 한다는 주장에 의문을 제기한다. 아니, 보다 정확히 말하자면 그들은 '인지적 갈등'이 유아 내부에서 자발적으로 일어나도록 놓아두는 대신에 **성인이나 또래의 개입으로 인지적 갈등이 일어나도록 하는 전략**을 개발한다고 주장한다(Forman, 1993). 후기 피아제 학파의 이러한 주장은 레지오 에밀리아(Reggio Emilia)와 같은 프로그램의 이론적 근거가 되고 있다. 후기 피아제 학파와 피아제 이론의 차이점에 대해 알아보면 〈표 1-2〉와 같다.

그림 1-2 동물 인형에게 밥을 먹이는 유아

표 1-2 Piaget와 후기 피아제 학파 비교

	Piaget	후기 피아제 학파
물활론적 사고	• 생물의 가장 두드러지는 특성인 '움직임'에 주목하여, '움직이는 것=생물'로 인식한 결과이다. • 추론의 한계가 영유아로 하여금 물활론적 사고를 유도한다고 본다. • 모든 문화권에서 예외 없이 존재하는 사고 양식으로 본다. • 전조작적 사고의 특성으로 논리의 발달과 더불어 사라지는 사고 양식이라고 본다.	• 의자가 움직였을 때 놀랐던 영아들이 무생물인 공이 사람에 의해 움직일 때 놀라지 않았다(Golinkoff & Harding, 1980). 이는 영아라도 생물과 무생물을 구별할 때 '움직임'이라는 속성에만 의존하여 판단하지 않는다는 것을 증명하는 것이라고 본다. • 물활론적 사고가 아예 존재하지 않는 문화권도 있다.

		• 불교 문화권에서는 물활론적 사고를 성인들도 즐겨 사용한다(예: 빗님이 오신다).
의인화	인간이 아닌 생물을 사람으로 동일시하는 미숙한 사고이다.	생물의 특성을 무생물에 적용한 것은 자신에게 가장 친근한 인간이라는 종(spiecies)을 토대로(base domain) 인간에게서 얻은 정보를 동물이나 사물 등 새로운 대상(target domain)에 전이하는 유추추론과 같은 고등사고의 산물(Mayer, 1992)이라고 본다.
개념 및 이론 구성	보편 영역적 지식 구성: 지식이 구성되기 위해서는 일정 수준의 사고가 발달되어야 하며, 인지는 여러 영역에 걸쳐 전반적으로 구성되는 것이다.	특정 영역적 지식 구성: 인간에게는 각기 다른 고유한 지식 영역이 존재하며, 각각의 영역마다 개념 구성이 달리 이루어진다.
사고 양식	인간의 사고 양식은 연령에 의해서 결정되므로 성인과 유아의 사고는 차이가 있다.	인간의 사고 양식은 연령에 의해 결정되지 않으며 성인들만의 고유한 영역으로 인식되었던 연역적 추론도 유아기에 가능하다고 본다.

3) Vygotsky의 사회적 구성주의

Piaget와 Vygotsky는 인간의 사고과정 발달에 대한 연구자로, Piaget가 인지발달 단계가 예외 없이 모든 문화권에 걸쳐 보편적으로 적용된다고 보았다면 Vygotsky는 **사회문화적 맥락이 인지발달에 미치는 영향**에 주목하였다. 그는 그 사회의 사회문화적인 가치, 관습이나 이데올로기와 고차원적인 정신기능은 구성원들 간의 사회적 상호작용을 통해 전수되며(Rogoff, 1993), 개인의 인지발달은 **사회·문화적 맥락 속에서 공유된 지식을 내면화함**으로써 이루어진다고 보았다. 다시 말해, 그는 영유아를 둘러싼 총체적인 사회 환경은 그 영유아가 무엇을 아는가를 결정할 뿐 아니라 그 영유아가 어떻게 사고하는가를 결정짓는다고 보았다.

Piaget는 인지발달에서 또래의 역할에 주목하였다. 하지만 그는 유아기의 자기중심성 때문에 이 시기의 또래관계에 한계가 있을 수밖에 없다고 보았다. 그렇다고 유아기에 또래 간의 상호작용을 경험하지 못한다면 그 사람은 결국 자기중심성의 감옥에서 벗어나지 못하게 된다며 또래관계의 중요성을 강조하였다(Piaget, 1973).

Vygotsky는 이보다 한층 더 또래의 영향력을 강조하였다. 그것은 또래들이 **근접발달지대**(Zone of Proximal Development: ZPD)에 맞게 적절히 가르칠 수 있는 교수자의 역할을 한다고 보았기 때문이다. 근접발달지대란 독립적으로 문제를 해결하는 실제적인 발달수준과, 성인이나 좀 더 지식이 풍부한 유능한 또래의 도움을 받아 성취할 수 있는 잠재적 발달수준 사이의 간격을 말한다. Vygotsky는 영유아의 지적인 발달을 근접발달지대라는 개념으로 설명하였는데 초보자가 더 높은 수준에서 수행할 수 있으려면 근접발달지대 내에서 비계설정(scaffolding)이 이루어져야 한다고 하였다.

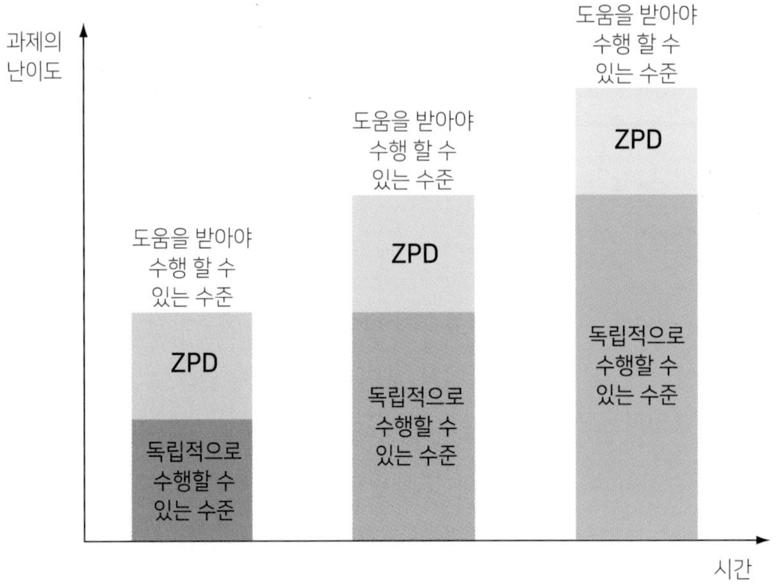

그림 1-3 근접발달지대(ZPD)의 다이내믹

비계설정이란 스스로의 힘으로 해결하기 어려울 때, 스스로 해결하기 전까지 유능한 또래나 성인의 도움을 받아 문제를 해결하는 것을 의미한다. 비계설정을 해 주는 사람은 점차 학습자가 해당 과제에 대해 익숙해짐에 따라 도움의 수준을 줄여 나가게 된다. 즉, 학습 초기에는 성인이 적극적으로 개입하고 많은 양의 비계를 설정하게 되지만 학습이 진행되면서 영유아가 더 많은 역할을 수행하게 됨에 따라 수행의 책임이 교사에서 영유아에게로 넘어가는 것이다. 그러나 사회나 성인이 바라는 것이 무엇이든 비계설정을 한다고 해서 학습자가 수행할 수 있게 되는 것은 아니다. 학습자의 근접발달지대를 고려해야 하는 것뿐 아니라, 학습자가 흥미 있어 하는 것에 한하여 **교사와 학습자 간에 따뜻하고 즐거운 협력**이 이루어질 때 학습이 이루어진다.

근접발달지대에 대한 개념은 '**발달에 적합한 실제**'의 범위를 넓혀 주었다. 발달에 적합한 실제는 영유아가 도움을 받아 수행할 수 있는 수준이나 곧 나타나게 될 과정 및 기능은 포함하지 않고, 영유아가 독립적으로 수행할 수 있는 과정이나 기능으로 여겨졌다. 그러나 Vygotsky는 발달에 적합한 실제에 맞는 교육만을 제공한다면 영유아에게 혼자서 수행할 수 있는 익숙한 내용만 학습하게 된다고 생각했다. 근접발달지대 개념을 교육에 도입하게 됨에 따라 발달에 적합한 실제는 **영유아가 도움을 받는다면 배울 수 있는 내용으로까지 확대**되었다.

Vygotsky는 학습의 과정을 매개하는 가장 중요한 수단이 언어이며 이를 통해 개념을 구성하고 사고가 발달한다고 보았다. 즉, 유아는 부모, 교사 등과 직접적인 대화를 통하여 **사회적 지식과 인지 기능을 형성하며 언어를 통하여 내면화시킴으로써 사고가 발달한다**고 보았다.

Vygotsky는 **놀이**가 상상적 상황을 고안하며 유아가 자발적으로 참여하고 사회적 상호작용을 통해 인지 · 정서 · 사회성 발달을 증진시킬 뿐 아니라 유아 자신의 행동을 지배하는 **정신의 도구**(tools of mind)라고 보았다.

Vygotsky에게 있어서 교육의 목적은 **자기조절**(self-regulation)**의 증진**이었으며, 이는 놀이와 계획-실행-평가의 역동적인 순환과정을 통해 이루어질 수 있는 것이라 생각하였다. 그에 따르면 영유아가 현재 할 수 있는 것만을 교육활동으로 계획하는 것은 바람직하지 않다. 영유아가 관심을 보인다면 도움을 받아 수행할 수 있는 선까지 고려해서 교육을 계획해야 한다. 그러나 비계는 학습자 스스로 수행할 수 있을 때까지만 존재해야 한다. 이러한 가정에 근거하여 Vygotsky는 발달이 학습에 영향을 줄 뿐 아니라 학습이 발달에 영향을 주며, **발달과 학습 사이에는 일직선이 아닌 복잡한 관계가 존재**한다고 보았다. 이러한 또래 간 상호작용의 장려나 비계설정은 레지오 에밀리아와 같은 프로그램의 이론적 근거가 되고 있다.

표 1-3 Piaget와 Vygotsky 이론의 비교

	Piaget	Vygotsky
학습에 대한 관점	학습과 발달 분리	학습이 발달 주도
사고와 언어	인지가 언어에 선행	언어와 인지는 따로 발달하며 언어와 인지는 상호 보완적
자기중심 언어	미숙한 사고의 표현	상위인지 과정
학습방법	스스로 학습하는 독립적 발견자	문화적 맥락에 따른 학습
상호작용	물리적 환경과의 상호작용	사회(타인)와 상호작용
발달단계	발달단계 강조	발달단계 미제시

활동해 봅시다

1. 3가지 교육이념을 정리하고 비교해 봅시다.

2. 내가 지지하는 교육이념을 제시하고 그 이유를 정리해 봅시다.

제2장

아동 중심의 교육적 접근

1. 교육의 주체로서 유아
2. 통합교육
3. 발현적 교육

생각해 봅시다.

1. 영유아 교육에서 '발달에 적합한'의 의미를 생각해 봅시다.

2. 교육에서 '사전지식'은 어떤 기능을 하는 것인지 생각해 봅시다.

3. 나의 생각과 느낌을 표현할 수 있는 방법에는 어떤 것들이 있는지 찾아봅시다.

4. 나(또는 다른 어떤 것)에 관한 지난 기록이 지금의 나에게 어떤 의미가 있는지 생각해 봅시다.

1 교육의 주체로서 유아

'교육=가르치기'라고 여겼던 시절에 교육은 교수(teaching)라는 말 그 자체였다. 구성주의의 태동은 교육에서 가르치기, 즉 교수도 중요하지만 학습자의 역할도 중요하다는 인식을 가지게 하였다. 구성주의는 가르치는 교수(인적 · 물적 환경)와 학습자의 상호작용을 통해 교육이 이루어진다고 보았다. 이를 통해 교육에서 수동적 존재로 머물렀던 학습자가 능동적 존재로 인식되었으며, 교육이란 교사에 의해 일방적으로 전달되는 것이 아니라 학습자가 주체가 되는 과정이라고 보았다(신은수, 유윤영, 1998; Gopnik, 1993; Wellman, 1990). 교육을 '교수 · 학습'의 과정으로 여기게 되면서, 능동적 존재로서의 학습자가 학습을 하는 데 중요한 요소가 무엇인지에 관심을 가지게 되었다. 즉, 학습자의 흥미와 관심, 학습방법에 주목하게 된 것이다.

그림 2-1 능동적 학습자로서의 유아

능동적 존재로서 학습자인 영유아의 특성을 살펴보면 다음과 같다(김금주 외, 2016).

첫째, 영유아는 호기심(흥미)을 통해 세상에 대해 학습한다.

인간의 호기심은 선천적인 것이며 영유아기만큼 그 영향이 큰 시기도 흔치 않을 것이다. 영유아는 흥미 여부에 따라 세상에 대한 이해가 달라진다. 아직 이들은 자신의 흥미와 관심을 조절하지 못하며 조절할 필요를 느끼지 못한다. 영아 시기는 끊임없는 호기심으로 내 몸을 움직이는 것에서 부터 방 안, 집안, 주변에 보이는 사람, 사물 등 자신의 주변을 둘러싼 환경에 흥미를 갖고 이를 탐색하여 새로운 정보를 습득하는 때다. 이런 과정을 통해 습득한 정보(사전지식)를 바탕으로 연령이 높아짐에 따라 영유아는 좀 더 확장된 새로운 것에 흥미를 가지게 된다.

둘째, 영유아는 매일의 일상생활 속에서 감각을 통해 세상을 이해한다.

지금까지 교육은 인간의 이성 계발에 몰두해 왔다. 이성은 감각과 달리 논리적이며 어느 정도의 항상성을 가진다. 하지만 감각은 상대적이다. 겨울의 우물물은 따뜻하지만 여름의 우물물은 그 어떤 찬물보다 차게 느껴진다. 날씨에 따라 우리 몸이 감각을 다르게 느끼기 때문이다. 유아는 논리적으로 사고하기 어렵다. 그래서 우리는 아이에게 "네 키가 68cm야."라고 말하는 대신에 "네 키는 엄마 손으로 네 뼘이야." 혹은 "넌 지연이보다 크고 은지보다는 작아."라고 임의적인 측정이나 비교를 통해 설명한다. 논리를 가르치는 것보다 이들이 감각적으로 잘 인식할 수 있는 방법으로 가르치는 것이 효과적이기 때문이다.

셋째, 영유아기만의 발달적 특성을 가진다.

0~2세 영아는 자신의 **감각과 움직임을 통해 세상을 탐색**한다. 영아는 물체를 만지거나 굴려 보는 등의 행동을 하고 자신의 행동으로 인해서 사물이 어떻게 반응하는지를 관찰한다. 이러한 과정을 통해서 영아는 사물과 친숙해질 뿐 아니라 사물의 외형적 특성과 속성을 발견하면서 물리적 지식을 형성하게 된다.

물리적 지식은 대상이 가지는 외적 특성으로 눈으로 보고 손으로 만지는 등 직접적으로 대상을 관찰하고 조작함으로써 얻게 되는 지식을 의미한다. 영아가 사물을 직접 경험하면서 사물에 대한 이미지를 가지게 되면 그렇게 형성된 사물에 대한 정보와 이미지를 기억해 두었다가 또 다른 상황에서 이 정보들을 기초로 하여 인식한다.

아주 어린 영아(0세) 시기에는 자신의 신체가 내는 소리, 신체의 모양과 움직임에 관심을 가지고 신체를 조절하기 위해 노력한다. 자신의 신체를 조절하기 시작하면 영아는 자신을 둘러싼 환경—자신의 손이 뻗치고 눈길이 미치는 곳에 있는 사물과 사람의 모양—과 그것들이 내는 소리에 관심을 보인다. 그리고 자신의 반응에 작용하여 되돌아오는 반응을 통해 그것에 대해 인식하게 된다. 예를 들어, 영아가 성인이 들려주는 음악에 맞춰 몸을 움직이는 반응을 보일 때 그것을 본 성인이 영아의 움직임에 대해 같이 몸을 움직이거나 "참 신나지?"와 같은 언어적 반응을 하게 되면 영아는 그 음악을 특별하게 인식하게 된다. 이러한 과정은 유아의 신체조절 능력이 향상됨에 따라 그 범위가 확장된다.

2~7세는 **자기중심적 사고**에 의존하며 지각적 속성으로 사물을 판단하므로 사물의 외관에 의존하여 상황을 판단한다. 또한 아직 논리적 사고나 보존개념이 나타나지 않으나 점차적으로 상징과 추론을 사용하기 시작하며, 생명이 없는 것에 생명과 감정을 부여하는 물활론적 사고, 사물을 한 가지 측면으로만 이해할 뿐 반대로 역전하여 이해하지 못하는 비가역성, 꿈과 현실을 구분하지 못하는 실재론적 사고 등의 인지적 특징을 가진다.

영유아에게 있어서 교육의 주체로서 학습자란 무엇인가

그것은 교육이 교사가 '가르친다.'는 관점에서 영유아가 세상에 대한 흥미를 기초로 스스로 내용을 선택하여 '학습한다.'는 관점으로 전환하는 것을 말한다. 이는 영유아가 지속적으로 새로운 흥미를 가질 수 있으며 이를 바탕으로 학습할 수 있는 능력이 있음을 제시하는 것이다. 지속적으로 흥미를 유지하면서 학습하는 것은 이전의 경험이나 지식으로부터 새로운 흥미를 창출하여 학습할 수 있는 것을 의미한다.

학습의 과정은 영유아의 감각적 경험을 통해 이루어지는데 불완전한 감각적 경험이 영유아의 사고에 모순을 일으키게 되고 여기서 발생하는 문제를 해결하는 과정을 통해 논리적 학습으로의 전환이 이루어질 수 있다.

주체적 학습자로서 영유아 시기의 독특한 발달적 특성은 교수·학습 과정에서 충분히 고려되어야 한다. **개별 학습자로서 영유아의 특성은 유아의 개인적 기질, 유전, 유아를 둘러싼 사회·문화적 환경에서 이루어지는 각기 다른 경험에 기인한다.** 이는 개별 유아의 발달수준, 사전경험, 문제해결 방법, 흥미, 학습 동기와 능력 등의 다양한 측면에서 발견할 수 있다(Gandini, 1993). 따라서 영유아의 개별적인 특성을 이해하고 각각의 영유아에게 적절한 교수를 제공해야 한다.

교사는 학습자가 흥미를 가질 수 있는 것을 바탕으로 교육내용을 선정하고 그것이 영유아가 이미 알고 있던 것에 근거하여 감각적 경험을 통해 이루어지도록 교육함으로써 교육 효과를 높일 수 있다. 영유아가 흥미를 느낄 수 있는 것은 자신이 살아가고 있는 삶으로부터 출발한다. 따라서 영유아 삶에 기반을 둔 생활 주제를 중심으로 교육내용을 전개하는 것이 적절한 방법이라고 할 수 있다.

1) 발달에 적합한 학습원리

영유아 시기의 발달을 돕기 위해서는 발달수준에 적합한 학습 자극이 있어야 한다. 즉, 영유아가 주어진 학습 자극을 적극적으로 받아들일 수 있도록 그 수준에 적절한 자극을 제시하여야 한다. 영유아의 발달수준보다 낮은 자극은 영유아의 관심을 끌지 못할 수 있으며, 발달수준보다 높은 자극을 준다면 영유아들은 그 자극을 거부하거나 좌절할 수 있다. 따라서 미국 유아교육학회(National Association for the Educational of Young Children: NAEYC)는 영유아의 발달적 요구에 부응할 수 있는 자극을 발달수준에 적합하게 제공해야 한다고 제시하였다.

NAEYC(2021)는 발달에 적합한 발달과 학습의 원리를 제시하였다. 그 내용을 살펴보면 다음과 같다.

- 발달과 학습은 아동의 생물학적 특성과 환경 사이의 복잡한 상호작용을 반영하는 역동적인 과정이며, 미래의 성장 패턴뿐 아니라 각각은 서로를 형성하는데 영향을 미친다.

지난 20년 동안 신경 과학의 발전은 초기 두뇌 발달과정과 발달 및 학습의 장기적 영향에 대한 새로운 통찰력을 제공했다. 연구 결과 모든 사고, 의사소통 및 학습의 기초가 되는 뇌의 신경 연결은 유아기에 가장 빠르게 확립되고, 새로운 신경 연결을 형성하고 사용하지 않는 신경 연결을 잘라내는 과정은 평생 동안 계속되지만 처음 3년 동안 가장 중요하다는 것이 밝혀졌다. 영아의 옹알이, 울음 또는 몸짓에 성인이 예민하게 반응함으로써, 유아의 자기조절, 의사소통 및 사회적 기술의 기초가 되는 신경 연결의 발달을 직접적으로 지원한다. 따라서 출생부터 8세까지의 전체 연령에 걸쳐 아동의 발달과 학습을 촉진하기 위해 일관되고 반응적이며 민감한 보살핌과 교육을 제공하는 유아 교육자는 매우 중요하다. 양질의 유아교육은 특히, 영유아기의 만성 스트레스 및 기타 불리한 경험의 부정적인 영향을 극복할 수 있을 뿐 아니라 유아의 회복 탄력성과 건강한 발달에 크게 기여한다.

■ 유아의 모든 발달과 학습의 영역(신체, 사회 · 정서, 언어-이중 언어, 다국어-인지 발달)은 중요하고, 각 영역은 상호 연결되어 있으며 한 영역에서의 발달과 학습은 다른 영역에 영향을 미치고 영향을 받는다.

유아 교육자들은 주의력, 작업 기억력, 자기조절, 추론, 문제해결 및 학습에의 접근을 포함하는 일반적인 학습 능력과 실행 기능뿐만 아니라 이러한 모든 영역에서 영유아의 발달과 학습을 발전시킬 책임이 있다.

각각의 영역들 간에는 상당한 상호 연결성이 있다. 예를 들어, 건강한 영양, 신체 활동 및 충분한 수면은 모두 영유아가 사회적 상호 작용에 참여할 수 있는 능력을 촉진하여 인지 성장을 자극한다. 예측 가능하고 반응이 빠른 관계를 경험하고 성인과 반응적인 상호작용을 경험하는 영유아는 일반적으로 학습 능력과 실행 기능이 향상되는 경향이 있다. 또한, 한 영역의 변화가 다른 영역에 영향을 미침으로써 각 영역이 중요함을 알게 된다. 예를 들어, 아이들이 기어가거나 걷기 시작하면 세상을 탐험할 수 있는 새로운 가능성을 얻게 된다. 이러한 이동성은 인지발달과 호기심을 충족시키는 능력 모두에 영향을 미치게 되므로, 이동성이 제한되는 장애 아동을 위한 적용의 중요성을 강조한다.

■ 놀이는 자기 규제, 언어, 인지, 사회적 역량은 물론 모든 분야에 걸친 내용지식을 형성하는 즐거운 학습을 촉진한다. 놀이는 출생부터 8세까지 모든 어린이에게 필수적이다.

놀이는 영유아의 발달과 학습을 촉진하는 중심적인 교육활동이다. 놀이는 영유아의 상징적이고 창의적인 사고, 또래 관계, 언어, 신체 발달 및 문제해결 기술을 개발한다. 모든 영유아는 실내와 실외 모두에서 매일 지속적인 놀이 기회가 필요하다. 놀이는 대 소근육을 활용하는 신체 능력을 개발하고, 자신의 세계를 탐색하고 이해하며, 다른 사람과 상호 작용하고, 감정을 표현하고 제어하며, 상징 및 문제해결 능력을 개발하고 새로운 기술을 연습하도록 도와준다.

놀이는 선택(놀이에 참여하기 위한 영유아의 결정, 놀이 방향 및 지속에 대한 결정), 경이(영유아의 탐구, 정보 수집, 가설 테스트 및 의미 만들기), 기쁨(활동의 즐거움, 발견, 새로운 일 달성과 관련된 기쁨과 웃음)의 3가지 주요 요소를 포함한다. 또한, 놀이에서는 또래 또는 성인과의 사회적 상호작용이 활발하게 일어난다. 성인은 놀이 파트너(예: 유아와 함께 까꿍 놀이) 또는 놀이 촉진자(특정 방식으로 활동을 확장하도록 제안함으로써)가 될 수 있지만, 성인이 활동이나 상호작용을 더 많이 지시할수록 그럴 가능성은 줄어든다.

프로젝트 기반 학습, 탐구 학습 또는 만들기와 같은 교차 교과 및 협력 접근법은 놀이라고 부르지 않지만 놀이 학습의 특징을 공유한다. 영유아들이 문제에 접근하고, 가설을 세우고, 다른 사람들과 함께 잠재적인 해결책을 탐색하는 방법에 있어 자율성과 선택 의지를 부여하는 것은 더 깊은 학습을 촉진하고 실행 기능을 향상시킨다.

- 발달과 학습은 보편적으로 이루어지지만 영유아를 둘러싼 사회문화적 맥락, 영유아의 경험 및 개인차도 고려해야 한다.

발달의 전반적인 특징은 놀이를 포함한 영유아의 능력이 언어, 인지, 사회적 상호작용, 신체적 움직임, 문제해결 능력 등 사실상 모든 측면에서 점점 더 복잡해진다는 것이다. 두뇌가 발달하면서 두뇌의 조직화와 기억력이 증가하게 되고 영유아들이 점차 단순한 루틴을 더 복잡한 전략과 결합할 수 있다.

영유아 발달의 모든 영역에서 일반적인 변화에도 불구하고 문화적, 언어적 맥락에 따라 다르다. 예를 들어, 일부 문화권에서는 영유아들이 환경을 탐구하기 위해 스스로 독립적으로 움직여 자신의 호기심을 충족시키는 것을 장려한다. 반면 어떤 문화권에서는 영유아들이 성인이 만든 구조화 된 활동에서 제기되는 질문에 대한 답을 찾기 위해 사회화 된다.

또한, 발달과 학습은 영유아마다 다른 속도로, 개별 영유아는 각각 다른 영역에서 각기 다른 속도로 발달한다. 영유아의 능력과 기술은 종종 유동적이며 개인 또는 맥락적 요인에 따라 날마다 다를 수 있다. 예를 들어, 아이들은 여전히 자신의 주의를 집중할 수 있는 능력을 발달시키고 있기 때문에 아이가 어떤 날에는 퍼즐 맞추기를 성공할 수 있지만 환경이 산만해지면 다음 날에는 성공하지 못할 수 있다.

관찰된 능력의 일부 퇴행은 새로운 기술이 완전히 달성되기 전에는 일반적이다. 이러한 모든 이유 때문에 발달에서 '단계'개념은 제한적이다. 보다 유용한 발달에 대한개념은 엄격한 단계를 나누기보다 단계와 단계 간 중첩을 허용하는 발달의 흐름을 생각해야한다.

■ 아이들은 태어날 때부터 적극적으로 학습하며, 관계, 환경과의 상호작용 및 전반적인 경험을 통해 의미를 창출하기 위해 지속적으로 정보를 수집하고 구성한다.

영유아들도 매우 복잡한 사고를 할 수 있다. 영유아는 사람, 사물과의 상호작용 뿐 아니라 자신을 둘러싼 주변 세계를 관찰하는 것을 통해 수집 한 정보를 사용하여 개념적 이해를 세울 수 있는 정교한 이론을 만든다. 영유아들은 성인 및 또래와의 상호작용, 적극적인 탐구와 놀이, 주변 세계의 사람과 사물에 대한 관찰을 통해 의미를 만들고 지식을 구성한다.

교사는 모든 영역에서 지식(어휘 포함) 및 기술 발달을 격려하는 풍부한 놀이 기반 학습 환경을 만드는 데 있어 교사 자신의 역할이 중요함을 인식하고, 영유아의 현재 능력이 영유아가 한 사전경험의 결과임을 이해한다.

영유아들은 주변 세계의 물리적 현상에 대한 언어와 개념을 학습하고 교사와 영유아의 상호작용 및 또래 상호작용을 통해 사회적 역동성에 대해 배운다. 5세 이전의 대부분의 영유아들은 성별과 인종에 대한 인식과 편견을 포함할 수 있는 자신과 타인에 대한 사회적 정체성에 대한 기초적인 개념을 가진다.

■ 영유아의 학습 동기는 학습 환경이 소속감, 목적 및 선택 의지를 길러줄 때 증가한다. 교육과정 및 교육 방법은 학교 또는 학습 환경에서의 경험을 가정 및 지역 사회 환경과 연결함으로써 개별 영유아의 자산을 기반으로 한다.

중요한 것은 각 어린이의 선택 의지를 격려하는 것이다. 선택 의지의 기회, 즉 어떤 활동에 참여할 것인지 그 활동을 어떻게 진행할 것인지에 대한 선택이다. 선택을 만들고 행동할 수 있는 능력은 다른 작업을 완료한 후의 보상이나 성취도가 높은 학생들로 제한되지 않고 모든 영유아들에게 가능해야 한다. 궁극적으로 동기부여는 의미, 관심 및 참여에 대한 학습자의 결정에 기반을 둔 개인적인 결정이다.

교사는 영유아의 선택 의지를 촉진하고 영유아가 자신의 관심사를 기반으로 의미 있고 목적이 있는 도전적이면서도 달성 가능한 작업에 참여함으로써 동기 부여를 느끼도록 도울 수 있다.

뇌 발달에 관해 앞서 언급했듯이, 아이들의 안전과 안정감은 고차원적 사고능력 발달에 필수적이므로 소속감을 키우는 것은 본질적으로 두뇌 발달에 중요한 요소이다.

교사는 영유아의 관심사를 파악하고 적절한 행동과 대화(관심이 약해졌을 때 언급하는 것을 포함)로 반응함으로써 영유아들이 자신의 행동이 변화를 일으킬 수 있다는 자신감과 이해를 키우도록 도울 수 있다. 교사는 영유아들이 자신에게 의미 있는 학습경험을 선택하고 도전적인 목표를 설정하고 달성하도록 돕고 영유아가 자신의 경험과 학습을 반영하는 데 참여할 수 있도록 돕는다.

■ 영유아는 학문 분야 또는 주제 영역을 아우르는 통합된 방식으로 학습한다. 각 교과 지식의 기초는 유아기에 확립되기 때문에 교사는 각 교과 영역 지식, 각 교과 영역 내의 학습 과정에 대한 이해, 각 교과 영역의 교과내용을 효과적으로 가르치는 것에 관한 교육학적 지식이 필요하다.

교사들은 각 어린이에게 의미 있고 매력적인 것들에 대한 지식을 바탕으로 모든 내용 영역과 발달 영역에서 교과 영역 지식을 증진시키는 학습 환경과 활동을 설계한다. 교사들은 각기 다른 주제 진행에 대한 지식, 진행 과정에서의 공통 개념과 오

개념에 대한 이해, 각 주제 영역에 대한 교육적 지식을 사용하여 영유아에게 도전적이지만 달성 가능한 의미 있는 목표를 제공하는 학습 활동을 개발한다.

개별 교과의 가치를 인식하고 여러 영역을 함께 고려하는 다학문적 통합 접근방식은 일반적으로 내용 영역을 개별적으로 가르치는 것보다 더 의미가 있다. 이것은 표면적인 연결을 넘어서 '영역과 주제 사이에 풍부한 연결뿐 아니라 각 교과의 핵심 개념, 절차 및 인식론적 구조를 유지하도록 허용하는 것'을 의미한다. 그러므로 교사들은 모든 교과목의 핵심 구조(개념과 언어)를 잘 이해하여 적절한 방법으로 아이들에게 전달할 수 있도록 하는 것이 중요하다.

8세까지의 영유아의 학문적 어휘를 포함한 개념적 및 사실적 지식을 적극적으로 구성하는 것은 지식이 이해력의 주요 동인이기 때문에 필수적이다. 영유아(및 성인)가 더 많이 알수록 듣기 이해력이 향상되고 나중에 읽기 이해력이 향상된다. 유아기에 세계에 대한 지식을 쌓음으로써 미래의 모든 학습에 중요한 토대를 마련한다. 모든 주제는 각 어린이에게 의미 있고 흥미를 유발하는 방식으로 가르칠 수 있다. 영유아가 학문적 주제에 대해 준비가 되어 있지 않다는 생각은 발달에 적합한 실제에 대한 잘못된 이해이다.

■ 발달과 학습은 영유아가 현재의 수준에서 성취하는 것에 도전적일 때, 새로 습득 한 기술을 반성하고 연습할 기회가 많을 때 발전한다.

인간, 특히 영유아들은 현재 이해할 수 있는 것, 숙달된 것을 넘어서 이해하거나 행하도록 동기를 부여받습니다. 유아 교육자들은 각 영유아와 가족이 제공하는 강점과 자원을 바탕으로 그 동기를 자극하고 영유아의 현재 기술, 능력 및 관심을 확장하는데 도움이 되는 풍부한 학습 환경을 만들 수 있어야 한다.

교사들은 새롭고 점진적으로 더 발전된 도전에 영유아들의 수행과 숙련을 촉진하기 위한 전략을 사용한다. 교사들은 아동이 현재의 기술이나 이해 수준을 넘어서는 과제에서 성공할 수 있도록 지지 또는 지원을 제공함으로써 아동 발달에 기여한다. 여기에는 정서적 지원뿐만 아니라 영유아가 이전 지식 및 경험과 연결하는 데 도움이 될 수 있는 단서를 제공하는 등의 전략이 포함된다.

영유아들은 지지받는 환경에서 새로운 수준으로 발달하므로, 영유아들은 독립적이고 다음 도전을 위한 토대를 마련하면서 다양한 맥락에서 기술을 사용할 수 있다. 이러한 지원 또는 비계설정은 교육의 핵심 기능이다. 또한, 또래는 서로 다른 능력을 가지므로 상호 비계설정 하는 동료 학습을 지원하는 효과적인 방법이 될 수 있다.

영유아들이 자신의 경험과 학습을 반성하고 시간이 지남에 따라 개념을 재검토하도록 하는 것도 교사에게 중요한 전략이다. 유아들에게 개념과 경험을 재검토 할 수 있는 다양한 기회와 함께 다양성과 깊이를 모두 제공해야 한다. 영유아들의 삶과 관련된 공동체와 상황을 묘사하는 그림책과 기타 학습 자료, 사진, 비디오, 아동 삽화 및 표현, 영유아의 글을 포함한 문서가 포함된 그룹 프로젝트는 반성을 위한 유용한 출발점이 될 수 있으며 시간이 지남에 따라 개념을 재검토하는 데 중요한 도구가 된다.

■ 책임감 있고 의도적으로 사용되는 IT 기술과 대화형 미디어는 어린이의 발달과 학습을 지원하는 귀중한 도구가 될 수 있다.

영유아들은 기술과 상호작용적 미디어가 보편화된 디지털 시대에 살고 있다. 새로운 미디어의 사용이 늘고 그 유형이 급격히 변화함에 따라 아동의 발달과 학습에 미치는 영향에 대한 연구결과 또한 계속해서 변화하고 있다. 그동안의 연구 결과들은 과도한 시청 시간과 아동 비만 사이의 연관성 뿐 아니라 소근육 운동, 의사소통 및 사회적 기술에서 부정적인 영향을 미치는 것에 대한 우려를 포함한다. 2세 미만의 어린이가 스크린 미디어가 있는 장치를 독립적으로 사용할 때 발달이 향상된다는 증거는 없다. 이러한 사항을 염두에 두고 사용한다면 IT 기술 및 대화형 미디어는 발달적으로 적절한 실행을 지원하는데 도움이 될 수 있다. 예를 들어, IT 기술과 대화형 미디어는 가족, 영유아 및 교사 간의 의사소통을 촉진할 수 있다. 그 외에도 언어 차이에 대한 학습, 이해 및 의사소통을 지원하고 장애 아동의 통합교육을 지원할 수 있다. 디지털 미디어의 사용은 영유아, 교사 및 가족의 문서화 및 형성 평가를 통한 반성적 사고 촉진과 고립된 영유아(예: 그룹 환경에 참여할 수 없는 건강 문제가 있는 영유아 또는 사회적 기술이 덜 발달 된 영유아)가 또래들과 효과적으로 교류할 수 있는 기회를 제공 할 수도 있다.

영유아들이 IT 기술과 미디어를 사용하는 것은 능동성, 직접 경험, 적극적 참여, 권한을 가지는 효과가 있다. 교사는 개별 영유아가 각자의 속도로 기술을 발전시킬 수 있도록 영유아들에게 적합한 비계설정을 제공해야 한다. IT 기술과 상호작용적 미디어는 영유아의 학습을 지원하는 많은 옵션 중 하나로 사용되도록 새로운 콘텐츠와 새로운 기술에 대한 영유아의 접근을 확대해야한다. 그러나 미디어와 IT 기술의 사용이 실제 경험의 기회를 대체해서는 안 된다. 실제 경험과 IT 기술과 미디어가 진정으로 통합되면 영유아나 교사는 기술이 아닌 활동이나 탐색 자체에 집중할 수 있다.

2) 사전지식

교육은 인간을 긍정적인 방향으로 변화시키는 것을 목적으로 한다. 즉, 학습자의 인지, 정서, 사회, 신체, 언어의 모든 측면에서 지식과 기술, 태도, 가치, 신념 등을 긍정적인 방향으로 변화시키는 것이다. 이러한 교육의 목적을 달성하기 위해 교사는 학습자에 대한 이해를 바탕으로 교수를 실시해야 한다.

유아는 태어나면서부터 자신을 둘러싼 물리적 · 사회적 환경과의 상호작용을 통해 다양한 지식을 구성한다. 영아 시기 동안 감각을 통한 주변 사물에 대한 탐색은 유아 시기 물리적 지식을 구성하는 기초가 되며, 유아는 자신과 가장 많은 시간을 보내는 주 양육자와의 관계 속에서 기초적인 사회적 지식과 기술을 습득한다. 이렇듯 정규 학교 교육과정에 참여하기 이전에 유아는 이미 많은 지식을 구성하게 된다. **사전지식은 정규 학교교육을 받기 이전에 학습자들이 일상생활을 통해서 이미 알게 된 지식이나 개념**을 말한다(유윤영, 2003).

유아가 새로운 지식을 구성하는 과정은 유아 자신이 가지고 있는 사전지식과 개념들 간의 통합과 유아 자신이 구성한 특정 개념의 틀에 의존한다(Vosniadou & Brewer, 1987). 유아가 새로운 정보나 지식을 접할 때 그것이 어려운 것이라고 인식한다면 유아 스스로 새로운 지식을 구성하는 데 장애가 될 수 있다. 따라서 유아가 이미 습득한 사전지식은 새로운 학습을 진행하는 데 정서적으로 안정감을 줄 수 있고 새로운 도전을 시도할 수 있도록 한다. 많은 학자는 학습자가 자신이 흥미 있어 하는 주제를 그렇지 않은 주제에 비해 더 많이 알고 있다는 사실을 발견하였고, 동기 유발과 사회적 맥락이 지식의 획득과 특정 지식의 활용에 영향을 미친다고 하였다(Alexander & Judy, 1988; Asher, 1980; Tobias, 1994).

사전지식은 각 유아를 둘러싼 환경과 자극의 정도에 따라 다르게 구성된다. 산과 들로 둘러싸인 환경에서 자란 유아는 도시 지역의 유아보다 식물의 이름이나 식물의 변화 등에 대한 사전지식이 더 많을 것이다. 사전지식의 정도에 따라 어떤 유아는 특정한 영역에서 매우 유능한 모습을 보일 수 있다. 사전지식을 교육적으로 활용하기 위해 교사는 교수를 계획할 때 유아가 호기심을 가지고 적극적으로 학습에 참여할 수 있도록 유아의 사전지식을 정확히 알고 있어야 한다. 예를 들어, 교사가 '동물'이라는 주제를 전개할 때 유아가 가지고 있는 동물에 대한 사전지식은 동물에 대한 활동을 전개하는 데 영향을 미칠 수 있기 때문에 교사는 유아의 사전지식을 미리 파악하는 것이 필요하다.

Inagaki(1992)는 과학교육에서 유아가 새로운 개념을 형성하는 데 유아의 사고 구조보다 유아가 이미 직접 경험한 사전경험이 더 큰 영향을 미친다고 하였다. 이는 비단 과학교육에만 해당하지 않고 유아교육의 모든 분야에 해당하는 것이므로 유아의 **사전지식을 교육의 출발점으로 삼는 것이 적절**하다(신은수, 유윤영, 1998; Inagaki, 1992).

의자와 책상의 대한 사전지식을 바탕으로 새로운 이용방법을 생각해봄으로써
사용성과 책상과 나무의 물리적 속성인 나무판과 기둥의 개념이 통합된다.

그림 2-2 책상, 의자를 본 유아의 사전지식

사전지식의 수준과 교수의 필요성은 서로 역관계를 가진다. 사전지식의 수준이 높을수록 교수의 필요성은 감소하고 학습의 효과는 증가하며, 사전지식의 수준이 낮을수록 교수의 필요성은 증가한다. 즉, 사전지식에 대한 평가는 교수가 어디서부터 이루어져야 하는가를 제시한다(Jonassen & Grabowski, 1993). 초등학교 과학활동에서 사전지식이 많은 아동들이 더 많이 관찰에 참여하였으며 예측, 발견, 이해 및 적용과 같은 더 높은 수준의 질문을 하였다(임재근, 2010). 이는 학습자 개개인이 가지고 오는 사전지식은 그것의 양과 형태뿐만 아니라 지식의 구조에서도 차이가 있음을 나타내는 것이다.

지식의 양은 단지 개인이 얼마나 많은 정보를 가지고 있는가에 대한 양적인 특징을 의미하지만 **사전지식은 주어진 주제에 대한 전체적인 지식 대 상세한 지식의 수준, 사전지식의 정확도에 대해 가지는 자신감의 수준 그리고 그 주제와 관련하여 어떤 다른 정보를 고려할 것인가를 의미**한다(Jonassen & Grabowski, 1993). 이러한 사전지식이 유아가 새로운 지식을 습득하는 데 방해가 되는 경우도 있다. 부정확한 사전지식을 가졌을 경우 유아가 새로운 정확한 지식을 학습했음에도 불구하고 기존의 지식을 수정하거나 새로운 지식을 구성하는 것을 거부하는 경향이 있기 때문이다(Bransford & Vye, 1989; Carey, 1985).

잘못된 사전지식이 형성되는 데는 여러 가지 이유가 있다. 하나의 개념이 완전하게 구성되는 데 상당한 시간이 걸리므로 개념을 생성하는 과정 중에 있거나, 현재 가지고 있는 개념이 충분하다고 생각하여 새로운 개념을 학습하거나 바꾸려고 하지 않는 경우다. 또한 수업에서 너무 많은 개념을 너무 짧은 시간에 가르치려고 하기 때문에 충분한 학습을 할 수 없으며, 지난날의 개념이 너무 단단하게 자리 잡고 있는 경우 새로운 개념이 자리 잡기가 어렵다. 그러나 유아의 잘못된 지식 구성은 발달과정에 있는 유아에게 자연스러운 현상이며 새로운 지식을 구성하는 토대가 되기도 한다.

교사가 이러한 유아의 사전지식 상태를 파악하지 못하거나, 유아가 잘못된 개념을 수정할 수 있는 충분한 시간을 주지 않고 정보 전달에만 급급해할 경우, 전달된 정보는 유아에게 내면화되지 못한다. 또한 유아는 자신이 기존에 알고 있던 잘못된 사전지식에 근거하여 또다시 옳지 않은 개념을 형성할 수도 있다. 따라서 **교사는 학습자 자신이 알고 있는 것이 맞는지 틀린지를 단순히 확인하기보다 둘 간의 개념적 차이를 인식할 수 있는 기회를 제공해야 한다.** 또한 교사는 유아가 알고 있는 사실이 틀리더라도 이를 존중하고, 이것에 기초하여 교육을 진행해야 한다. 잘못 구성된 사전지식을 교육적으로 적용하기 위해 유아가 스스로 문제를 발견할 수 있는 능동적 학습이 이루어지도록 한다. 또한 학습자가 사전지식과 새로운 지식 간의 차이가 불러일으키는 인지적 갈등을 충분히 경험하도록 한 후 문제해결 과정을 거치도록 해야 한다(Dekkers & Thijs, 1998). 이와 같이 유아의 **사전지식은 교육의 출발점으로서 가치**를 갖는다. 학습자의 사전지식을 교육에 반영하게 됨으로써 **개별 학습자에게 의미 있는 경험을 제공하게 되고, 그 결과 교육의 효율성을 높일 수 있다**(유윤영, 2003).

유아의 사전지식과 새로운 정보를 관련짓게 하여 유의미한 학습을 도울 수 있을 뿐 아니라 유아의 인지 구조 변화의 성격을 잘 설명해 줄 수 있는 방법이 바로 **개념망 작성**이다. 개념망은 개념 사이의 관계와 상호관계를 보여 주기 위해 이름 붙여진 선에 의해 연결된 개념들로 이루어진다. 새로운 주제가 선정되면 교사는 그 주제에 대해 유아들과 함께 개념망을 작성하게 되는데, 이때 학습자의 사전지식에 대한 정보를 얻을 수 있고 이를 토대로 새로운 지식을 가르치기 위한 도입 자료를 설계하는 토대를 마련할 수 있다. 특히 각 학습자의 사전지식의 수준을 확인하여 개개인의 능력수준에 맞는 적절한 도움을 제공할 수 있다.

또한 유아의 또래 간 소집단 활동은 새로운 지식과 아이디어를 교환하게 하고 활동 중에 발생하는 또래 간의 지식과 생각의 교환은 유아로 하여금 실험하고자 하는 도전 의식을 이끌어 낼 수 있으며 동시에 다양한 의사소통을 유발하고 성인과의 학습과 달리 자유로운 분위기에서 이루어질 수 있어 바람직한 교수방법이다(신은수, 유윤영, 1998).

2 통합교육

초 · 중등의 타학제가 국어시간, 수학시간과 같이 시간제로 교과목을 가르치는 것과 달리 유아교육은 교육과정을 통합하여 교육하는 방식으로 진행해 왔다. 2013년 고시된 3~5세를 위한 누리과정을 보면, 신체운동 · 건강, 의사소통, 사회관계, 예술경험, 자연탐구의 5개 영역의 내용을 시기와 상황과 필요에 따라 선정하여 통합적으로 편성하며 5개 영역의 전체 또는 일부가 서로 연계되고 통합되도록 하는 것이 바람직하다(서울특별시 교육청, 2014)고 고시하고 있다.

1) 통합교육의 정의

'**통합**'이라는 말은 유아교육 분야에서 다양하게 사용되고 있다. 교육과정에서의 통합은 두 개나 그 이상의 교과목을 하나로 묶어 새로운 교과목을 만드는 교과과정의 통합을 뜻하는 것이 일반적이다. 대표적으로 Huntley(1998)는 통합교육과정을 하나의 학문에 초점을 두어 통합을 하는 **학문내적(intradiscipline) 통합**, 하나의 학문에 초점을 두되 우선이 되는 학문 영역을 지원하거나 촉진하기 위해 여러 학문이 통합되는 **다학문적(interdiscipline) 통합**, 그리고 주제(theme)를 중심으로 여러 학문 영역이 통합되어 있는 **통합된(integrated) 구성**의 세 가지 유형으로 통합교육과정을 나누었다. 일반적으로 유아교육에서 이루어지는 통합교육과정은 통합된 교육과정의 성격을 지니며, 전통적으로 단원이나 주제를 중심으로 여러 교과목이 통합된 형태로 운영해 왔다.

2) 통합교육과정의 근거와 발전

영유아 교육과정에서 가장 일반적으로 나타나는 통합교육과정은 주제중심의 접근법을 지향해 왔으며, 교육과정을 개정하는 과정에서도 이러한 접근은 계속되고 있다. 그렇다면 타학제와 달리 유아교육이 통합교육과정을 지속해 온 근거는 무엇일까? 실제로 **통합교육과정의 근거**는 여러 곳에서 찾을 수 있다.

먼저, 20세기 초 **진보주의 교육사조의 영향**을 들 수 있다. 진보주의자들은 경험이 곧 교육이고, 학습자의 내부에서 여러 경험이 누적되어 재구성됨으로써 학습자가 성장한다고 보았다. 이러한 성장은 학습자가 본래부터 가진 창조적인 지성의 내재적인 표현의 결과라고 보았다. 따라서 이들은 학습자의 현재 경험이나 학습자의 관심사 혹은 흥미 등을 중요하게 여기며, 이것들을 교육의 출발점으로 삼아 학습자가 경험을 재구성할 수 있도록 교육과정을 구성하고 개발해야 한다고 주장하였다. 교육과정 통합에 대한 이러한 견해는 프로젝트 접근과 같은 방법으로 현실화되었다.

두 번째로, **뇌발달 연구** 역시 유아교육과정이 통합교육을 지향하도록 영향을 미쳤다. 뇌발달 연구자들은 영유아가 주변의 사물이나 여러 가지 상황을 각각 분리된 특성이 아닌 전체로 경험함으로써 통합적으로 인식함을 발견하였다. 영유아의 이러한 발달적 특성은 교육이 영유아의 일상과 밀접한 경험들을 중심으로 통합적으로 이루어지도록 구성할 근거가 됨으로써 유아교육이 통합교육을 지향하게 하는 데 영향을 미쳤다.

마지막으로, 통합교육과정의 근거를 제공한 배경으로 Piaget가 있다. 인간의 인지발달을 연구했던 그는 수 · 시간 · 공간 · 무게 · 길이 · 도덕성은 각각의 별개의 영역(domain)이지만, 각각의 영역에서 활용했던 사고 유형은 동일한 수준의 다른 영역에서도 안정되게 적용된다고 보았다. 다시 말해, '수'라는 영역에서 문제를 해결했던 사고 유형이 동일한 수준의 영역이라고 여겼던 '시간' '공간'과 '도덕성'과 같은 영역에서도 작용한다고 본 것이다. 따라서 이에 동의하는 사람들은 **특정한 주제나 개별 영역이 갖는 특성에 주목하기보다 영역을 작용하게 하는 사고 유형에 근거하여 교육과정을 구성**하였다(Gelman & Disendruck, 1999). 유아교육과정도 이에 영향을 받아 분류 · 서열 · 시간 · 공간 개념과 같은 사고 유형을 중심으로 교육과정을 구성해 왔다(유윤영, 2010; Brown, Campione, Metz, & Ash, 1997; Gelman, 1988).

이러한 주장은 언뜻 보기에 관련이 없어 보일 것 같은 분류 · 서열 · 시간 · 공간 등과 같은 영역 혹은 교과들이 상호 관련되어 있다는 이해를 구축하게 하여 유아교육이 통합교육을 실행하는 실제적인 근거가 되었다(Kamii, 1973). 여러 관점에서 통합교육을 지지하는 사람이 적지 않았지만 Piaget처럼 통합교육과정의 근거를 구체적으로 제시한 경우는 흔치 않았다. 그렇기 때문에 유아교육과정의 통합에서 Piaget의 역할은 클 수밖에 없었다. 특히 여러 사고 유형 가운데 '분류'는 유아기에 가능한 사고 유형으로 여겨짐에 따라 '추론'과 같은 다른 고등 사고보다 유아교육과정에서 강조되는 경향이 있었다. Piaget를 위시한 전통적인 인지론자들은 유아기는 분류를 통해 세상에 대한 이해를 구성한다는 아동관을 갖고 있었기 때문에 유아교육은 다른 어떠한 사고 유형보다 '분류'를 중심으로 하는 교육과정을 구성하기에 이르렀다(Gelman, 1988). 실제로 '몸에 좋은 음식과 나쁜 음식 분류(주제: 나의 몸), 동물이 사는 곳에 따른 분류(주제: 동물), 옛날과 오늘날의 물건 분류(주제: 우리나라),

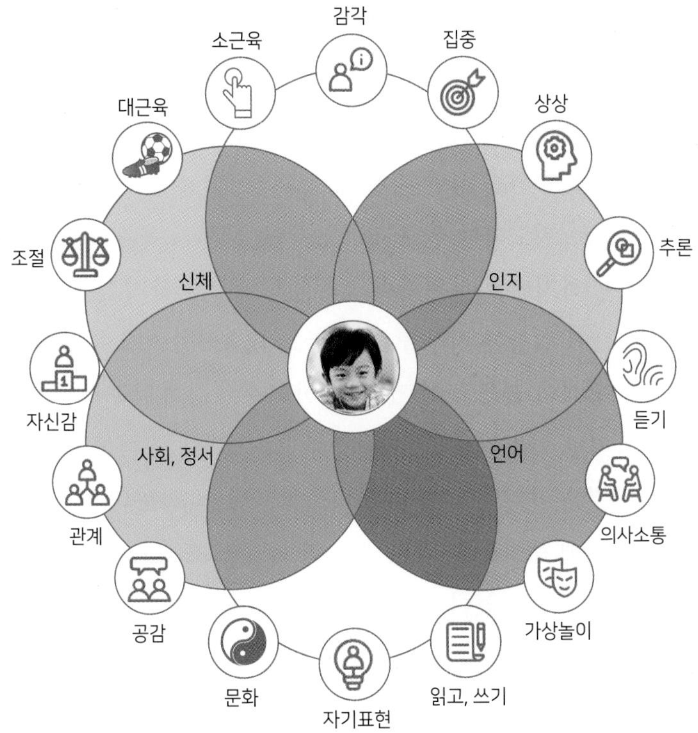

그림 2-3 **통합교육**

엄마와 아빠가 쓰는 물건 나누기(주제: 가족)……'가 말해 주듯, '분류'는 주제와 무관하게 거의 모든 교육과정에서 폭넓게 활용되었다.

교사가 유아의 발달에 적합한 사고 유형을 중심으로 교육과정을 구성할 경우, 학습자인 유아는 주제가 바뀌었지만 그 안에서 '분류'라는 사고만을 주로 경험하게 되는 결과가 초래되었다. 이러한 제한된 경험은 학습자가 학습에 대한 흥미를 잃게 할 뿐 아니라 각각의 주제에서 배울 고유한 내용을 심도 있게 학습하는 데 제한이 될 가능성을 배제할 수 없었다. 이에 대해 **교과나 주제마다 익혀야 할 필수 개념이 다르며, 이러한 특성이 교육과정에 반영되어야** 한다(Kilmer & Hoffman, 1995; Wellman & Gelman, 1997)는 주장이 힘을 얻고 있다. 그러나 이들 역시 **학습자 영유아의 인지적 특성을 고려하여 실행할 때는 교육과정의 통합을 지향한다.**

3) 통합적 접근으로서의 프로젝트 접근법

1980년대 이후 유아교육계에는 읽기, 쓰기, 셈하기를 일컫는 3R's를 요구하는 학문적 압력이 거세진 한편, 유아교육자들은 발달이론에 의존하여 교육과정을 구성해야 한다는 의견을 고수하는 상반된 분위기가 조성되었다. 이 과정에서 유아교육이 3R's를 체계적으로 지도해야 한다고 보는 사람들은 교육과정을 교과 영역으로 분류하여 가르쳤다. 하지만 이것은 유아들의 발달에 적합하지 않은 조치였다. 마치 타학제의 수업과 같이 일정한 시간을 정해 놓고 영유아들에게 특정한 학과목의 학습만을 하게 하는 방식의 접근을 해 왔다. 유아교육이 통합교육을 지향하고 실천해 왔던 것은 분명하지만 안타깝게도 모든 유아교육기관이 유아들의 발달과 흥미를 고려한 교육을 한 것은 아니었다. 또한 **놀이를 통한 학습이라는 미명하에 유아들을 의미 없이 놀게 하는 방임을 해 왔던 것을 부인할 수 없다**(이기숙, 조경자, 채종옥, 김소양, 1992). 한때 '아동중심교육'을 계획 없이 유아의 흥미를 그때그때 반영하여 교육하는 것으로 오해해 일일계획안 작성을 거부했던 움직임이 일각에서 있었던 것처럼 교육과정과 관련된 개념들은 그 실제에 있어서 오해와 왜곡이 있었다.

같은 맥락에서 볼 때, 유아교육에서 '통합'이라는 용어가 오래전부터 또한 널리 사용됨에 따라 '통합'이 진정 무엇을 의미하며, 통합교육이 다른 교육과 어떻게 다르지에 대해 교사들의 충분한 이해가 부족했다(성원경, 이춘자, 2007). 그러한 과정에서 단지 재미있거나 새롭다는 이유만으로 활동이나 과정으로 포함되는 경우도 없지 않았다. 이처럼 용어의 본래 의미와 실제 사이에 혼란이 발생한 것은 유아교육이 실천적이며 응용과학적인 학문이기 때문이라고 볼 수 있다(이기숙, 2000). 하지만 유아교육의 질적 향상을 위해서는 '통합' 개념에 대한 정의가 필요하다.

이와 관련하여 Elkind(1988)는 사회, 과학, 역사 등의 다양한 학문에서 다루어지는 내용과 개념을 유아들에게도 가르쳐야 한다고 주장하면서, 그 방법으로 **주제를 중심으로 하는 프로젝트 접근(project approach)**을 들었으며, Katz와 Chard(1989) 역시 유아의 정신을 몰입(engaging)하게 할 수 있는 방법으로 프로젝트 접근의 적절성을 제시하였다. 주제를 중심으로하는 프로젝트 접근법은 유아들의 전인발달을 목표로 유아의 발달을 고려한 의미 있고 가치 있는 내용을 유아의 적극적인 참여를 통해 조직하는 방법(Brown, 1991; Krogh, 1990)이라고 할 수 있다. 아울러 Elkind(1988)는 유아기가 1학년을 대비하기 위해 학문적인 기술을 배우는 때가 아니라 그 자체를 있는 그대로 인정해야 한다고 주장하였다.

이에 대해 Gatzke(1991)는 의미 있는 유아교육과정이 되기 위한 원칙으로 **① 학습이 학습자에게 의미 있는 상황에서 이루어져야 하고, ② 경험을 통해 사고능력을 자극해야 하며, ③ 교육이 발달이론에만 근거해서는 안 된다**는 점을 들었다. 이에 따라 유치원 교육과정을 의미 있는 구조로 조직할 방법이자, 유아가 어떠한 주제에 대해 깊이 있는 탐구를 할 방법으로 프로젝트 접근을 보았다.

Krogh(1991)는 자연스러운 학습 상황을 만들기 위해서 교사는 주제를 사용하여 교과 영역을 통합시킨 통합적인 교육과정망을 조직하여 활동을 제공해야 한다고 보았다. Katz와 Chard(1989)는 교사 주도의 체계적인 학문적 교수와 전적으로 유아의 흥미에 근거하여 활동이 전개되는 놀이 중심의 전통적인 유아교육 접근이 모두 유아의 정신을 몰입하는 데 실패하고 있다고 비판하였다. 이들은 프로젝트 접근법이 전적으로 **유아의 흥미에만 근거한 접근법과 교사 주도의 체계적인 접근방식을 연**

결해 주는 것으로 유아의 지력과 기술, 성향, 감정의 조화로운 발달을 목적으로, 의미 있는 주제를 중심으로 유아의 적극적인 활동 참여와 교사의 안내로 각 교과 영역을 통합하는 다양한 활동을 하는 것이라고 하였다. 이때 프로젝트란 주제(theme, topic) 또는 단원(unit)을 의미한다.

유아는 자신이 학습하려는 것이 자신의 일상과 구체적으로 관련될 때 더 큰 흥미를 느낀다. 따라서 유아의 일상생활 경험을 중심으로 통합함으로써 유아의 흥미와 발달수준에 맞는 교육을 실시하는 것이 효율적이라고 할 수 있다. 즉, 유아의 일상(living)과 학습(learning)이 통합될 때 교육의 과정은 즐겁고, 학습자의 자발적인 학습으로 인해 교육의 효과를 기대할 수 있기 때문이다.

'나비'를 주제로 하는 통합교육의 예를 제시하면 [그림 2-4]와 같다.

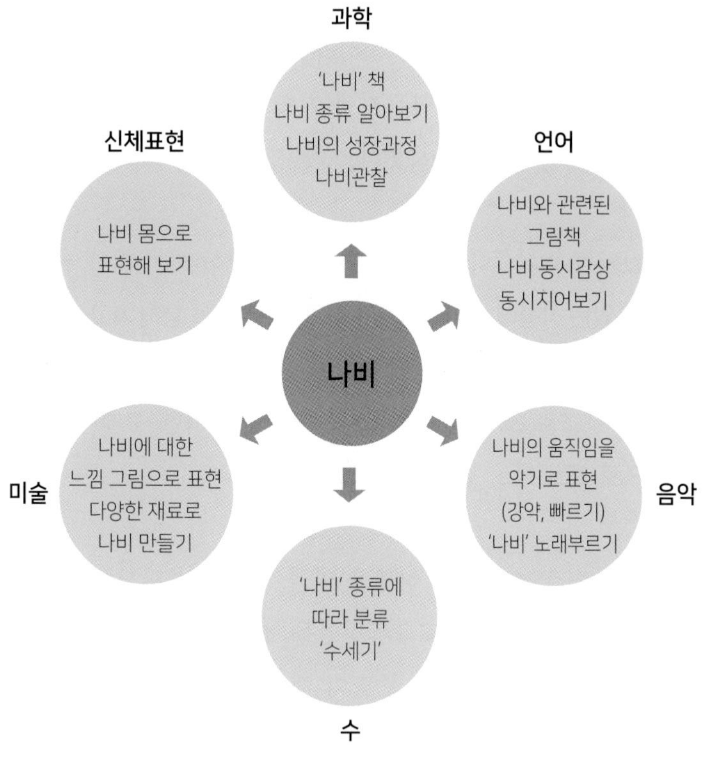

그림 2-4 '나비'를 주제로 하는 통합교육의 예

3 발현적 교육

일반적으로 교육과정은 영유아의 발달을 돕기 위해 교사에 의해 목표가 설정되고 교육내용이 선정된다. 그러나 발현적 교육과정은 영유아를 발달단계의 각 수준에 따라 발달해야 할 존재로 보기보다는 **영유아 자신이 가지고 있는 개인의 특성과 가치에 집중**한다.

영유아마다 개인의 사회·문화 환경은 다르며 이로 인한 상호작용, 발달수준, 사전경험과 지식은 다르다. 따라서 개인의 발달수준 차이가 크며 영유아 개인에게 의미 있는 수준에서 접근하는 교육경험을 중요시한다. **발현적 교육과정은 이처럼 영유아 개인의 주관성을 인정하며 다양한 상호작용을 가치 있게 여기므로 개인의 다양성 간의 상호합의를 통한 민주주의의 실현**이라 할 수 있다.

1) 발현적 교육과정의 특징

발현적 교육과정(emergent curriculum)은 의미 있는 학습경험을 창조하기 위하여 **유아의 흥미를 반영하는 교육과정 계획방법**이다(Wikipedia, 2018). 발현적 교육과정은 영유아 스스로 문제를 발견하고 해결해 나가도록 하는 교육과정으로, 개별 영유아의 구체적인 경험을 존중하여 일상의 삶을 반영하는 매우 민감한 접근이다.

발현적 교육과정에서는 학교가 영유아의 교육 경험을 만드는 것이 아니라, **영유아가 주도적으로 교육 경험을 만들어 가는 것**으로 본다. 영유아는 자신의 발달에 주체적이며 능동적인 존재로서 스스로 지식을 구성할 수 있는 큰 힘을 가지고 있고 지식과 삶에 대한 나름의 방향과 욕구를 가진 유능한 존재다.

발현적 교육과정은 교사가 미리 계획한 교육과정에 의존하지 않는다. 그때그때 상황에서 나타나는 유아의 흥미와 관심, 발달수준이 교육과정의 매우 중요한 요소이며 이것이 교육과정에 적극적으로 반영된다. 발현적 교육과정에서는 모든 것을 미리 구체적으로 계획한 교육과정은 없다고 볼 수 있지만, 그렇다고 즉흥적으로 이루어지는 경험에 의존하는 것은 아니다. 교육과정 내에서 영유아와 함께한다는 것은 1/3의 확실한 것과 2/3의 불확실하고 새로운 것을 가지고 한다는 것을 의미한다

(Malaguzzi, 1993). **교사가 미리 예측하기 어려운 영유아의 즉흥적인 흥미와 요구, 사전지식들이 교육과정에 반영**되기 때문이다. 교사는 계획 가능성의 한계를 인식하여 계획 가능한 것과 그렇지 못한 것을 교육과정 안에서 잘 파악하고(Bollnow, 1988) 이를 적절하게 교육과정 계획에 활용해야 한다.

그림 2-5 **의자에 흥미를 가지고 조작해보는 유아**

발현적 교육과정에서 교사는 유아의 흥미와 요구, 관심, 발달수준에 따라 교육계획을 수립한다. 장단기 프로젝트를 구상하여 주제를 중심으로 계획하고 일반적인 교육목표를 설정한다. 주제 전개과정에서 영유아가 관심과 흥미를 갖는 특정한 프로젝트의 주요 개념, 목표 및 활동내용은 영유아의 생각과 의도에 따라 발현된다. 영유아가 이전에 경험하고 형성한 지식을 바탕으로 앞으로 진행될 교육활동의 목표, 내용, 방법을 주도적으로 결정하고 실행해 나간다. 교육활동은 교사의 교수계획에 따라 진행되는 것이 아니라 영유아의 흥미와 아이디어에 따라 진행되며 즉각적이고 융통성 있게 이루어져야 한다. 왜냐하면 교사가 설정한 교육목표도 중요하지만, 더 가치 있는 것은 왜, 어떻게 목표에 도달하는가이기 때문이다(Malaguzzi, 1993).

발현적 교육과정에서 **'무엇을 학습하고 경험할 것인가'**의 문제는 영유아의 흥미와 교육적 가치를 기초로 하여 그때그때 융통성 있게 변화될 수 있는 것이다. 발현적 교육과정은 영유아의 흥미에서 출발하며 영유아 간의 상호 협동과 상호작용, 다양한 맥락 안에서 복합적인 학습 기회를 제공하게 된다(Stacey, 2009). 발현적 교육과정은 선형의 과정(linear process)이 아니라, **순환적이고 융통적이며 반응적인 교육과정**이다(Stacey, 2009).

발현적 교육과정에서 유아가 한 가지 주제나 개념을 깊이 있게 탐구하는 것을 '프로젝트'라는 용어로 표현한다. 유아들이 활동하는 가운데 프로젝트 주제에 대한 주요 개념은 활동을 구성하게 된다. 개념발달은 인지능력(Piaget & Inhelder, 1967)과 연령 단계(Carey, 1985; Vygotsky, 1978)로 설명되어 왔다. 개념발달이 영유아의 인지능력에 제한되는 것은 분명하지만, 특정 개념은 발달과정에서 끊임없이 재구성되므로(Carey, 1985) 영유아의 기존 개념체계에서 새로운 지식이 발현될 수 있다. 유아가 새롭게 형성한 개념은 성인의 범주나 개념과 다를 수 있다. 이 새로운 개념은 영유아의 기존 지식체계를 기반으로 발현되는 것이므로 교사는 이 과정을 면밀히 살피는 것이 필요하다.

선행연구(이성숙, 2001; Malaguzzi, 1993; Stacey, 2009)를 바탕으로 **발현적 교육과정의 특성**을 정리하면 다음과 같다.

- **융통성**: 교사의 계획에 의존하지 않고 유아의 즉각적인 흥미와 요구, 사고과정을 반영하여 융통적인 교육과정을 운영한다.
- **사전 지식과 경험**: 교사는 관찰된 유아의 사전 지식과 경험, 흥미에 따라 '어떤 일이 일어날까?'를 예측하고 가설을 세워 교육계획을 세운다.
- **목표 설정**: 교육과정 운영에 융통성이 있기 때문에 교사는 세부목표보다는 일반적인 목표를 설정한다.
- **교사의 준비**: 교사는 진행방향에 대한 가설에 따라 활동을 지원할 준비를 한다. 프로젝트 시작 전에 교사들은 유아의 흥미와 요구, 사전지식, 발달수준에 따라 프로젝트와 관련한 유아의 아이디어, 가설과 선택을 고려하고, 프로젝트 진행에서 발생할 모든 가능성을 살펴본다.
- **관찰**: 교사는 프로젝트가 진행되는 동안 유아의 이론이나 가설을 관찰한다. 교사들은 관찰된 내용에 대하여 비교, 해석하고 토의한다.
- **교사의 아이디어 반영**: 프로젝트 진행에서 유아의 흥미와 요구뿐 아니라 교사가 촉진하는 흥미와 요구도 교육과정에 포함한다.

- **탐색과 탐구**: 유아들의 선택에 따라 탐색과 탐구가 이루어지도록 격려한다. 유아는 탐색과 탐구의 내용과 방법을 선택하고 주도적으로 활동한다.
- **협력**: 유아는 흥미에 따라 또래유아들과 같은 프로젝트를 협력적으로 수행해나간다.
- **상호작용**: 협력학습은 유아와 또래유아, 유아와 교사 간의 활발한 상호작용을 통해 이루어진다. 교사와 유아들은 지속적인 대화를 통해 교육과정을 결정한다.

단원 중심의 교육과정은 교사가 좁은 주제에서 여러 가지 내용 영역을 단일화(통합)하는 탐색 내용을 결정해서 가르치게 되고 프로젝트 중심 교육과정은 유아의 흥미와 아이디어를 반영하여 유아 중심적으로 이루어지게 된다. 프로젝트 중심 교육과정과 발현적 교육과정은 유아나 교사에 의해 깊이 있는 탐구가 이루어지고, 유아의 흥미에서 비롯한 질문의 답을 찾는 방법에 유아가 주도적으로 참여한다. 좀 더 구체적으로 **교사가 계획하는 일반 교육과정의 운영과 프로젝트 중심 교육과정 운영의 특징을 비교**하면 〈표 2-1〉과 같다.

〈표 2-1〉에서와 같이 교사가 주로 계획하고 계획에 따라 실행하는 일반 교육과정보다 프로젝트 중심 교육과정은 유아의 즉각적인 흥미나 아이디어에 의해 교육과정 운영이 좌우된다. 따라서 교사의 계획에 의해 진행되는 주제라 할지라도 유아의 흥미와 요구, 발달수준에 따라 많은 융통성을 가지고 운영하게 된다. 주제가 진행되는 기간 또한 유아의 지속되는 흥미와 요구에 영향을 받으며, 유아의 아이디어에 따라 프로젝트의 활동, 자료, 표상, 전개과정 등이 많은 영향을 받게 된다. 유아의 아이디어와 흥미는 또래유아와 교사와의 협력적 상호작용 속에서 반응적이고 민감하게 확장되고 탐구, 탐색 활동에 반영된다.

표 2-1 교사가 계획한 일반 교육과정과 프로젝트 중심 교육과정 특징 비교

구분	교사가 계획한 교육과정	프로젝트 중심 교육과정
학습경험의 길이	학습경험의 길이가 미리 결정된다. 대개 1~2주 정도 진행된다.	학습경험의 길이는 프로젝트의 진행에 따라 결정된다. 여러 주에서 여러 달까지 진행될 수 있다.
생활주제	주제는 교육과정과 교사에 의해 결정된다. 유아의 흥미는 반영될 수도 있고 안 될 수도 있다.	주제는 교사와 유아가 협상하여 결정된다. 통합된 교육과정의 목표와 유아의 흥미가 주요한 선정기준이 된다.
교육경험의 진행	교사는 전개과정, 현재 주제, 교육계획을 구체적으로 계획하고, 학습경험을 준비한다.	교사는 유아의 탐구를 관찰한다. 유아의 흥미가 프로젝트의 다음 단계를 결정한다.
사전지식의 중요성	교사는 교육과정 목표에 따라 목적을 결정한다. 탐구경험은 포함되기도 하고 안 되기도 한다. 유아는 학습목적 달성을 위한 조사활동을 하게 된다.	교사는 사전지식을 평가하여 주제망(web)을 짠다. 유아가 알지 못하는 것을 배우도록 프로젝트를 조직한다. 프로젝트의 진행과 교육과정 목적을 통합한다. 유아가 항상 탐구할 수 있도록 한다.
지식	지식은 교사가 계획한 경험, 자료 교실에 가져오기, 대소집단 활동, 특별한 활동 등을 통해 습득된다.	지식은 질문이나 탐구(조사)의 답을 찾는 과정에서 습득된다. 유아는 활동, 특별활동, 해결방안 찾기에 참여한다.
자료	자료는 교사에 의해 제공된다. 때로 유아가 가져올 수도 있다.	자료는 유아, 교사, 전문가 또는 견학지에서 가져올 수 있다.
현장학습	현장학습은 포함될 수도 있고 안 될 수도 있다. 현장학습은 언제나 이루어질 수 있지만, 대개 학습이 끝나는 단계에서 포함된다.	현장학습은 프로젝트 과정에서 중요한 부분이다. 견학지는 여러 번 방문할 수 있으며 프로젝트 초기에 방문하는 것이 좋다.
장소 · 시간	교사가 구체적으로 결정한 시간에 주제를 가르치며, 많은 영역과 일상에 통합하기도 한다.	프로젝트는 일상과 교실, 다양한 다른 교육과정 영역과 기술에 흡수되어 나타난다.
활동	공예, 과학과 같은 활동은 구체적인 개념을 가르치기 위해 교사가 계획한다.	활동은 탐구, 질문 해결하기, 자료 사용하기에 초점을 둔다. 교사는 설명과 토의를 통해 개념들이 통합되도록 돕는다.
표상	표상은 과학실험 관찰, 지도 그리기, 그림 그리기, 동화 쓰기와 같은 구체적 활동과 관련된다. 표상 활동은 대개 반복되지 않는다.	그리기, 쓰기, 구성하기와 같은 표상은 유아가 개념을 통합하기 위해 이루어진다. 표상 기록은 프로젝트 전개에서 반복되면서 지식과 기술의 성장을 보여 준다.

출처: Helm & Katz(2007).

2) 발현적 교육과정의 실행

발현적 교육과정에서 유아는 자연스럽게 자신의 관심과 흥미에 따라 특정한 주제에 집중하게 되면서 프로젝트 활동을 시작한다. 이때 프로젝트의 목표는 유아와 교사의 대화 혹은 유아와 유아의 대화를 통해 유아들의 이전 경험으로부터 가설을 세우고, 교사는 유아가 세운 가설과 함께 유아의 흥미와 요구에 맞는 **융통성 있는 교육목표를 설정**한다.

프로젝트 수행 기간, 활동 선정 및 진행방향에 있어서 **유아에게 많은 자율성**이 주어지며 교사의 경험 및 관찰에 따른 판단과 유아의 학습 진전상태와의 연속적 현상에 의해 교육과정이 발현한다. 프로젝트가 진행되는 과정에서 유아는 가설을 검증하기 위해 관찰, 탐색, 실험을 하는데, 교사는 이러한 과정에서 우연적인 사건들이 가지는 **교육적 활동이 일회적으로 그치지 않도록 여러 매체를 통한 표상활동, 기록 자원 등을 활용**하여 유아들로 하여금 재탐색에 몰입할 수 있게 함으로써 구체적인 학습활동으로 진전시켜 의미 있는 발현적 교육과정이 될 수 있도록 해야 한다(Nimmo, 1995).

(1) 다상징적 표상

영유아는 프로젝트를 진행하는 과정에서 **자신의 생각과 느낌을 다양한 상징을 사용하여 나타내는데 이를 표상(representation)이라고 한다**. 표상에는 말이나 글로 표현하는 **언어적 표상**, 그리기 도구를 이용하여 그리거나 나무, 종이, 점토를 이용하여 구성물을 만들어 보는 **그래픽 표상**, 몸을 움직여 표현하는 **신체 표상**, 연극을 통해 표현하는 **극화 표상** 등이 있다.

발현적 교육과정에서는 영유아를 학습의 주체로 보기 때문에 그들의 생각과 사고에 민감하게 귀 기울인다. 영유아가 표현하는 수만 가지의 이야기를 토대로 교사는 적극적으로 영유아의 사고에 대응하며 적절한 수준의 자극을 주고, 영유아가 또래와 협의를 하면서 스스로의 문제를 해결할 수 있도록 지원해 준다.

표상은 언어적 커뮤니케이션 기술이 미흡하고 아직 발달 중에 있는 영유아에게 다른 영유아와 함께 서로 의견을 나눌 수 있도록 하는 그림이나, 그래픽, 극화경험, 입체물 등과 같은 가시적 대상물, 즉 공동의 참조물을 제공하여 모든 영유아가 같은 주제에 대해 의견을 나누기 쉽도록 도와준다. 프로젝트 시작 전이나 프로젝트 초기 자신의 생각을 표상한 후 프로젝트가 진행되면서 유아들은 자신의 **변화된 생각을 계속 표상**하게 된다. 이러한 과정에서 나타나는 **재표상**은 영유아가 자신의 지식을 강화하고 잘못된 개념을 재정의하거나 개선하게 할 수 있기 때문에 지식의 일관성을 갖도록 도울 수 있다. 이렇듯 영유아는 자신의 현재의 가설, 아이디어, 이론을 **표상하고 또 재표상해 나가는 상징화 주기**를 거친다.

이 점을 반영하여 최근 유아교육 현장에서는 일정한 '주제'를 경험한 후 다양한 표상을 경험하도록 유아들을 안내한다. '나'에 관한 주제의 경우, 다양한 관련 활동을 한 후 '나'를 그리고 이를 통해 내가 '나'에 대해 잘 알지 못해 더 알고 싶은 것들이 분명해지면서 유아는 자신이 원하는 '나'에 대한 심화활동을 경험한다. 그리고 다시 '2차 표상'이라는 이름으로 '나'를 다시 그리는 활동이 재표상의 예가 될 수 있다. 물론 이 과정에서 표상은 유아가 하고 싶은 마음이 전제가 되어야 한다. 가령 재표상이 강요된다면 표상활동이 갖는 본래 의미를 상실하기 때문이다. 아무튼 처음에 크레파스로 '나'를 그렸다면, '나'에 대한 '2차 표상'은 크레파스가 아닌 다른 매체로 표상하게 하는 것이 효과적이다.

다른 매체의 표상에 대해 Forman(1996)은 한 매체만으로 반복해서 표현하기보다 다양한 매체를 사용하여 표상하는 것이 **학습을 심화시키는 데 유익**하다고 설명한 바 있다. 매체는 제각기 독특한 표상적 잠재력을 갖고 있어 표상과정에서 서로 다른 인지적 기능을 불러일으킬 수 있다(Gardner, 1979). 특정 대상이나 주제에 대해 유아가 떠올리는 생각을 두 가지 이상의 매체를 활용하여 중복적으로 표상함으로써 표현매체의 서로 다른 인지 조직적 특성이 통합 · 축적되어 표현하는 경험을 하게 되는 것이다(Edwards, Forman, & Gandini, 1998; Hendrick, 1997).

이처럼 **다양한 매체를 사용한 유아의 표상**을 학습에 활용하는 교수 · 학습방법을 **다상징적(multi-symbolic) 접근**이라 한다(Forman, 1994). 다상징적 접근에서 학습은 직선적인 방식보다는 나선형적인 방식으로 이루어진다. 주제에 관하여 토론하고, 표상하고, 시뮬레이션하고, 경험하고, 재표상하는 등의 상징화 주기는 일종의 나선형 교육활동이 된다. 상징화 주기를 살펴보면 〈표 2-2〉와 같다.

상징화 주기는 유아가 한 가지 주제에 대해 다각도로 탐색하고 조사하도록 돕는 것을 뜻한다(Forman, Lee, Wrisley, & Langley, 1993). 유아는 다양한 표현매체를 활용하여 주제를 탐색하는 상징화 주기를 거치면서 표상, 재표상하고 각기 다른 표상들은 순환과정에서 후속 매체에 의해 다른 관점에서 다양하게 생각해 봄으로써(Forman, 1996) 반성적 사고능력을 향상시킨다. 이러한 과정에서 유아들은 표현적 언어, 의사소통적 언어, 인지적 언어를 통합하여 스스로 사고하는 힘을 구축하게 되며(Edwards et al., 1998), 반성적 추상 작용과 메타인지능력을 발달시키게 된다(김

표 2-2 상징화 주기

주기 1	아는 것을 말로 표현하기(verbal outpouring): 각자의 생각이나 느낌이나 경험한 것을 말로 표현하는 단계
주기 2	첫 그림과 토론(initial drawing and discussion): 전 단계에서 유아들 간에 표현된 말을 상기하면서 그림으로 표현하는 단계. 이를 통해 유아의 사고를 알 수 있다.
주기 3	가상해 보기(simulation): 앞의 표상단계에서 시행한 내용이 실제 상황에 접근한 것인지 가상적 모의상황을 통해 예측해 보는 단계. 가능하면 실물이나 실제적인 직접 경험을 통해 경험하는 것이 좋다.
주기 4	그림을 통한 개념 정의(using the drawing as referent): 앞 단계에서 경험한 것을 다른 매체로 표현하는 단계. 이를 통해 새로운 가설과 문제를 갖게 된다.
주기 5	실제 경험(the experience): 견학과 같은 실제 경험을 하는 단계
주기 6	경험 후의 그리기(post-experience drawing): 재표상이라고도 하며, 실제 경험한 후에 주제에 관해 그림을 다시 그려 보는 단계. 자신이 이미 알고 있었던 것을 표현하게 도울 수 있다.
주기 7	확장하기(broadening): 빗방울을 소리로 표현하는 것처럼, 실제 경험으로 관찰할 수 없는 비시각적인 경험을 시각적으로 표현하게 하는 단계
주기 8	확장 및 심화하기(deepening): 처음에는 하나의 주제에 불과했지만 상징화 주기를 경험하는 동안 주제와 관련 있는 여러 내용이 첨가되어 지식의 범위가 넓어지고 깊어지는 나선형적 접근을 하는 단계. 유아들의 관심이 이어진다면 끝없이 계속될 수 있다.

영호, 1999; 김은희, 1996). Forman(1994)은 다양한 매체를 활용하는 다상징적 접근이 유아들의 인지적 갈등을 유발하며, 언어적 · 사회적 상호작용과 사고를 자연스럽게 변화시켜 인지발달을 이루게 한다고 보았다.

이때 매체 활용은 영유아의 사고 변화에 영향을 미친다.

첫째, 각 매체는 각자만의 독특한 활용성을 가진다.

유아는 각 매체의 특성을 파악함으로써 자신이 표현하고자 하는 **개념이나 대상물의 메시지를 적절하게 표상할 수 있는 상징을 찾아 나타낼 수 있다.** 예를 들어, 유아가 점토로 '우리 동네'를 입체 작품으로 만들려고 할 경우 유아는 점토가 갖는 독특한 특성을 이해하고 있어야만 점토로 '우리 동네'를 의미 있게 꾸밀 수 있다. 그러나 현장에서는 매체가 갖는 특성을 탐색하고 실험할 시간을 제공하는 대신 결과물을 빨리, 잘 만들도록 유아를 재촉하는 경향이 없지 않다. 재료 혹은 매체가 갖는 특성을 탐색하기 위해 충분한 시간을 제공하는 것이 훌륭한 결과물을 얻는 첫걸음임을 잊어서는 안 될 것이다.

둘째, 여러 매체 중 영유아에게 어떤 매체를 먼저 경험하게 하고 나중에 경험하게 할 것인가 하는 제시 순서는 학습에 영향을 미친다.

서로 다른 매체의 속성을 사려 깊게 분석하여 각 학습 상황에 따라 우수한 효과를 가져올 수 있는 순서를 결정할 필요가 있다. 일반적으로는 **유아에게 친숙한 매체를 먼저 경험**하도록 하는 것이 효과적이다.

셋째, 이전에 했던 표상을 하나가 아닌 여러 매체를 활용하여 수정할 수 있다.

하나의 매체에서 **다른 매체로 표상을 전이**하면서 유아는 표상하고자 했던 대상이나 개념에 대해 좀 더 기능적이 될 뿐 아니라 보다 **전문적인 관점을 갖게** 된다. 이를 경험하면서 유아는 이전에 했던 자신의 오류를 발견하고 이전의 표상을 수정함으로써 보다 전문적 관점을 습득하게 된다. 하나의 표상에서 또 다른 표상으로 옮아가는 경험이 반복되는 지겨운 활동이 아니라 이들의 **반성적 사고를 촉진**하여 전문적인 관점을 형성하게 하는 활동이 되기 위해서는 주의해야 할 점이 있다. 예컨대, 동

주제	활동 ➡	사전경험의 예 ➡	1차 표상의 예
거북이	'거북이' 그리기	'거북이'에 대한 다양한 탐색	거북이'를 크레파스로 그리기

활동의 심화 ➡	2차 표상 ➡	활동의 심화 ➡	3차 표상
'거북이'를 분명히 파악할 수 있는 심화활동 경험	'거북이'를 색연필로 그린 후 종이를 오려 세워 보기	'거북이'를 보다 분명히 파악할 수 있는 심화활동 경험	'거북이'를 점토로 만들어 보기

네 견학을 마치고 나서 도화지에 '우리 동네'를 그린 후, 이어서 바로 점토나 다른 매체로 '우리 동네'를 재표상하게 함은 피해야 한다. 1차 표상에서 미흡했거나 보강해야 할 부분들에 대한 경험(예: 견학)이 이루어진 뒤에 다른 매체를 활용한 2 · 3차 표상이 이어져야 효과적이다.

주제	활동 ➡	사전경험의 예 ➡	1차 표상의 예
우리 동네	'우리 동네' 그리기	우리 동네'돌아보기	'우리 동네'를 크레파스로 그리기

활동의 심화 ➡	2차 표상 ➡	활동의 심화 ➡	3차 표상
'우리 동네'에 대한 이해를 도울 심화활동 경험	'우리 동네'를 색연필과 물감으로 그린 후 종이를 오려서 세워 보기	'우리 동네'에 대한 확장된 이해를 도울 심화활동 경험	'우리 동네'를 점토로 꾸며 보기

(2) 기록화

기록은 영유아에게 **가시적인 기억(memory)을 제공하는 것으로, 다음 학습을 위한 출발점**이 된다. 기록 작업은 영유아의 학습과정을 기록함으로써 학습의 가시화를 돕고 교실 내에서 일어나고 있는 학습의 틀을 잡도록 돕는다.

기록 작업의 특징을 살펴보면 다음과 같다(김금주 외, 2016).

- 첫째, 기록 작업은 영유아가 지식을 구성해 가는 방법을 다른 영유아와 성인이 알 수 있도록 가시화하는 것이다.
- 둘째, 기록 작업은 영유아의 강점이나 관심, 다른 언어나 범주의 지식, 스스로의 행동과 교육적 결정, 학습과정에 대한 교사들의 이해를 심화시킨다.
- 셋째, 영유아의 학습을 기록하는 것은 집단의 집합적인 기억을 만드는 것을 도와주며, 영유아가 그들의 생각이나 아이디어로 다시 돌아와서 이것을 개인적·집단적으로 습득할 수 있도록 해 준다.
- 넷째, 기록 작업은 학급에서 일어나고 있는 일에 대한 교사의 이해를 변화시키고, 학습경험의 깊은 의미와 가치를 이해하고 성찰하게 한다.
- 다섯째, 기록 작업은 영유아가 자신과 타인이 어떻게 학습하는지를 이해하는 데 기여한다. 다른 영유아의 이론이나 가정에 대한 반영 및 평가와 자기평가를 되돌아볼 수 있는 기회를 제공한다.

이처럼 기록 작업은 개인과 집단 학습 간의 역학적인 관계를 가시화하여 인식하고 모니터할 수 있게 함으로써 학급이라는 집단 내에서의 **개인의 학습과 집단 전체의 학습을 촉진시키는 도구**라고 할 수 있다. 즉, 기록 작업은 개인과 집단 학습이라는 두 가지의 고유한 특성을 유지하면서도 상호 의존적이고 밀접한 상관성을 갖는다.

이와 같은 기록 작업은 최근 들어 레지오 에밀리아를 중심으로 재조명되고 있다. Krechevsky와 Mardell(2001)은 기존의 기록 작업이 활동의 마지막에 이루어졌다는 점에서 레지오 에밀리아의 새로운 기록 작업과 다름을 주장하였다. 과거 영유아 교실의 게시판에 전시된 작품들은 그 주제나 단원 활동을 마무리하면서 최종 작품을 전시하는 것이 일반적이어서 작품이 전시된다 하여도 그 작품이 유아에게 주제에 대한 학습 동기를 유발하는 데는 현실적으로 한계가 있을 수밖에 없었다. 설사 친구들의 작품을 통해 다시 하고 싶다는 의욕이 살아난다 하여도 그건 뒤늦은 후회가 될 뿐 다시 해 볼 기회가 주어지지 않게 된다. 새로운 주제가 시작되었기 때문이다.

그림 2-6 유아들이 꾸민 게시판

반면, 레지오 에밀리아에서 주장하는 새로운 기록 작업은 과정 중에 일어나기 때문에 이를 보는 유아는 내가 아닌 다른 사람의 표상에 의해 영향을 받으며, 자신의 작품에 이를 반영할 기회를 얻게 된다. 산타클로스 모양으로 오려진 종이에 크리스마스 카드를 만들던 다람쥐반 유아는 네모난 종이에 크리스마스 카드를 꾸민 친구의 작품이 전시된 것을 보고, 새롭게 여기며 자신도 그와 같은 방법으로 카드를 새롭게 만들고 싶어 한다. 분명 이러한 활동에는 모방적인 요소가 포함되겠지만, 단지 남을 따라 하는 모방으로 보기보다 **경험의 공유**라는 차원에서 이를 해석할 수 있다.

다람쥐반 유아가 게시판에 붙여진 친구의 카드를 보는 것은 단순히 눈으로 보는

표 2-3 기록 작업의 예

- 견학이나 특정한 행사(event)에 관한 사진 - 교사의 설명이 덧붙여짐으로써 기록 작업을 보는 이들이 경험을 이해할 수 있게 된다.
- 유아의 자유놀이 장면을 찍은 사진
- 유아의 작품 - 글, 그림 등의 작품 전시
- 유아가 했던 말("모든 바위는 반짝이는 것이 있어요.")
- 교실에서 일어났던 사건에 대한 선생님이나 부모님의 코멘트 - "점토를 가지고 이렇게 운동장을 꾸미다니 다람쥐반 친구들은 대단하네요."라는 부모의 감상도 전시할 수 있다.
- 새로운 주제를 탐색하면서 유아가 소집단에서 나누었던 이야기를 교사가 기록한 내용
- 중요한 일이나 특정한 사건을 관찰한 바를 기록 - "미진이가 이제는 자기 이름을 쓸 수 있게 되었어요."라는 교사의 기록을 전시할 수 있다.

출처: Seitz (2008)에서 인용.

것이 아니라 자신의 **학습경험을 재방문**(revisit)하는 것을 뜻한다. 굳이 유아의 작품이 아니더라도 견학 장소에 관한 사진이나 동영상 자료를 다시 보면서 기억을 살리는 것 역시 경험을 재방문하는 것이 된다. 유아의 기억 용량을 고려할 때 지난주에 다녀왔던 견학지의 풍경이나 견학을 통해 받은 인상을 며칠이 지난 뒤에 표상하는 것은 다소 무리다. 이것이 바로 기억의 재방문이 필요한 이유다. 그리고 이렇게 **학습의 과정이 기록되면 유아는 이 경험들을 어떻게 더 발전시킬 것인가에 대해 반성적으로 고찰**하게 된다. 기록 작업은 사물을 가시화하여 기능이 가능하도록 만들어 사물을 존재하게 한다. 사회적 존재인 우리는 집단에 속해 있고, 집단을 통해 타인으로부터 새로운 관점이나 전략, 생각하는 방식을 만나고 배운다. 또한 우리는 다른 사람들과 함께 학습하며, 자신뿐 아니라 타인의 생각을 수정하고 확장하며 명확하게 하고 풍요롭게 한다.

기록 작업은 유아들의 학습에서만 의미 있는 것은 아니다. 유아가 작업하는 장면이 담긴 스냅 사진이나 이들이 했던 말을 기록한 것을 **부모들과 공유**하기 위해 전시할 수 있다. 사람들이 많이 지나가는 공동의 장소에 게시판이나 패널을 세워 이들의 경험을 함께 나눌 수 있다. 이것은 부모와의 동반자 관계 형성에도 매우 유익한 방법이 될 수 있다. 유아의 학습을 기록하는 것의 의미는 전시를 예쁘게 꾸미는 데 있지 않으며 **지식을 구성하는 과정을 추적하고 형상화**하는 데 있다. 기록 작업은 아동의 감정이나 관심, 다른 언어나 범주의 지식, 스스로의 행동과 교육적 결정, 학습과정에 대한 교사들의 이해를 심화시켜 준다.

(3) 협력학습을 통한 상호작용

발현적 교육과정의 방향에 대해 영유아와 교사 모두가 중요한 역할을 하기 때문에, 교육과정 안에서 나타나는 이들의 상호작용에 주목할 필요가 있다. 발현적 교육과정에서는 주제나 개념에 대해 유아가 흥미와 관심을 가지고 있는지, 어떤 사전 지식을 형성하고 있는지, 궁금해하고 탐구하고 싶은 것이 무엇인지에 따라 활동의 방향이 결정된다. 이처럼 상호작용은 유아의 발달과 학습에 매우 중요한 기제로 작용한다.

유아는 물체와의 상호작용뿐 아니라 다른 사람과의 상호작용을 통해 사전지식을 바탕으로 사고를 발달시켜 나간다. 유사하면서도 개별적 발달 차이가 있는 또래유아들과 다양한 아이디어를 공유하면서 유아는 자신의 근접발달지대에 적절한 인지적 자극을 받게 된다.

유아는 다양한 사회적 맥락 안에서 의사소통하고 자신과 사고를 표현하며 다양한 인지적 자극과 이해를 주고받는다. 유아는 사회 인지적 갈등 상황에서 내적으로, 외적으로 발달에 자극을 받게 된다. 소집단의 협력학습 상황을 통해 유아는 다양한 상호작용을 경험하게 된다. 유아는 토론을 통해 공동의 의미를 구성할 수 있고 이를 통해 개념과 관련된 다양한 요소를 탐색하고 비교하며 개념의 발달을 이루어 나갈 수 있다. 프로젝트 과정 및 일상에서 교사는 다양한 의사소통을 격려하여야 한다.

그림 2-7 **교사-유아 상호작용**

교사가 유아와의 풍부한 대화를 구성하기 위한 구체적인 교수방법은 다음과 같다(오문자, 2010).

- **3~5명으로 구성된 소집단 내의 상호작용 및 문제해결 상황을 제공한다.**
  교사는 유아의 흥미에 따라 구성된 소집단의 유아들끼리 서로의 아이디어를 공유하거나 토론할 수 있도록 돕는다. 또한 유아는 새로운 문제 상황에서 의사소통을 통해 다양한 해결방법을 공유하고 비교, 토론할 수 있다.

- **교사는 소집단 외에도 다양한 규모의 집단활동을 활용한다.**
  유아는 다른 유아와 일대일로 상호작용하거나 소집단, 대집단의 유아들과 상호작용하면서 다양한 사회적 맥락을 경험하고 의사소통의 기술을 발달시킬 수 있다.

- **다수의 유아가 참여하는 큰 규모의 공동 표상활동 기회를 제공한다.**
  유아들은 공동으로 다 함께 표상활동에 참여하면서 서로의 의견을 듣고 이해하고 조정하며 종합하는 기회를 가질 수 있다.

- **상호 교류적 대화가 일어나 진정한 토론이 되도록 지원한다.**
  유아와 교사는 대화를 통해 서로 아이디어를 교류하고 서로의 생각을 이해하려는 노력을 하여야 한다.

- **교사는 다양한 표상 방식과 '대화'의 방식을 활용하고 인정한다.**

- **교사는 유아의 기억장치 역할을 한다.**
  교사는 유아들의 언어적 표현을 다시 정리하여 제시함으로써 기억장치의 역할뿐 아니라 유아가 반성적으로 사고할 기회를 제공할 수 있다.

- **시각적인 자료나 구체물을 제공하여 대화를 활성화시킨다.**
  교사는 유아가 활동에서 표상했던 자료나 참고 자료들을 활용하도록 함으로써 유아의 의사소통을 지원하도록 한다.

- **유아들의 사고 흐름을 따라가면서 시간적인 여유를 제공한다.**
  교사는 유아가 스스로 생각하고 의미를 재구성할 수 있는 충분한 시간을 제공한다.

• **유아 스스로 문제해결 상황을 설정하도록 기회를 주고 미리 교사가 정의하지 않는다.**
교사는 유아의 흥미에 따라 활동의 방법을 유아 스스로 능동적으로 탐색하고 탐구해 나갈 수 있도록 돕는다.

• **유아의 아이디어에 대해 그 근거를 물어본다.**
교사는 유아가 자신의 아이디어에 대해 구체적으로 표현하도록 도움으로써 자신의 생각을 다양한 방식으로 일반화하고 재정리하는 기회를 제공하고 다른 유아들과 의사소통할 수 있도록 돕는다.

• **프로젝트의 마무리 단계에서 의사소통의 필요성을 극대화시킨다.**
교사는 프로젝트의 마무리 단계에서도 유아가 전체 활동과정에 대해 표상하고 이를 기초로 상호작용하도록 돕는다. 유아는 활동에서 자신이 알고 싶었던 것, 탐구하기 위해 사용한 방법과 기술, 자신이 탐구하여 알아내고 발견한 것들에 대해 다양한 방식으로 나타내고 의사소통할 수 있다.

활동해 봅시다

* 3~4명으로 조를 구성한다(한 명이 교사역할을 할 수도 있다).

1. 알아보고 싶은 것(예: 거미)을 정하고 이를 상징화 주기에 따라 표상해 봅시다.

2. 여러분이 수강한 오늘 수업에 대해 기록해 봅시다.

3. 주제를 정하고 통합교육과정을 구성해 봅시다.

제3장

교사의 역할

1. 보호와 양육
2. 경청과 상호작용
3. 놀이 참여
4. 안내와 제안
5. 학습에 대한 촉진
6. 갈등에 대한 중재

생각해 봅시다.

1. 영유아와 긍정적인 관계를 형성하기 위한 교사의 역할은 무엇인지 생각해 봅시다.

2. 영유아의 놀이를 지원하기 위한 교사의 역할은 무엇인지 생각해 봅시다.

1 보호와 양육

영유아기는 성인에게 의존하여 신체적 건강과 정서적 안정을 유지한다. 따라서 영유아를 위한 교사에게는 보호 · 양육의 역할이 요구된다. 특히 어린 영아들과 생활하는 교사는 정서적 안정감과 애착 형성에 결정적 영향을 미칠 수 있으므로 민감하고 반응적인 역할을 수행해야 한다.

영유아는 유아교육기관에서 생리적인 욕구들을 원활하게 해결함으로써 **안정적 애착**과 **신뢰감**을 형성할 수 있으며 이를 기반으로 환경과 사물을 적극적으로 탐색하고 학습하게 된다. 따라서 교사는 일상생활을 통해 **발달적으로 적절한 자극**을 제공하고, 영유아의 신체적 · 정서적 · 사회적 · 지적 요구에 **민감하게 반응**하여야 한다. 뿐만 아니라 영유아와의 신체적 접촉을 수시로 하여 **심리적인 안정감**을 발달시켜야 한다. 즉, 교사는 영유아의 울음소리, 피곤하거나 배고파할 때, 지루해할 때 등을 예측하고, 영유아의 비언어적 표현에도 민감하게 반응하여, 영유아가 무엇을 하는지, 어떤 감정을 느끼는지 등에 대해 이해하는 보호자 · 양육자로서의 역할을 수행해야 한다.

Wittmer와 Petersen(2011)은 반응적인 교사가 되기 위한 태도로 영유아에 대한 존중과 반영, 긍정적인 관계 형성을 강조하였다.

- **영유아에 대한 존중**은 그들이 무엇을 하려 하고, 어떻게 느끼는지 등 영유아의 목적, 감정, 방법에 대해 존중하는 것을 의미한다. 즉, 스스로 수립한 목표를 가지고 행동하는 영유아의 내적 동기와 무언가를 발견하고자 하는 그들의 능력을 존중하는 것을 의미한다.
- **반응적인 태도**를 지닌 교사는 영유아가 무엇을 학습하는지, 어떻게 학습하는지, 그들의 요구가 무엇인지를 깊이 생각하는 교사다. 즉, 영유아를 관찰하고, 관찰한 것에 대해 깊이 생각하는 태도를 포함한다.
- **긍정적인 관계 형성**은 영유아에 대한 존중과 반영 행위 이후에 나타난다. 관계

형성하기는 영유아와의 건전한 관계에 초점을 두고 그들의 흥미, 상호작용, 의사소통, 감정 공유, 물리적 환경을 계속 관찰함으로써 매 순간 그리고 지속적으로 반응하는 것을 의미한다.

한편, 몇몇 학자는 유아 교사와는 차별화된 영아 교사의 역할을 설명하고 있다. Keenan(1998)이 영아 교사의 역할에서 강조되어야 할 측면으로 주목한 부분을 살펴보면 다음과 같다.

- 영아에게 **가정과 같은 편안함과 안정감**을 제공하기 위하여 영아의 요구에 민감하게 반응해야 한다. 또한 영아와 **신체적인 접촉**을 수시로 하여 심리적인 안정감을 발달시켜야 한다.
- 영아와의 **개별적인 상호작용**을 통하여 개개인의 학습과 발달을 조장해야 한다. 즉, 영아 개개인의 특성에 따라 일대일 관계를 발전시켜 나가야 하며, 이를 위해 주의 깊은 관찰과 연령대에 따른 발달 지식과 단계에 대해 이해해야 한다.
- 영아뿐만 아니라 동료 교사들과 부모와의 의사소통 그리고 부모, 영아, 동료 교사 간의 **관계의 중요성을 인식**해야 한다. 다양한 맥락에서 영아, 동료 교사, 부모와 긴밀하게 상호작용함으로써 중요한 정보를 수집하고 적절한 역할을 수행해 나가야 한다.

2 경청과 상호작용

영유아의 배움은 환경과 또래, 교사를 포함한 주변 사람과의 상호작용을 통해 이루어진다. 교사는 영유아와의 끊임없는 상호작용을 통해 그들의 상상력과 지적 호기심을 자극하고, 놀이와 활동에 대한 흥미를 유발시켜야 한다.

한편, 상대의 말에 경청하기 위해서는 상대의 말을 듣고 이에 초점을 맞추어야 하며, 들리는 말을 정의하고, 적극적으로 의미를 구성하여 해석한 후 기억하는 과정을 거쳐야 한다(Lerner, Mardell-Czudnowski, & Goldenberg, 1987). 따라서 **경청**하기는 단순히 상대의 말을 듣는 것을 의미하지 않으며 **상대가 만들어 내는 모든 언어적 · 비언어적 메시지를 수용하여 적극적으로 의미를 구성**하는 과정을 말한다.

교사는 영유아에게 관심을 갖고 주의를 기울이며 그들이 전달하려는 메시지를 신중히 대하려고 노력하는 모습을 통해 영유아가 자신의 이야기에 경청하고 있음을 느끼도록 하여야 한다. 경청하는 교사와의 상호작용을 통해 영유아는 스스로를 가치 있게 느끼고 자존감과 자신감을 향상시킬 수 있다. 뿐만 아니라 영유아는 좀 더 의미 있는 대화를 시도하게 되며, 자신이 전달하고자 하는 것이 무엇인지 이해시키기 위해 보다 적극적으로 노력하게 된다. 교사는 이를 통해 영유아가 전달하고자 하는 의미를 더 잘 이해할 수 있게 되며, 그들의 발달 가능한 역량과 성장을 촉진시키는 활동을 전개할 수 있게 된다.

영유아는 일상생활 중에 자신의 의견을 공유하고 긍정적인 사회적 관계들을 유지하기 위해 그리고 놀이를 확장하기 위해 대화를 시도한다. 따라서 교사는 영유아의 이야기를 경청하고 적극적으로 상호작용함으로써 그들 간의 사회적 관계를 긍정적으로 유지해 주기 위한 적절한 방법과 시기를 판단하여야 하며, 영유아의 이해를 확장하고 놀이와 학습을 지원하는 긍정적인 방법과 시기를 파악하도록 노력해야 한다. 또한 영유아의 생각과 경험을 전달하는 것이 다른 사람들에게도 의미가 있다는 것을 알도록 할 필요가 있으며, 유아의 언어발달 정도를 파악하여 모범적인 대화의 모델이 되어 주어야 한다.

교사는 영유아와의 상호작용이 이루어지는 동안 빈번하게 경청의 기술이 요구되는 상황에 직면하게 된다. 따라서 교사는 보다 계획적인 접근을 통하여 경청의 기술을 습득할 필요가 있다.

경청의 기술을 증진시킬 수 있는 방법

- **영유아의 말에 경청하는 시간을 충분히 갖는다.**

  영유아는 일과 중 많은 시간을 교사의 말을 듣는 데 할애한다. 이때 영유아의 학습은 교사의 지시와 기대에 의해 좌우될 수 있다. 교사는 영유아가 자신의 생각과 경험을 공유할 수 있도록 격려하고, 영유아가 전달하려는 의미에 집중하도록 노력해야 한다.

- **영유아가 하는 말의 요점이 무엇인지 파악하도록 노력한다.**

  영유아기는 연령과 발달에 따라 언어적 표현이 제한적이다. 따라서 교사는 영유아의 언어발달에 대한 이해를 토대로 언어적 · 비언어적 메시지에 주목하여 의미를 파악하도록 노력해야 한다.

- **영유아의 말에 반응하기 전에 몇 초의 시간을 둔다.**

  교사가 영유아와의 대화에서 반응을 보이기 전에 생각하는 시간을 두는 것은 영유아로 하여금 교사가 자신에게 집중하고 있으며 자신의 의견이 진지하게 받아들여지고 있음을 느끼게 할 수 있다.

- **영유아의 의견에 사려 깊게 반응한다.**

  영유아의 의견에 대한 교사의 사려 깊은 반응은 영유아의 사회적 · 인지적 · 언어적 발달을 도울 수 있는 가장 모범적인 경청의 기술이다. 교사의 반응은 언어적 반응뿐만 아니라 비언어적 반응을 포함한다. 교사가 영유아와 대화하는 동안 눈을 맞추고, 고개를 끄덕이거나 가벼운 스킨십으로 공감의 메시지를 전달하면 영유아는 신뢰감을 느낄 수 있다.

그림 3-1 유아의 말을 경청하는 교사

3 놀이 참여

전통적으로 유아교육은 유아의 자발적인 놀이가 학습을 이끌 수 있다는 믿음을 바탕으로 놀이 중심의 교육을 지향해 왔으며, 최근 개정된 누리과정(교육부, 보건복지부, 2019a)에서는 '유아 · 놀이 중심 교육과정'을 실천하고, '놀이를 통한 유아의 배움'을 지원하기 위한 교사의 역할을 강조하고 있다. 유아의 놀이는 교사의 개입으로 확장될 수 있다. 그러나 교사는 영유아의 놀이를 방해하거나 중단시키지 않기 위해 개입의 시점을 고민해야 한다.

놀이에 들어가기 위한 지침

- **개입시기와 유형을 결정하기 위해 놀이 상황을 관찰해야 한다.**
  교사에게는 종종 일정한 거리에서 유아의 놀이를 지켜보며 놀이에 개입할 적절한 시기를 찾는 지혜가 필요하다. 주도면밀한 관찰을 통해 개입을 할 것인지에 대한 여부를 우선적으로 판단한 뒤 개입해야겠다는 판단이 선 다음, 놀이를 확장시킬 상호작용을 이어 가야 한다.

- **진행 중인 놀이 주제를 방해하지 않으며 놀이를 촉진하고 지원해 주기 위해 개입한다.**
  교사가 진행 중인 놀이에 참여하는 경우에는 새로운 놀이 주제를 제안해서는 안 된다. 이는 교사가 힘과 권위를 가진 놀이 지도자가 아닌 사려 깊은 놀이 친구의 자격으로 조용히 놀이에 들어가야 하는 상황이기 때문이다. 유아의 의사를 반영하지 못한 개입은 유아의 놀이를 방해할 수 있다.

- **때로는 교사의 개입이 필요하지 않은 상황도 있다.**
  교사의 놀이 개입이 필요한 순간은 놀이가 전이되는 순간, 가상놀이에서 놀이하기로 했던 역할에서 벗어나 있을 때, 문제해결을 위해 놀이가 중단되었을 때, 다음에 무엇을 할지 유아들끼리 의논하고 있을 때 또는 유아가 교사의 개입을 요청할 때 등이다. 교사가 놀이에 개입하는 것은 교사의 기대에 맞게 유아의 놀이를 확장하기 위해서가 아니라 유아의 자기주도적인 놀이를 촉진하기 위함이므로 유아가 놀이를 주도적으로 전개해 나가거나 교사의 개입을 원치 않을 때는 개입하지 않아야 한다.

교사는 유아의 놀이가 진행되는 동안 적절한 시기와 방법으로 빠져나와야 한다. 유아의 놀이에 들어가는 개입과 마찬가지로 나올 때도 놀이가 원활하게 진행될 수 있도록 단계적으로 빠져나오는 전략을 활용해야 한다. Johnson과 Christie, Yawkey(1989)는 놀이에서 교사가 뒤로 물러서는 것은 놀이의 통제권을 유아에게 돌려주고 독립심과 자신감을 증진시킬 수 있도록 도와주는 것이라고 하였다. 놀이에서 빠져나오기 전에 교사는 유아들이 집중적으로 상호작용할 수 있도록 격려하고 점진적으로 빠져나와야 한다.

놀이에서 성공적으로 빠져나오는 방법으로는 유아들이 놀이에 몰두하여 있을 때 아무 말 없이 나오는 것이다. 그럴 경우 교사가 떠난 사실을 알아차렸을 때에는 이미 시간이 흐른 뒤일 것이다. 반면, 역할놀이에서는 간접적인 전략을 사용하는 것이 유용하다. 즉, '시간이 이렇게 됐네. 일하러 가야겠다'라고 자연스럽게 놀이 상황에서 나올 수 있게 된다. 만약 유아들이 교사가 떠나는 사실에 반대한다면 교사가 다른 영역에 가야 한다거나 다른 유아를 도와주어야 한다는 식으로 직접적으로 설명하는 것도 방법의 하나일 수 있다.

4 안내와 제안

교사는 영유아의 능동적인 탐색을 지지하고 경험을 통해 나름대로 의미를 구성할 수 있도록 안내자와 제안자로서의 역할을 수행해야 한다. Piaget는 영유아의 흥미에 기초하여 활동이 제공되고 영유아가 다양한 자료를 사용해서 활동에 적극적으로 참여할 때 학습이 가장 잘 이루어진다고 보고, 영유아의 활동을 촉진시킬 수 있는 안내자로서의 교사의 역할을 강조하였다(Kousaleos, Martin, & Rogers, 1988).

영유아는 새로운 지식을 구성할 때 이미 형성하고 있는 지식에 기초하여 경험과 상상력을 재구성한다. 따라서 **새로운 사물과 환경에 대해 흥미를 보이는 영유아를 허용하고 이를 안내해 주는 교사의 역할**은 그들의 지식 구성에 중요한 밑거름이 된다.

한편, 교사는 영유아가 다음에 해야 할 활동에 대해 **충고**하거나, **아이디어를 제공**하고 권유하는 등 보다 흥미롭고 효과적인 방법을 제안할 수 있다. 교사의 적절한 제안은 영유아가 새로운 방법을 시도해 보거나 문제를 다양한 방법으로 해결해 볼 수 있도록 유도하며, 현재의 **활동을 확장할 수 있는 단서**를 제공한다. 예를 들어, 유아가 블록 구성물을 세우려다 균형이 맞지 않아 여러 차례 실패를 했다면, 교사는 "오른쪽을 더 무겁게 만들어 보면 어떨까?"와 같이 제안함으로써 과제에 대한 유아의 흥미를 유지시켜 줄 수 있으며 집중력과 인내력을 증진시킬 수 있다. 또 "이 ○○들의 같은 점과 다른 점이 무엇인지 찾아보자."와 같은 교사의 제안은 유아가 해결해야 할 문제나 핵심적인 특징에 집중하도록 도울 수 있다.

교사의 바람직한 제안은 **영유아 간의 사회적 갈등을 해결**하는 데도 도움을 준다. 영유아들이 놀잇감을 가지고 다투는 일은 교실에서 빈번하게 발생한다. 교사는 제한된 놀잇감을 다툼 없이 가지고 놀 수 있는 방법을 제안하거나 영유아가 갈등 해결 방법을 찾아보도록 제안할 수 있다.

■ 교사의 제안에는 과제 성취를 위한 대안적인 방법들이 포함되어야 한다.

교사는 영유아들에게 새로운 방법을 시도해 보게 하거나 자신의 생각을 실험해 보도록 자극하기 위해 질문이나 언어적 피드백으로 대안적인 방법을 제안할 수 있다. 질문과 피드백을 통한 제안의 예는 다음과 같다.

- 이 방법은 어떨까?
- 우리가 ○○게 하면 무슨 일이 일어날지 궁금하지 않니?
- 너는 ○○게 할 수 있을 거야.

■ 영유아가 제안의 수용 여부를 선택하도록 허용해야 한다.

교사는 충고, 아이디어, 권유 등의 제안이 적절하다 할지라도 영유아가 이를 수용할지 여부를 선택하도록 허용하여야 한다. 만약 영유아가 교사의 제안을 따르기를 원한다면 교사는 실행되어야 할 것이 무엇인지 영유아가 명확히 인식하도록 도와야 한다.

■ 교사의 제안이 수용되지 않을 수 있음을 받아들여야 한다.

교사의 제안은 수용되지 않을 수 있으며, 영유아에 의해 수정될 수도 있다. 교사는 자신의 제안이 영유아에게 수용되기에 적절한가를 점검하고, 다음의 사항을 고려하여 제안의 적용방법을 수정할 필요가 있다.

- 제안은 부정적이거나 제한적인 것보다 긍정적일 때 수행될 확률이 높다. 예를 들면, "○○아/야, 좀 더 천천히 걸으면 블록들이 쏟아지지 않을 거야."와 같은 제안은 긍정적인 예다.
- 어린 영아에게는 좀 더 구체적이고 직접적인 제안이 필요하다. 때때로 영아의 경우 교사의 제안이 수행해야 할 행동을 안내하고 있음을 인식하지 못할 수 있다. 따라서 교사는 "다른 방법으로 해 보면 어떨까?"보다 "이 방법으로 해 보자."와 같이 구체적이고 직접적으로 제안할 필요가 있다. 그리고 유아의 연령이 높을수록 스스로 판단할 수 있는 덜 직접적인 제안을 사용하는 것이 바람직하다.
- 동시에 하나 이상의 제안을 하는 것은 적절하지 않다.

교사는 제안의 의도에 초점을 맞춰 복잡하지 않고 명료한 제안만으로 영유아가 문제를 해결하거나 활동을 확장해 갈 수 있도록 도와야 한다.

5 학습에 대한 촉진

효과적인 교육을 실행하기 위해서 교사는 단순한 지식 전달자가 아닌 학습 촉진자로서의 역할을 해야 한다. 촉진자의 역할은 영유아가 학습을 이해하고 참여할 수 있도록 **언어적으로 자극하고 환경과 자료에 흥미를 가질 수 있도록 다양한 종류의 학습 경험과 자원을 제공해 주는 등의 역할**이다.

교사는 영유아로부터 정보를 얻기 위해 두 가지 주요한 질문 유형인 개방형 질문과 폐쇄형 질문을 사용할 수 있다. **개방형 질문**은 맞는 답이나 틀린 답이 없다고 가정하는 질문 유형이다. 일반적으로 유아는 개방형 질문에 답을 하는 과정에서 아는 것, 생각하는 것, 느끼는 것 등을 자유롭게 표현하게 된다. 개방형 질문은 사건, 사람, 사물에 대한 유아의 흥미를 유발하거나 사고를 촉진하기 위해 사용되며, 유아의 사고과정을 조사하거나 유아의 가설, 이해, 상상과 감정들을 교사 또는 다른 유아와 공유하도록 만들 수 있다.

개방형 질문의 예

- **유아의 가설과 이해를 확인하고 공유하기 위한 질문**: "어떻게 하면 바퀴에 대해서 더 알아볼 수 있을까?" "왜 그렇게 생각하니?"
- **유아의 감정을 확인하고 공유하기 위한 질문**: "친구가 블록을 쓰러뜨렸을 때 기분이 어땠니?" "○○가 울고 있는데 네 기분이 어떠니?"
- **유아의 상상이나 사고를 확인하고 공유하기 위한 질문**: "만약에 우리 몸이 풍선처럼 부푼다면 어떻게 될까?" "이 이야기의 끝은 어떻게 될 것 같니?"

폐쇄형 질문은 제한된 답을 요구하는 질문 유형으로, 명백하고 사실적인 정보와 대답, 비교적 짧은 대답을 요구하게 된다. 일반적으로 폐쇄형 질문은 유아가 이전에 들은 적이 있거나 경험해 온 것을 상기하도록 하며, 특정 동물의 이름이나 유치원의 규칙을 아는지 확인하기 위해 사용될 수 있다.

폐쇄형 질문의 예

- **사실 확인을 위한 질문**: "노란 단추는 모두 몇 개 있니?" "선생님이 들고 있는 컵은 무슨 색일까?"
- **경험을 회상하기 위한 질문**: "어제 우리가 다녀온 곳에서 무엇을 봤니?" "민주는 오늘 역할놀이 영역에서 무엇을 했니?"

Martin, Sexton, Wagner와 Gerlovich(1997)는 유아의 과학활동에 대한 자발적 참

여를 격려하기 위해서는 발산적 사고를 유도하는 개방형 질문을 제공할 것을 강조하였다. 교사는 유아가 사물이나 현상에 대해 의문을 가지고 새롭게 사고할 수 있도록 개방형 질문("무엇을 할 수 있겠니?" "어떻게 하면 좋을까?")을 제공해야 한다.

교사가 질문할 때 고려해야 할 사항

- **영아에게는 언제, 어디에서, 무엇을, 어떻게, 왜에 대한 질문을 간단하고 완성된 문장 구조로 제공한다.**

  영아에게는 일상생활과 관련된 직접적인 질문을 자주 제공하는 것이 적절하며 "○○야, 동생의 이름이……?"와 같은 질문보다는 "○○야, 동생의 이름이 무엇이니?"와 같이 완성된 문장 구조의 질문을 통해 영아가 질문의 의도를 쉽게 이해할 수 있도록 해야 한다.

- **질문은 가능한 한 짧은 문장으로 한다.**

  영유아는 길고 장황한 문장보다 짧은 문장을 더욱 쉽게 이해할 수 있다. 짧은 문장은 영유아의 흥미를 자극하는 데에 더욱 효과적이다(Hogg & Foster, 1973).

- **한 번에 하나의 질문만을 사용한다.**

  둘 또는 그 이상의 답을 요구하는 질문은 영유아를 혼란스럽게 할 수 있다. 연속되는 질문을 제공할 경우 한 가지의 과제, 사고 또는 사건에 초점을 맞추는 것이 바람직하다. 또한 두 번째 질문은 첫 질문에 대한 영유아의 답이 끝난 후에 해야 한다.

- **과도한 질문을 피하며 신중하게 질문을 사용해야 한다.**

  질문의 과용은 영유아의 긴장을 초래할 수 있다. 특히 학습 증진을 위해 영유아에게 질문하는 것은 소집단이나 개별 활동에서 효과적일 수 있으므로(Laishley, 1983), 대집단을 대상으로 하는 질문은 체계적인 계획하에 적절한 수준으로 제한할 필요가 있다.

- **영유아에게 질문에 대답할 시간을 충분히 제공해야 한다.**

  때때로 교사들은 질문에 더 잘 대답할 수 있을 것으로 보이는 영유아를 더 오래 기다리는 경향이 있다(McAllister, 1990). 이것은 몇몇 영유아에게 그들의 생각과 능력이 다른 영유아보다 가치있지 못하다고 판단하도록 할 수 있다.

- **영유아의 대답에 관심을 보이며 따뜻하게 반응해 주어야 한다.**
  교사는 영유아의 대답에 항상 경청하고 있다는 메시지를 보내야 한다. 이는 영유아가 교사의 질문에 더욱 집중하도록 유도할 수 있으며 교사의 다음 질문에 더욱 흥미를 갖도록 이끌 수 있다.

- **영유아의 생각과 인내를 조장하기 위해 격려하는 기술들을 사용해야 한다.**
  예를 들어, 고쳐 말하는 것이나 질문을 간단히 하는 것 또는 영유아가 상대에게 말한 내용을 요약하는 것은 영유아가 질문에 더욱 반응적일 수 있도록 촉진한다.

6 갈등에 대한 중재

영유아기의 갈등은 일상적이고 빈번한 경험의 하나이며, 이를 통해 대인관계에서 필요한 사회적 기술을 학습하고 문제해결 능력을 발달시킬 수 있으므로 변화와 적응, 발달 및 성장을 위한 필수적인 자극으로 인식되어야 한다(Beaty, 2001; Shantz, 1987). 그러나 갈등 상황에서 영유아가 바람직한 해결전략을 사용하지 못하고 부정적이며 폭력적인 해결전략을 지속적으로 사용한다면 또래에게 거부되거나 따돌림을 받게 되어 또래관계에 어려움을 초래할 수도 있다.

따라서 교사는 필요한 경우 적절한 개입을 통하여 영유아의 안정을 확보하고 추가적인 갈등 상황을 예방할 필요가 있으며, 영유아가 새로운 사회적 기술을 학습하고 활용해 볼 수 있는 기회를 제공해야 한다. 이때 교사는 영유아 간의 갈등 상황을 빠르게 파악하고, 갈등 상황에 대한 문제를 명료화하여 영유아가 동의할 수 있는 해결책을 함께 찾아보는 등 갈등 해결을 위한 중재자로서의 역할을 수행해야 한다.

이를 위해 교사는 먼저 중재를 해야 하는 상황에 대하여 파악해야 한다. 이때 교사는 발생한 문제에 대하여 해결방법을 즉각적으로 제시하지 않고, 영유아가 자신이 느낀 생각과 감정에 대하여 말로 표현하게 하여, 해결방법을 스스로 생각해 볼 수 있는 기회를 제공해 주어야 한다.

- Vygotsky는 어린 연령의 영아들도 성인 또는 유능한 또래의 도움을 통해 높은 수준의 갈등 해결이 가능하다고 주장한 바 있다. **영아 간의 갈등 상황**에서 교사는 다음(DeVries & Zan, 1997)과 같은 중재를 통해 영아가 자신이 느끼는 감정이 어떠한지를 깨닫게 하고, 말로 표현하게 해야 한다. 또한 서로의 이야기를 듣게 하고 문제가 무엇인지 분명하게 설명해 주며 가능한 한 문제의 해결방법을 스스로 생각해 볼 수 있도록 도움을 주어야 한다(박희숙, 2009).
  - 가장 먼저 영아의 안전을 책임져야 한다.
  - 교사는 침착해야 하고 감정을 조정해야 한다.
  - 갈등은 영아로 인해서 비롯된 문제라는 것을 인식해야 한다.
  - 영아는 자신의 갈등을 스스로 해결할 수 있는 능력이 있다는 믿음을 갖고 대처한다.
  - 갈등 상황에서 도움이 필요할 때는 지원해 주어야 한다.
- **유아 간의 갈등 상황**에서 교사는 유아가 객관적으로 상황을 인식하고 상대에 대해 공감하며 자신과 타인을 이해할 수 있도록 유도해야 하며, 이를 통해 바람직한 방향으로 정서를 조절하고 해결방법을 찾아볼 수 있도록 중재해야 한다. 보다 구체적인 교사의 역할은 다음과 같다.
  - 유아가 갈등의 원인과 자신의 상황을 정확하게 이해하도록 돕는다. 교사는 유아가 갈등을 어떻게 인식하고 있는지 파악하고 유아가 갈등을 객관적이고 정확하게 인식할 수 있도록 도와야 한다.
  - 갈등 상황에서 유아가 자신의 입장에 대한 이유를 생각하고 상대의 생각에 관심을 갖도록 돕는다. 유아가 다른 사람과 효과적으로 상호작용하고 어떤 행동이 옳고 그른지 판단하기 위해서는 다른 사람이 무엇을 생각하는지 이해해야 한다. 따라서 교사는 유아가 타인에게 자신을 이해시키기 위해 생각과 감정, 요구를 분명하게 표현할 수 있는 기회를 제공하고, 상대의 입장에 대해 진지하게 생각해 보도록 해야 한다.
  - 갈등을 해결하기 위해서는 무엇보다도 자신의 감정을 조절하고 공격적이지 않은 방법으로 의견을 나누도록 안내한다. 교사는 갈등 상황에서 유아가 자신의 정서를 인식하도록 돕고, 자신의 정서를 조절하여 효과적으로 표현할 수 있도록 해야 한다. 또 상대에 대한 공감이 수용적인 분위기를 이끌어 줄

수 있음을 유아가 알 수 있도록 돕는다.

- 교사는 유아가 갈등을 해결하기 위해 다양하고 창의적인 해결방안을 모색하고 가능한 많은 방안을 생각해 보도록 격려한다. 유아가 제안한 해결방법의 결과를 추론해 보도록 하여, 궁극적으로는 서로가 만족하는 대안을 선택하도록 유도해야 한다.

활동해 봅시다

1. 영아와 유아를 위한 교사 역할의 같은 점과 다른 점이 무엇인지 토의해 봅시다.

2. 영유아의 흥미가 유지되는 가운데 배움이 이루어지도록 지원하기 위한 교사의 역할은 무엇인지 정리해 봅시다.

제2부

영유아 교수·학습의 실제

제4장

표준보육과정과 누리과정

1. 0~2세 표준보육과정
2. 2019 개정 누리과정

생각해 봅시다.

1. 국가 수준 교육과정이란 무엇인지 생각해 봅시다.

2. 표준보육과정과 누리과정의 차이점은 무엇인지 생각해 봅시다.

우리나라의 유아교육기관은 교육부 관할의 유치원과 보건복지부 관할의 어린이집으로 이원화되어 있으며, 각각 『교육기본법』, 『유아교육법』과 『영유아보육법』에 근거하여 교육하도록 규정되어 있다. 따라서 그간 유치원과 어린이집의 특성을 고려한 국가수준의 유치원 교육과정과 표준보육과정이 개별적으로 존재하여왔다.

그러나 유아 단계에서 교육과 보육 문제로 인한 저출산 경향을 완화하고, 양질의 교육을 제공하기 위해 '만 5세 공통과정'이 도입됨에 따라, 2011년 교육과학기술부와 보건복지부에서는 유치원과 어린이집으로 이원화되어 있는 교육 · 보육과정을 선별 · 보완하여 5세 누리과정을 고시한 바 있다. 나아가 2012년 누리과정이 3~4세까지 확대되어 '3~5세 연령별 누리과정'이 고시됨에 따라 유치원과 어린이집으로 이원화되어 있는 교육.보육과정을 통합하여 유아기 단계에서 교육의 질을 제고하고, 생애 초기 출발점의 평등성을 보장하게 되었다.

이후 2019년 '3~5세 연령별 누리과정'은 유아 · 놀이 중심 교육과정을 지향하며 '2019 개정 누리과정'으로 명칭이 변경되었으며, 3~5세 유아가 놀이를 통해 심신의 건강과 조화로운 발달을 이루고 바른 인성과 민주 시민의 기초를 형성하는 것을 목적으로 개정되었다. 한편, 3~5세 대상의 누리과정이 개정됨에 따라 0~2세를 포함한 표준보육과정 역시 영유아 중심, 놀이 중심 보육과정을 통해 자율성 · 창의성을 높이는 것을 목적으로 개정되었다. 이에 제4차 어린이집 표준보육과정의 0~2세 표준보육과정과 2019 개정 누리과정의 성격과 내용을 세부적으로 살펴보면 다음과 같다.

1 0~2세 표준보육과정

어린이집 보육과정의 국가수준 기준을 제시하고 있는 표준보육과정은 0~5세를 대상으로 하되, '3~5세 연령별 누리과정'이 도입됨에 따라 자연스럽게 0~2세만을 위한 표준보육과정을 구성하게 되었다. 그 내용은 0~1세와 2세를 구분하여 수준별로 세분하여 체계화하고 있으며, 기본생활, 신체운동, 의사소통, 사회관계, 예술경험, 자연탐구 6개 영역으로 구성되었다. 0~1세와 2세 표준보육과정 각 영역의 목표를 살펴보면 다음과 같다.

0~1세 표준보육과정의 **기본생활 영역**은 건강하고 안전한 일상생활의 경험을 목표로 하며, **신체운동 영역**은 감각 및 기본 신체운동 능력을 기르는데 목표를 두고 있다. **의사소통 영역**은 의사소통 능력과 상상력의 기초를 마련하는데 목표를 두고 있으며, **사회관계 영역**은 나를 인식하고, 친숙한 사람과 관계를 맺는데 중점을 두고 있다. **예술경험 영역**은 아름다움을 느끼고 경험하는 것을 목표로 하고 있으며, **자연탐구 영역**주변 환경과 자연에 관심을 갖는데 목표를 둔다.

2세 표준보육과정의 **기본생활 영역**은 건강하고 안전한 생활습관의 기초를 형성하는데 목표를 두고 있으며, **신체운동 영역**은 감각을 활용하고 신체를 인식하며 신체활동을 즐기는데 중점을 두고 있다. **의사소통 영역**은 의사소통 능력과 상상력의 기초를 형성하기 위한 영역이며, **사회관계 영역**은 나를 알고, 다른 사람과 더불어 생활하는 경험을 갖는데 목표를 두고 있다. **예술경험 영역**은 아름다움을 느끼고 즐기는데 목표를 두고 있으며, **자연탐구 영역**은 주변 환경과 자연을 탐색하는 과정을 즐기는데 목표를 두고 있다.

2 2019 개정 누리과정

2019 개정 누리과정은 교사 주도의 활동을 지양하며, 유아가 충분한 놀이 경험을 통해 몰입과 즐거움 속에서 자율·창의성을 신장하고, 전인적 발달과 행복을 추구할 수 있도록 구성되었다(교육부, 보건복지부, 2019a). 또한 기존의 신체운동 · 건강, 의사소통, 사회관계, 예술경험, 자연탐구의 5개 영역을 유지하되, 연령별 세부내용을 3~5세 유아가 경험해야 할 통합내용으로 간략화하여 현장의 자율성을 확대하고자 하였다. 각 영역의 목표를 살펴보면 다음과 같다.

신체운동 · 건강 영역은 유아가 실내외에서 신체활동을 즐기고, 건강하고 안전한 생활을 하는데 목표를 두고 있으며, **의사소통 영역**은 일상생활에 필요한 의사소통 능력과 상상력을 기르는 것에 중점을 둔다. **사회관계 영역**은 자신을 존중하고 더불어 생활하는 태도를 갖는데 목표를 두고 있으며, **예술경험 영역**은 아름다움과 예술에 관심을 가지고 창의적 표현을 즐기는데 목표를 두고 있다. **자연탐구 영역**은 탐구하는 과정을 즐기고, 자연과 더불어 살아가는 태도를 갖는데 목표를 둔다.

표 4-1 '제4차 어린이집 표준보육과정' 중 0~2세를 위한 내용과 3-5세를 위한 '2019 개정 누리과정'의 목적과 목표 및 영역별 내용 비교

구분	0~2세 표준보육과정		2019 개정 누리과정	
적용 대상	0~2세 영유아		3~5세 유아	
목적과 목표	0~2세 보육과정의 목적은 영유아가 놀이를 통해 심신의 건강과 조화로운 발달을 이루고 바른 인성과 민주 시민의 기초를 형성하는 데에 있다. 가. 자신의 소중함을 알고 건강하고 안전한 환경에서 즐겁게 생활한다. 나. 자신의 일을 스스로 하고자 한다. 다. 호기심을 가지고 탐색하며 상상력을 기른다. 라. 일상에서 아름다움에 관심을 가지고 감성을 기른다. 마. 사람과 자연을 존중하고 소통하는 데 관심을 가진다.		누리과정의 목적은 유아가 놀이를 통해 심신의 건강과 조화로운 발달을 이루고 바른 인성과 민주 시민의 기초를 형성하는 데에 있다. 가. 자신의 소중함을 알고, 건강하고 안전한 생활 습관을 기른다. 나. 자신의 일을 스스로 해결하는 기초능력을 기른다. 다. 호기심과 탐구심을 가지고 상상력과 창의력을 기른다. 라. 일상에서 아름다움을 느끼고 문화적 감수성을 기른다. 마. 사람과 자연을 존중하고 배려하며 소통하는 태도를 기른다.	
영역별 내용	1. 기본생활 • 건강하게 생활하기 • 안전하게 생활하기 2. 신체운동 • 감각과 신체 인식하기 • 신체활동 즐기기 3. 의사소통 • 듣기와 말하기 • 일기와 쓰기에 관심가지기 • 책과 이야기 즐기기	4. 사회관계 • 나를 알고 존중하기 • 더불어 생활하기 5. 예술경험 • 아름다움 찾아보기 • 창의적으로 표현하기 6. 자연탐구 • 탐구과정 즐기기 • 생활 속에서 탐구하기 • 자연과 더불어 살기	1. 신체운동 · 건강 • 신체활동 즐기기 • 건강하게 생활하기 • 안전하게 생활하기 2. 의사소통 • 듣기와 말하기 • 읽기와 쓰기에 관심 가지기 • 책과 이야기 즐기기 3. 사회관계 • 나를 알고 존중하기 • 더불어 생활하기 • 사회에 관심 갖기	4. 예술경험 • 아름다움 찾아보기 • 창의적으로 표현하기 • 예술 감상하기 5. 자연탐구 • 탐구과정 즐기기 • 생활 속에서 탐구하기 • 자연과 더불어 살기

활동해 봅시다

1. 표준보육과정과 누리과정 간의 연계성을 정리해 봅시다.

2. 2019 개정 누리과정의 특징을 정리해 봅시다.

제5장

교육환경 구성

생각해 봅시다.

1. 영유아가 안정감을 느끼는 교육환경이란 어떤 것인지 생각해 봅시다.

2. 영유아가 즐겁게 놀이할 수 있는 환경은 어떤 것인지 생각해 봅시다.

1 영아를 위한 교육환경

1) 영아를 위한 교육환경 구성의 원리

영아는 나이가 어릴수록, 교육기관에서 지내는 시간이 길수록 환경으로부터 받는 영향이 매우 커진다. 그렇기에 영아를 위한 보육환경 구성은 매우 신중하게 계획되어야만 한다. 영아를 위한 환경 구성의 원리를 이영자, 이종숙, 신은수, 곽향림, 이정욱(2001)과 Olds(2001)가 제안한 환경 구성의 원리에 기초하여 제시하면 다음과 같다.

(1) 교육환경 구성 원리

■ 움직임을 촉진하는 환경

영아기는 대근육 발달이 매우 중요하게 이루어지는 시기이며, 인간의 발달은 통합되어 있어 신체의 자유로운 움직임은 인지발달의 기초가 되기도 한다. 영아는 자신의 흥미와 요구에 따라 충분히 움직이고 이동하면서 탐색과 놀이를 즐기고 대근육 활동을 할 수 있어야 한다. 그렇기에 영아에게는 실내와 실외 모두 대근육 활동을 할 수 있는 넓은 공간의 환경이 제공되어야 한다.

교사는 영아가 자유롭게 돌아다닐 수 있는 환경을 확보하기 위해 바퀴가 있는 가구를 사용하는 등 유동적인 가구를 활용하는 것이 바람직하다. 교실에 영아의 대근육 활동을 위해 오르기, 움직일 수 있는 공간, 이동이 용이한 놀이기구 및 대근육 활동기구를 구비해야 한다. 교사는 실외 활동에서도 영아의 움직이고자 하는 욕구를 충분히 해소하도록 배려하여야 한다.

■ 안전하고 위생적인 환경

영아는 잠시라도 눈을 떼어서는 안 될 정도로 움직임이 많고, 관심 있는 사물을 탐색하기 위해 사물을 수시로 입에 넣는다. 그렇기 때문에 영아를 위한 환경은 안전하고 위생적이어야 한다. 교사는 안전을 위해 모든 전기 콘센트에 덮개를 끼우고, 가구의 모서리가 뾰족하지 않도록 하여야 한다. 또한 혹시 모를 낙상에 대비하여 충격을 완화할 수 있는 러그를 사용한다.

영아의 손과 입이 자주 닿는 놀잇감과 교구는 주기적으로 세척하고, 치발기, 분유병과 같은 개인물품은 개별로 사용하고 관리할 수 있도록 하여야 한다.

■ 가정과 같이 편안한 환경

보육기관에서는 공간을 여러 명이 함께 공유하기 때문에, 다양한 사회적 경험을 공유하고 이에 필요한 질서와 협동에 따라 활동을 하여야 한다. 영아가 보육기관에서 보다 편안하게 지낼 수 있기 위해서는 집과 같은 편안함을 제공할 수 있어야 한다. 사람들이 좋아하는 장소는 대부분 집과 마찬가지로 **보호**, **소속감**, **친밀감**, **익숙함**, **안정감**, **예측성**, **편안함**, **자유로움**, **선택**, **휴식**, **자기표현**, **사생활**, **영역성**, **개성**, **개인과 가족 역사의 기억 및 상징과 관련된 특성**을 갖는다. 영아는 교실에서도 집에서처럼 자신이 원할 때 조용하고 편안한 공간에서 쉴 수 있고 자유롭게 움직이고 탐색할 수 있어야 안정감과 편안함을 느낄 수 있다.

영아 발달을 위해 이러한 '**주거적인 요소**'를 고려하여 안정감과 새로운 자극이 조화를 이루는 환경을 제공하여야 한다. 지나친 자극은 영아를 놀라게 하고 방향감각을 잃게 하며, 변화가 없는 환경 역시 바람직하지 않다. 안정감을 기반으로 조금씩 새로운 요소를 첨가하여 '**예측 가능한 변화**'와 '**동일성 내에서의 변화**'를 지향하는 것이 좋다. 동일성 내에서의 변화는 조용한 가운데 들리는 산들바람 소리, 시냇물 소리, 흔들리는 나뭇잎 사이로 비치는 빛 등을 예로 들 수 있다.

안락한 환경을 위해 천장의 높이, 교실의 크기, 조명, 러그, 소파, 쿠션과 같은 부드러운 요소의 조건으로 환경을 제공해야 한다. 아울러 교실마다 따뜻하고 아늑한 곳, 딱딱하고 부드러운 곳, 어둡고 밝은 곳, 시끄럽고 조용한 곳이 각각 방해받지 않으며 공존할 수 있는 공간이 다양하게 제공되어야 한다.

■ 놀이와 탐색을 즐길 수 있는 놀이 환경

건강한 영아는 주변 세계에 호기심을 가지며 탐색한다. 이를 위해서 교실은 다양한 발달을 촉진하도록 구성하는 것이 좋다. 흥미 영역을 구성하는 경우 지나치게 세분화되지 않아야 하며, 조용한 놀이와 활동적인 놀이를 할 수 있는 구분이 필요하다. 만약 영아가 교실에서 어떤 놀이를 할 수 있는지 쉽게 인식하도록 한다면 영아는 보다 보육기관에 잘 적응할 수 있다.

영아가 안전한 교실에서 자유롭게 탐색하고 놀이하며 유능함을 느낄 수 있는 환경이 필요하다. 영아가 스스로 할 수 있는 놀이를 찾아 놀 수 있도록 정돈된 환경이어야 한다. 충분한 놀잇감은 영아에게 만족감을 주지만, 지나치게 많은 놀잇감이 한꺼번에 제공될 경우 혼돈스러워하거나 과잉 흥분하여 탐색과 놀이에 대한 흥미를 잃을 수도 있으므로 적당한 양으로 제공하고 적절한 때에 교환하는 것이 좋다.

■ 조절감을 기를 수 있는 환경

영아가 환경을 통해 조절감을 기를 수 있는 환경은 사생활 보호와 예측 가능성, 두 가지 측면에서 고려되어야 한다.

사생활 보호 영아의 사생활 보호가 환경에 반영되어야 한다. 예를 들어, 교사가 영아의 기저귀를 가는 동안에도 다른 영아의 안전지도를 위한 시야를 확보하기 위해 기저귀갈이대를 다른 영아들이 많이 쳐다볼 수 있는 공간에 배치한다면, 영아의 사생활 보호와 위생 측면에서 바람직하지 않다.

그리고 성인처럼 영아에게도 휴식할 만한 개인 공간이 필요하다. 창문 아래 앉을 만한 곳, 벽장, 구석진 공간, 아늑하게 둘러싸인 작은 공간은 개인이 쉴 수 있는 이상적인 장소이다. 개인 공간은 교사의 접근성과 이들의 사생활에 대한 서로 다른 요구 간의 균형을 제공해 준다.

예측 가능성 인간은 예측할 수 없는 환경에서 불안을 느끼기 때문에, 하루 일과는 일정한 순서에 따라 진행되어 영아에게 안정감을 제공해야 한다. 공간 역시 예측이 가능하도록 설계되어야 한다. 예측이 가능한 설계란 영아가 교실 전체를 조망할 수 있고 교실에 어떤 놀잇감과 교구, 설비가 있는지 한눈에 파악할 수 있는 것이다. 영아가 들어오는 곳, 나가는 곳, 연결되는 곳 등을 쉽게 인식할 수 있어야 한다. 주변과 격리된 것 같은 공간은 영아에게 스트레스가 될 수 있으나, 창문과 문은 이러한 격리 문제를 해결하며 영아의 호기심을 충족시키는 역할을 한다.

■ 자연 빛을 활용한 환경

영아들에게 안락한 환경을 제공하기 위해서 자연 채광을 충분히 활용한다. 하루 중 햇빛의 변화와 계절에 따른 빛의 변화는 같은 공간을 새롭게 변화시킨다. 영아는 다양하고 미묘한 일광의 광채, 온도, 색, 빛과 그림자의 방향을 경험할 수 있어야 한다. 동서남북에서 들어오는 빛의 다양한 특성을 드러내도록 창문을 활용한다. 레지오 에밀리아에서는 높은 천장과 함께 소통을 위하여 실내외의 일부를 투명하게 설계하여 자연의 빛을 유아들이 만끽하도록 배려하고 있다. 또한 실내 조명의 경우 형광등에만 의존하지 않고 조도나 빛의 색을 고려한 다양한 부분 조명에도 신경을 쓴다면 영아들이 안정감과 심미감을 얻을 수 있어 유익하다.

■ 아름다운 심미적인 환경

아름다운 환경은 심리적인 안정감과 고요함을 주고 생동감과 심미감이 있어 행복을 느끼게 한다. 대체로 직선은 차갑고 거부감을 주지만, 곡선은 인간의 신체와 같은 형태로 인간에게 편안함을 느끼게 한다. 직선은 질서, 집중을 위해 필요하고, 곡선은 보호, 사회성, 존재감을 위해 필요하다. 평면의 천장은 방을 생기가 없는 상자와 같이 느끼게 하지만, 천장과 벽의 연결 지점을 곡선으로 변형한다면 완만함과 통합의 느낌을 주게 된다.

교실의 벽과 천정, 바닥, 커튼이나 블라인드, 패브릭 소품 등에 사용되는 색들은 다양한 심미감과 안락감을 제공할 수 있다. 러그는 교실에서 쌓기 영역의 소음을 예방하고 다른 영역과의 경계를 나타내며 안락감과 심미감을 제공할 수 있다. 그러나 주변보다 지나치게 밝은 색의 러그가 바닥에 놓일 때에는 안정감을 주지 못한다. 교실에서 많은 시간을 보내는 영아에게 안정감과 생기를 주기 위해서는 색채가 미치는 영향에도 주목하여 환경을 구성해야 한다.

■ 가정과의 연계를 위한 환경

발달적으로 영아기는 가정과의 연계가 더욱 각별한 시기이다. 기관에서는 부모가 매일 등하원 일지를 기록할 수 있도록 공간을 마련하고, 교사는 부모에게 어린이집에서의 생활을 알리기 위한 부모용 게시판을 활용하도록 한다. 공간이 허락된다면 부모가 보육기관에 머물 장소를 제공하여 보육기관과 친해질 기회를 제공하는 것이 좋으며, 이러한 참여는 영아에게 심리적으로 안정감을 준다. 이러한 노력은 모두 가정과의 소통을 활발히 하려는 시도로서, 부모로 하여금 자녀 양육을 베이비시터나 조부모에게 맡기는 것보다 훈련이 잘 된 전문가와 부모가 함께 책임을 나누는 것이 자녀를 위한 최선의 방법이라는 인식을 강화하여 원만한 부모-교사 관계 형성의 바탕이 된다.

(2) 영아를 위한 실내 환경 구성

영아반의 흥미 영역은 역할놀이 영역, 언어 영역(의사소통 영역), 대소근육 활동 영역(신체운동 영역), 인지 및 조작 영역(탐색조작 영역), 표현활동 영역(예술경험 영역) 등으로 나눌 수 있다. 모든 흥미 영역이 항상 있어야 할 필요는 없으며 융통적으로 구성할 수 있다. 일반적으로 흥미 영역은 열린 공간과 아늑한 공간, 즉 활동적인 영역과 조용한 영역으로 구분되며, 영역이 서로 구분되기보다는 개방적인 것이 영아가 놀이하기에 좋다. 만 1세의 경우 활동적이고 조용한 두 개의 영역 위주로 구성되었다면, 만 2세의 경우 1세반보다 세분화된 흥미 영역을 운영할 수 있다.

정적인 영역은 활동적인 영역으로부터 보호를 받아야 한다. 영역 구분을 위해 교구장, 낮은 파티션, 색이 다른 러그 등을 활용할 수 있다.

흥미 영역 배치의 기본 원리

- 교실의 '부드러움'은 특별히 영아에게 영향을 미친다. 이 시기는 촉각이 미치는 영향이 큰 시기이므로 가능한 한 다양한 질감의 만질거리를 제공한다면 영아의 심리적 만족을 극대화시킬 수 있다.
- 수유, 수면, 기저귀 갈기 등은 영아의 중요한 일과이며, 영아가 교사와 관계를 맺는 중요한 기회이므로 이에 특별한 관심을 가져야 한다.
- 조용한 놀이와 휴식을 위한 공간은 교실의 한적한 곳에 위치하게 한다.
- 활동량이 많은 영역과 조용한 놀이를 가까이 두지 않아 활동에 방해가 되지 않게 한다.
- 조용한 활동은 따뜻하고 부드러운 공간으로 구성하고, 동적인 활동은 시원하고 딱딱하며 역동적인 공간으로 구성한다.

■ 낮잠 영역

낮잠을 위한 별도의 공간이 위생적으로 바람직하지만, 만약 상황이 여의치 않다면 교실에서 잘 수 있다. 침대를 설치할 경우 침대를 나란히 붙여서 공간의 활용도를 높이기보다 침대 사이에 약 60~90cm의 간격을 두어 설치하는 것이 가정과 같은 분위기로 영아의 적응에 도움을 줄 수 있다.

침대에는 면이나 부드러운 천으로 만든 깔개를 깔며, 이동식 침구는 통풍이 잘 되고 이동이 편리하며 폐쇄된 공간에 보관한다. 침대, 요와 이불은 머리가 닿는 윗부분과 발이 닿는 아랫부분이 쉽게 구별되도록 색이 다른 천으로 표시하여 위생적으로 관리한다.

또한 편안한 수면을 위해 직사광선이 들어오지 않도록 창문을 커튼이나 블라인드로 차단해야 한다. 영아마다 낮잠자는 시간에 차이가 나타나는데, 더 오래 자는 영아들이 방해받지 않고 잠을 잘 수 있도록 하고 먼저 깬 영아는 조용한 놀이를 할 수 있도록 배려한다.

■ 기저귀 갈이 영역

기저귀 갈기는 영아의 기본적인 욕구 충족과 원활한 배변훈련을 위해 매우 중요하다. 또한 영아는 교실에서 기저귀 갈기를 통해 교사와 소통하기도 한다. 교사가 다정하게 아이와 이야기를 나눈다면 영아도 편안한 기분으로 이 시간을 즐길 수 있다.

그림 5-1 영아를 위한 기저귀 갈이 영역

기저귀 갈기가 교사에게 피하고 싶은 번거로운 일이 되지 않게 하기 위해서는 환경이 잘 갖추어져 있어야 한다. 기저귀를 갈고 난 다음에 영아를 씻기고 교사 자신도 손을 씻을 수 있도록 싱크대가 마련되어야 한다. 싱크대는 온수의 사용이 용이하고 위생을 위해 수전은 팔꿈치나 발로 누르는 페달식으로도 사용할 수 있도록 설치하는 것이 바람직하다. 동선이 클 경우 행동에 제약이 따르므로 기저귀 갈이대는 교실 안에 있어야 하며, 기저귀 갈이대의 선반에는 개별 기저귀, 휴지, 비누, 로션과 수건, 매트 등을 준비해 두어 불필요한 동작을 줄여야 한다. 기저귀 갈이대는 매일 소독하여 청결하게 관리하고, 사용한 기저귀는 밀봉하여 그때그때 쓰레기통으로 배출하여야 한다. 개별 가정에서 기저귀를 가져와서 사용하는 경우, 영아별로 기저귀를 보관하여 필요할 때마다 사용할 수 있어야 하며 이때 역시 청결하게 관리해야 한다.

■ 화장실 영역

영아의 배변훈련이 진행되면 기저귀 갈이대와 화장실을 함께 사용하게 된다. 그렇기 때문에 화장실은 교실 내 또는 인접한 곳에 위치하는 것이 좋다. 화장실은 영

그림 5-2 **영아를 위한 화장실 영역**

아에게 부정적인 인상을 주지 않아야 영아의 편안한 배설을 도울 수 있다. 창을 통한 자연 채광은 밝고 매력적이며 상쾌한 인상을 줄 수 있고 화장실의 벽과 바닥의 배색이 따뜻하고 편안한 느낌을 주는 것으로 조성되어야 한다.

영아의 경우 용변을 보는 공간에 따로 문을 설치하지 않고 대변기 사이에 작은 칸막이를 설치하여 영역을 구분하는 것도 바람직하다. 또한 무엇보다 영아의 몸에 맞는 크기의 변기를 제공해야 한다. 영아가 용변 중에 실수하는 일이 잦기 때문에 냄새 제거와 환기를 위한 성능이 좋은 환기장치(창문과 환기구)와 목욕시설이 갖추어져 있어야 한다. 화장실 바닥은 항상 건조한 상태로 유지되고 매일 위생에 신경써야 한다.

■ 간식 및 급식 영역

간식은 크게 두 가지 방식으로 운영된다. 하나는 영아의 요구에 따라 개별적으로 간식을 먹을 수 있도록 교실 내 간식 영역을 마련하여 운영한다. 다른 하나는 시간을 정해 놓고 모두 함께 간식을 먹는 방법이다. 후자의 방법은 식습관 지도에도 유용하다. 급식은 대부분 정해진 시간에 전체 집단으로 실시된다.

급·간식이 교실에서 이루어진다면 위생에 유의해야 하므로 놀이 영역, 기저귀 갈이 영역, 낮잠 영역과 분리되어 위치해야 한다. 영아의 경우 교사가 이들의 식사 지도나 우유를 먹이기 위해 앉을 편안한 의자나 흔들의자가 있는 것이 좋다. 먹는 것도 중요하지만 어떻게 먹는가, 즉 식습관 지도도 그에 못지않게 중요하므로 영아가 이 시간을 즐길 수 있도록 지도해야 한다.

■ 조용한 영역

영아의 개별적 요구에 따라 쉬기도 하고 자기도 하는 정적인 영역이 필요하다. 조용한 영역은 영아에게 집과 같이 안정되고 편안한 공간으로 활용된다. 조용한 영역에 쿠션과 같이 부드러운 침구류 등을 놓아두거나, 영아나 가족의 사진, 봉제인형, 그림 등을 눈높이에 맞게 제시하면 영아는 편안함과 소속감을 느끼게 된다. 이 밖에도 영아가 조용한 놀이를 할 수 있도록 퍼즐이나 장난감, 크기가 작은 부드러운 재질의 블록, 장식이 있는 주사위 등을 마련해 두는 것이 좋다.

또한 작은 실내용 텐트(천막)는 영아가 집단에서 혼자 떨어져 놀이에 몰두하거나

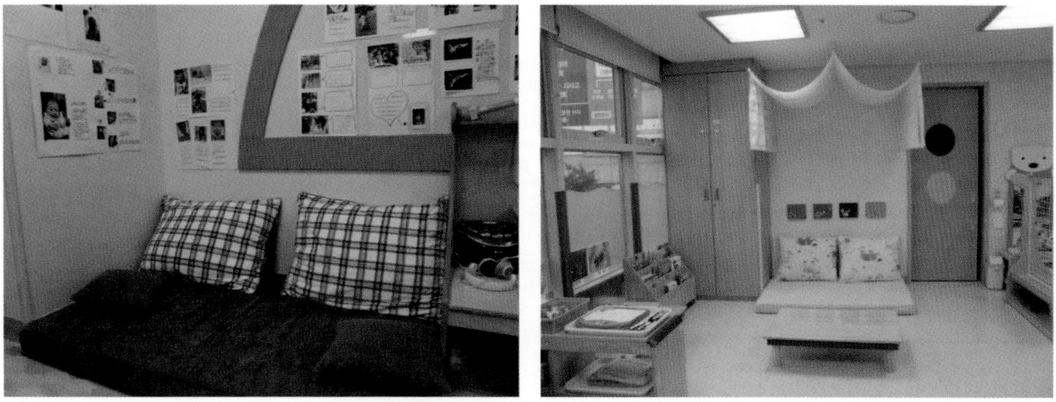

그림 5-3 영아를 위한 조용한 영역

조용히 쉴 수 있는 공간이 된다. 이 영역에서 교사는 영아에게 그림책을 읽어 주거나 막대인형 또는 손인형을 이용하여 이야기를 들려주며 놀이할 수 있다.

■ 대근육 활동 영역

영아를 위한 실내 환경에서 꼭 필요한 영역 중 하나가 대근육 활동 영역이다. 영아기는 일생 중에 신체의 발달이 가장 급격히 이루어지고 움직임의 욕구가 매우 강한 시기이므로 잠시도 가만히 있지 못하고 움직임이 많다. 개인의 운동능력은 선천적이지 않으며 영아기의 운동경험에 영향을 받아 발달한다. 한 예로, 기기는 대뇌의 발달, 허벅지 근육의 발달은 물론 차후 운동능력 발달에 영향을 미치기에(Berk, 2008), 놀잇감 등을 이용해 영아가 기기를 충분히 하도록 도와야 한다. 기기는 중요한 과업이므로 평소 평평한 교실 바닥을 기었다면, 부드러운 재질의 매트를 깐 경사로를 만들어 영아가 다양한 높이의 기기를 경험하게 하는 것도 영아의 신체발달에 도움이 될 수 있다.

대근육 활동 영역에 영아의 수준에 적절하면서 호기심과 모험심을 자극하는 낮은 높이의 오르기 기구, 미끄럼틀, 당기는 놀이기구, 바퀴 달린 놀잇감, 탈 수 있는 큰 트럭과 자동차, 헝겊으로 만든 공, 흔들말, 돗자리 등을 준비하지만 모두 한꺼번에 제공하지 않도록 한다. 영아의 흥미와 발달 정도를 고려해서 하나의 놀이기구를 고정하기보다 변화를 주며 몇 가지씩 제공한다. 대체로 영아반의 대근육 활동 영역

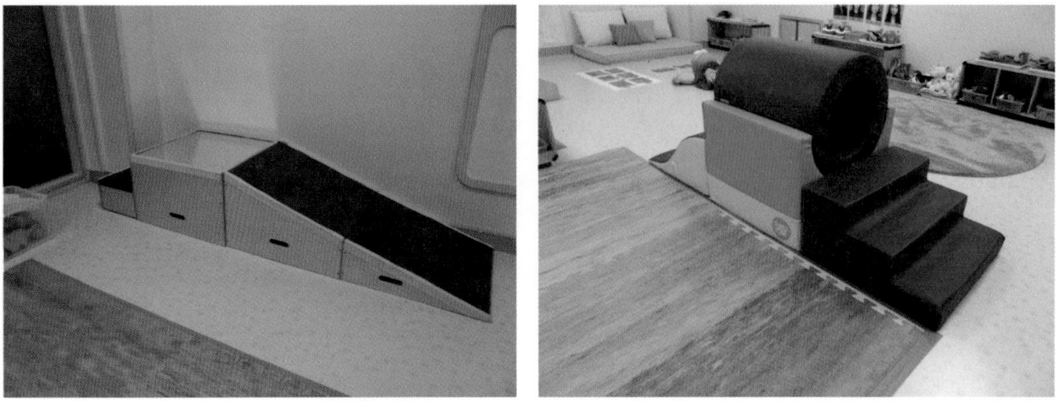

그림 5-4 영아를 위한 대근육 활동 영역

은 교실의 가운데에 위치하는 경우가 많은데, 그만큼 이들의 활동량이 많고 이 시기의 주요한 경험이기 때문이다. 활동량이 많은 만큼 안전에 유의해야 하므로 넘어지거나 떨어졌을 때를 대비하여 충격을 흡수하는 재질의 깔개가 준비되어야 한다.

■ 탐색 및 작업 영역

영아는 감각을 통해 세상을 탐색하고 이해한다. 물감이나 크레용으로 그림 그리기, 밀가루 점토, 풀칠하기, 손가락 그림 그리기 등은 영아의 활동으로 적합하다. 다양한 끼우기 자료, 그림 맞추기, 소형 블록, 커다란 구슬 꿰기 등은 눈과 손의 협응력을 기를 수 있어서 좋다. 삼킬 수 있는 너무 작은 크기의 놀잇감과 유해한 성분이 포함된 놀잇감은 위험하므로 제공되어서는 안 된다. 아울러 교사의 도움 없이도 안전하고 자유롭게 조작하고 탐색할 수 있는 다양한 사물과 놀잇감이 제공되어야 한다.

영아가 쉽게 접근할 수 있는 선반에 자료를 보관하며 종류별로 분류하고 정돈되어 있어야 한다. 투명한 바구니에 한 가지씩 담아 두도록 한다. 퍼즐이나 끼우기를 위해서는 낮은 책상을 제공하여 활동할 수 있게 한다. 음률활동을 위한 실로폰, 리듬악기, 녹음기와 같은 자료도 탐색활동에 유용한 자료다.

그림 5-5 영아를 위한 탐색 및 작업 영역

■ 역할놀이 영역

역할놀이를 통해 영아는 일상에서 보고 들은 것을 모방하고 재현해 보며, 타인의 역할을 행하게 된다. 일반적으로 영아가 병행적인 극놀이 수준에 머무는 것으로 알려져 있으나, 또래 간의 상호작용이 활발히 일어나도록 구성된 환경에서는 영아에게도 협동적인 극놀이가 등장할 수 있다.

이 시기는 눈앞에 보이는 사물과 공간에만 국한되지 않고 기억이나 경험을 통해 모방놀이, 상징놀이가 크게 확대되는 시기다. 그러므로 영아의 표상능력을 길러 줄 수 있는 자료와 활동이 제공되어야 한다. 영아에게 친숙한 부엌기구나 화장대, 거울, 옷장과 전화기, 카메라, 라디오, 여러 가지 모양과 색의 모자, 의상, 구두, 전면 거울, 손가락 인형, 인형을 돌보는 데 필요한 소품 등이 제공되어야 한다.

그림 5-6 영아를 위한 역할놀이 영역

2) 영아를 위한 실외 환경 구성

(1) 영아를 위한 실외 환경 구성 원리

벽과 천장의 구별이 없는 공간의 개방, 신선한 공기와 햇볕, 바람, 습기, 잔디와 물의 감촉은 실외놀이에서만 느낄 수 있는 요소들이다. 여기에서 영아는 걷고 뛰고 기어 다니고 소리치는 등 자유롭게 행동한다. 영아는 소음에 대해 긴장을 하지 않아도 되고, 실내에서 제한되었던 다양한 동작과 행위를 자유롭게 할 수 있다. 실외놀이는 반일제 수업에서도 하루 일과 중에 반드시 포함되어야 할 시간이며, 종일반에서 그 중요성은 더 절실하다. 실내와 실외 활동의 균형은 영아의 몸과 마음이 건강하게 성장하는 데 꼭 필요한 요소다.

영아를 바깥에 데리고 나가는 것은 준비할 것이 많아 교사들에게 번거롭게 여겨지기도 한다. 하지만 실외놀이에서 영아는 긴장을 해소하고 자유로운 탐색과 움직임의 경험을 만끽하며, 어릴 때 운동 경험이 충분하지 못하면 성장 후에 운동을 기피하는 성향이 있다. 햇빛을 마음껏 쏘일 수 있는 실외놀이는 칼슘의 체내 흡수를 돕는 비타민D가 체내에서 합성되도록 하므로 더욱 중요하다. 또한 실외에서 들이마시는 신선한 공기는 영아의 뇌발달과 활동에도 중요한 기능을 한다.

자유로운 공간 실외놀이에서 교사는 영아가 발달 특성에 적합한 안전하고 즐거운 공간 안에서 마음껏 신나게 뛰어다니고 기어오르고 만져 보고 느낄 수 있는 다양한 자료와 놀이를 제공해 주어야 한다. 영아를 위한 놀이기구는 발달 특성의 차이가 있으므로 유아의 놀이기구와 별도로 마련하여 제공하는 것이 바람직하다. 공간의 제약이 있다면 이동식 실외놀이 기구를 제공하는 것도 대안이 될 수 있다.

발달을 촉진하는 공간 실외놀이터는 전인적인 성장 · 발달을 촉진시키는 복합기능을 수행하는 중요한 장소이다. 이러한 여러 가지 기능을 발휘할 수 있는 이상적인 놀이 공간이 되기 위해서는 위치와 면적, 공간 구성, 시설 및 자료 등의 적절성을 고려해야 한다. 실외놀이 영역은 실내와 같이 안전해야 하며, 촉감이 다른 흙, 모래, 자갈, 나무, 잔디, 시멘트 등과 같이 다양한 바닥과 물 · 모래놀이를 할 수 있는 공간을 제공하여 감각적 탐색활동의 기회를 제공해야 한다. 물놀이 영역에 투명한 호스나 구멍이 뚫린 깡통 및 깔때기를 제공하면 다양한 탐색이 가능해지는 것처럼 놀이 중에 여러 탐색과 실험 활동을 통해 창의력이 신장될 수 있다. 탐색활동은 확산적 사고를 발달시키며 놀이에 자발적으로 참여하게 해 준다. 놀이집, 인형극틀, 흔들버스 등은 물 · 모래놀이를 확장시켜 줄 수 있다.

편안함을 주는 공간 영아는 자기중심성이 강하고, 자신의 욕구나 감정을 표현하는 데 미숙하다. 특히 종일 보육기관에서 보내야 하는 경우 영아의 감정을 적극적으로 수용하여 정서적으로 안정감을 갖게 하는 것이 중요하다. 실외에서도 활동적인 놀이 공간과 함께 혼자 조용히 놀이를 하거나 쉴 수 있는 정적 공간을 마련하여 활동의 균형성과 정서적인 안정감을 길러 준다.

안전과 도전의 공간 안전과 도전은 영유아 교육의 양면의 칼이 될 수 있다. 안전하고 익숙한 환경에서는 영아들이 쉽게 싫증을 내기도 한다. 안전한 환경의 구비는 필수적인 요소이나, 영아에게 적절한 도전을 제공하는 놀이터도 필요하다. 실제로 바깥놀이의 성공은 안전과 도전의 균형에 있다고 볼 수 있다. 이동이 가능하고 자유롭게 활동할 수 있는 가변적인 도구와 놀이시설 설계가 놀이의 질을 향상시키며 새로운 놀이에 도전하고자 하는 융통성을 발휘하게 한다.

(2) 영아를 위한 실외 환경 구성

■ 조용하고 편안한 영역

실외놀이에서 동적인 놀이만 할 수 있는 것은 아니다. 햇빛을 받으면서 편안히 쉬거나 동식물을 관찰하고, 책을 볼 수 있는 정적인 영역도 필요하다. 점토, 밀가루 반죽놀이, 물감그림 그리기, 그림 맞추기, 끼우기와 같이 실내에서 하는 조작놀이, 언어놀이나 미술놀이를 바깥에서도 할 수 있다. 실내와 연결된 테라스나 나무그늘, 간이 천막을 이용하여 이와 같은 경험을 할 수 있다. 또한 동식물 기르기 영역의 활동은 자연 관찰을 하면서 휴식을 취하는 기회를 제공한다. 특히 조용하고 수줍음이 많은 영아가 다른 친구의 노는 모습을 지켜보거나 편히 쉴 수 있는 벤치나 정자와 같은 공간이 제공되어야 한다.

그림 5-7 **영아를 위한 조용하고 편안한 영역**

■ 대근육 놀이 영역

대근육 놀이 영역은 기어오르고 매달리고 미끄럼을 타고 뛰어내리는 등의 활동을 마음껏 할 수 있는 곳으로, 고정된 놀이시설과 이동 놀이시설로 나뉜다. 그네, 미끄럼틀, 복합놀이시설, 시소 등의 고정시설은 각각의 용도나 특징, 다른 시설물과의 관계 등을 고려하여 설치해야 한다. 예를 들어, 동선의 방향과 속도 등을 고려하여 시설물의 위치나 간격 등을 정해야 한다. 이동시설은 삼각 사다리, 사다리, 안전널빤지, 평균대, 타이어와 같은 이동시킬 수 있는 구조물을 말한다. 영아의 흥미와 발달수준에 따라 구조물의 높이나 간격 등을 조절할 수 있으며, 큰 공이나 후프 등의 도구로 활동을 확장시킬 수도 있다. 그 밖에 붕붕카, 자전거, 고리 던지기, 공, 후프 등을 활용한 놀이를 제공할 수 있다.

그림 5-8 영아를 위한 대근육 놀이 영역

2 유아를 위한 교육환경

1) 유아를 위한 교육환경 구성의 원리

유아기는 모든 영역에서 급속한 발달이 이루어지는 시기이다. 유아기는 영아기에 비해 대근육 운동능력이 더 발달하며 소근육 사용이 점차 정교해지는 시기이다. 또래 유아들과의 상호작용도 더 활발하게 이루어지며 주변 환경에 대해 더 적극적으로 탐색하고 조작할 수 있으며 자주 문제 상황에 부딪혀 문제해결에 강한 의지를 보인다. 또한 자신과 타인의 정서를 이해할 수 있게 되는 등 유아의 관심이 자신에서 주변으로 확장되는 시기이므로 유아를 위한 교육환경은 발달 특성에 근거하여 이루어져야 한다.

유아의 생활은 놀이와 활동이 주가 된다. 또 유아기는 성장과 발달의 속도가 빠르고 환경과의 긴밀한 상호작용을 통해 발달이 이루어지므로 교사가 교육환경을 어떻게 조직하고 합리적으로 잘 계획하고 구성하느냐가 교육과정 운영의 정상화에 영향을 미치며, 그 결과 유아의 균형 있는 성장 · 발달에도 큰 영향을 미치게 된다.

유아교육기관의 환경, 특히 시설 · 설비 공간의 조직과 활용, 활동 영역 등과 같은 물리적 환경은 교육의 효과를 높이는 데 중요한 역할을 하며 실내외 공간 구성과 교재 · 교구 등의 변화는 유아의 행동 및 발달에 영향을 미친다. 즉, 연령에 적합하고 풍부한 장난감이 제공되는 환경에서 활동을 경험한 유아는 더 협동적이고 구성적이며 적절히 놀이에 참여하고 갈등을 덜 겪으며 친사회적 행동도 더 많이 나타낸다. 반면, 놀잇감의 질이 좋지않으면 놀잇감의 기능이 제대로 발휘될 수 없음은 물론 좌절이나 욕구불만이 생겨 공격적인 행동을 조장할 위험이 있다(이영자, 이기숙, 이정욱, 2000).

이러한 물리적 환경과 더불어 인적 환경 또한 중요하다. 유아의 연령과 수, 교사 대 유아 비율, 교사와 유아 간 상호작용 형태 등이 유아의 발달에 중요한 영향을 미친다. 교사 대 유아의 비율이 높은 경우 유아의 개인차를 고려하기 어렵고 직접적인 경험의 기회가 줄어들며 대집단 위주의 수업이 이루어지기 쉬워 유아의 자발적인 학습 참여의 기회를 제한하게 된다.

최근에는 유아교육기관이 속해 있는 사회 · 문화적 환경맥락, 지역사회 관련기관으로의 접근성과 협력 교류 가능성 등에 대한 면밀한 고려를 통해 환경 구성을 효과적으로 계획하는 경향이 증가하고 있다. 2019 개정 누리과정에서도 유아 개인과 문화적 맥락에 따라 현장에 적절한 환경을 융통성 있게 구성할 것을 강조하고 있다.

(1) 교육환경 구성의 원리

환경 구성은 먼저 **유아교육기관의 교육철학을 반영**한다. 구성주의 이론에서는 유아의 자유로운 활동 선택을 허용하는 적절한 개방성과 교사가 계획한 활동을 전개하는 밀폐성이 조화를 이룰 수 있는 공간을 강조하고 있다. 자유롭게 선택하여 몰입할 수 있는 개별 · 소집단 공간과 교사가 계획한 대집단 활동이 이루어질 수 있는 공간이 공존할 수 있도록 공간을 배치한다.

특히 레지오 에밀리아 접근법에서는 환경을 교육 프로그램의 중요한 요소로 인식하고 적극적으로 활용하고 있다. 레지오 에밀리아 접근법에서 제시한 환경의 중요성을 살펴보면 다음과 같다(Gandini, 1993).

• 건축학적으로 설계된 공간과 유치원, 도시 그리고 그 이상의 확장된 공간

유아교육은 지역사회의 책임이며 따라서 유아를 위한 교육기관의 건축은 도시계획에 포함되어야 한다. 유치원과 관련이 있는 모든 사람 간의 상호작용이 중심이 되는 공간이어야 한다.

• 문화가 반영된 유아를 반겨 주는 공간

유치원에 들어서면 환영받는 느낌, 발견과 고요함의 분위기를 금방 느낄 수 있어야 한다.

• 사회적 공간, 개인적 공간과 여백 공간

유아 간의 상호작용을 촉진할 수 있어야 하며 유아가 혼자 있을 수 있는 안락하고 작은 공간과 피아자(piazza)라는 이름의 중앙 공용공간, 아틀리에, 부엌, 식당, 씻기, 물놀이를 위한 싱크대, 화장실 등의 공간이 효율적이고 산뜻하게 배치되어야 한다.

• 연령과 발달수준에 적절한 공간

유아의 친밀감과 보호에 대한 욕구를 수용해야 한다. 부모와 자녀가 잠시 쉬거나 다른 부모와 교류를 나눌 수 있는 공간, 격리불안을 느끼는 유아를 위해 투명한 벽으로 방을 나누고 블록, 레고, 장난감 등과 같은 비구조적인 재료나 소꿉놀이 등을 마련해 준다.

• 짜여진 공간, 동적 공간과 특별한 공간

유아에게 필요한 것을 투명 용기에 담아 개방된 선반에 놓는다. 여러 가지 활동, 재료의 건설적 탐색 그리고 프로젝트 진행을 돕기 위해 공간을 사용하고 배열한다. 상품 진열대와 같이 고객들이 마음에 드는 물건을 선택하고 활기차게 상호작용할 수 있는 공간을 제공한다.

• 기록하는 공간

유치원의 공간은 유아의 작품으로 가득 차 있고 그 옆에는 작품의 과정을 말해 주는 사진, 활동의 여러 단계와 변화에 대한 설명이 함께 전시된다. 전시물은 잘 구성되어 공간을 아름답게 하며, 특정 활동, 교육적 접근, 활동의 여러 단계에 대한 기록을 나타낸다. 또한 유아들에게 성인들이 자신에 대해 관심을 갖고 있다는 것을 알려 준다.

• 공간과 시간

유아의 욕구와 생활 리듬에 대한 고려는 공간과 물리적 환경의 배열에 영향을 주고,

공간과 물리적 환경의 배열은 다시 유아가 마음껏 자신의 속도에 맞추어 환경과 공간을 즐길 수 있게 한다.

• **배움의 공간**

환경은 두 명이 한 팀인 교사와 함께 제3의 교사로 여겨진다. 환경은 교육자로서의 역할을 하기 위해 융통성이 있어야 한다. 유아의 요구에 반응하고 유아가 지식을 구성해 가는 데 도움을 주기 위해서 교사와 유아는 환경을 자주 수정해야 한다.

이처럼 Gandini(1993)는 사람이 환경을 이용하는 것을 보면 환경에 숨겨진 의미를 알 수 있으며 또한 환경에서 함께 시간을 보내는 유아와 어른의 관계에 대해서도 알 수 있다고 하였다. 즉, **공간은 교육적인 메시지를 담고 있으며 교육적 내용을 가지고 있다.** 레지오 에밀리아 접근법에서는 교육 프로그램을 개발하는 초기 단계부터 공간이 갖는 교육적 의미를 잘 인식하고 환경에 대해 생각하고 설계하는 데 많은 시간을 쏟아붓는다. 즉, 공간을 단지 활동적인 시간을 보내는 데 유용하고 안전한 장소 이상으로 설계하려고 노력하는 것이다. 이들은 산뜻하고 환영하는 느낌이 들면서, 프로젝트, 활동, 매일의 일과 및 그곳에서 일어나는 상호작용을 의미 있고 기쁜 것으로 만드는 공간을 지향한다.

환경 구성은 유아의 발달 특성과 개별적 요구를 우선적으로 고려해야 한다. 영아기와 달리 유아기에는 더 적극적으로 대근육을 활용하며 소근육 사용이 정교화된다. 또한 몸의 이동이 자유로워지면서 주변 환경과 사물에 대한 호기심이 증대되어 탐색과 탐구 활동에 더욱 적극적이고 다양한 상호작용이 일어난다. 사회적으로는 자신에 국한되었던 관심이 또래, 이웃 등 타인과의 관계로 확대되면서 자신뿐 아니라 타인의 정서와 의도를 이해하기 시작한다. 따라서 유아교육기관의 환경은 발달 특성에 기초하여 유아의 흥미를 유지시키고 의미 있고 흥미로운 경험을 제공해 줄 수 있어야 하며, 교육과정 안에서 융통성을 제공함으로써 개별 유아의 다양한 요구에 부합하여야 한다(Gullo, 2000). 일반적으로 유아들의 활동과 안전에 중요한 영향을 미치는 환경 구성의 원리를 살펴보면 다음과 같다(교육부, 보건복지부, 2019a; Carton & Allen, 1999; Seefeldt & Barbour, 1998).

• 안전성

환경 구성에서 무엇보다도 중요한 것은 안전이다. 유아는 스스로의 안전을 지킬 수 없기 때문에 환경을 구성할 때 유아의 안전을 고려하여 사고나 위험으로부터 유아를 보호하여야 한다. 교사는 유아교육기관의 시설과 설비를 안전하게 관리하고 유아가 교구와 시설물을 안전하게 사용하도록 지도해야 한다.

• 발달의 적합성

유아의 환경 구성은 연령과 발달수준에 따라 다르게 이루어져야 한다. 환경은 유아의 심리적 욕구, 성숙, 흥미, 신체 크기, 능력 등을 고려하여 구성하는 것이 바람직하다. 2~3세 유아는 대근육이 빠르게 발달하므로, 대근육 활동이 충분히 이루어질 수 있고 유아의 가정환경과 비슷하도록 구성하는 것이 바람직하다. NAEYC는 취학 전 유아 한 명당 최소 3.3㎡의 공간을 제안하였으며 대부분의 전문가도 대략 3.3~5.0㎡의 공간이 필요하다고 제안하였다. 이보다 교실 공간이 작을 경우 유아의 자료 탐색과 실험의 기회가 제한되고 혼잡함이 유발되며 대집단 활동의 진행이 어려워진다. 공간이 제한될 때 유아는 개인적, 사회적으로 활동에 덜 참여하는 반면, 신체적 공격성이 증가한다. 그러나 지나치게 큰 공간은 유아가 압도감을 느낄 수 있고, 활동 공간 안에 무엇이 있는지 한눈에 볼 수 없어 활동에 참여하기 어려우며, 공간 내에서 뛰어다니다가 부딪히는 등의 행동이 나타날 수도 있다. 또한 실외놀이 영역은 발달수준에 따라 2~3세와 4~6세 유아를 위한 놀이터로 분리하는 것이 바람직하며 유아교육기관의 건물 남쪽에 배치하여 햇빛과 그늘을 적당히 제공받도록 한다. 크기는 최소 면적으로 유아 1인당 적어도 6.3㎡가 고려되어야 한다(Decker & Decker, 2001).

• 융통성

유아를 위한 환경은 유아의 성장과 발달의 변화에 적절하게 공간을 변화시킬 수 있도록 개방적이고 융통성 있게 구성되어야 한다. 고정된 벽이나 가구보다는 쉽게 이동할 수 있는 칸막이나 교구장을 활용하여 공간을 구성하는 것이 적절하다. 새로운 활동을 위한 공간을 계획할 때 공간 크기나 형태를 쉽게 재배치할 수 있도록 해준다. 교사는 유아의 놀이를 관찰하면서 유아의 의견을 반영하거나 유아에게 주도권을 주어 놀이 공간을 구성하고, 융통성 있게 배치한다. 또한 교사는 유아의 발달수준과 흥미의 변화에 따라 적절한 자료를 첨가하거나 제거할 수도 있어야 한다. 실외놀이 공간이 실내 공간과 연결되어 기구를 안팎으로 옮기기 쉽고 유아가 자유로이 드나들 수 있도록 하여 유아가 실내 공간과 실외 공간을 융통성 있게 활용한다.

• **개별성**

유아가 혼자서 활동하거나 자신의 생각과 감정을 통제할 수 있는 개인적 공간이 필요하다. 교사는 관찰을 통해 유아의 개별적 흥미와 요구를 파악하여 놀이하거나 휴식을 취할 수 있는 환경을 지원한다. 개인 소지품을 보관하고 자신의 활동 결과물을 보관할 자신만의 장소를 갖는 것은 자아능력을 발달시킨다. 유아는 자신의 이름이 붙어 있는 사물함을 가짐으로써 타인의 것과 내 것을 구분할 수 있게 되고 자신의 것을 관리할 수 있는 독립성을 발달시킬 수 있다.

• **관찰 가능성**

교사는 유아교육기관 어느 곳에서든지 놀이하고 활동하는 유아를 적절하게 관찰할 수 있어야 한다. 교실 내에서의 칸막이와 경계는 교사가 그 너머로 안팎의 공간을 볼 수 있도록 설치해야 하며 어느 위치에서도 유아를 관찰할 수 있어야 한다. 교사는 관찰을 바탕으로 유아가 놀이를 통해 하나의 공간에 새로운 목적을 부여하여 사용하거나 만들기도 하고, 공간과 공간을 연결하여 새로운 놀이로 확장할 수 있도록 지원하여야 한다.

• **심미감**

유아교육기관의 환경은 유아가 아름다움을 느낄 수 있고 감각을 자극할 수 있도록 구성해야 한다. 매력적인 환경은 깨끗하고 정돈된 청결한 환경으로 유아가 평온함과 흥미를 느낄 수 있을 뿐만 아니라 자발적으로 활동에 참여할 수 있는 공간이어야 한다. 유아의 흥미를 끄는 요소와 학습 관련 자료는 정기적으로 교체되어 유아의 변화하는 요구와 흥미를 반영해야 한다.

(2) 유아를 위한 실내 환경 구성

실내 공간은 유아가 놀이하고 활동하며 휴식을 취하는 주된 공간이다. 실내 환경은 유아의 놀이와 학습에 영향을 미치며 유아의 제 발달을 돕는 중요한 요인이다.

유아교육기관의 실내 환경은 일반적으로 홍미(활동) 영역으로 구성된다. 흥미 영역은 대·소근육 기술, 문해, 창의적 사고, 수와 과학적 문제해결 능력 등 특정한 유형의 학습능력을 발달시키기 위해 교구와 자료 등을 모으고 정렬해 놓은 유아교육 환경 내의 공간이다. 이러한 홍미 영역은 분리대 등의 방법으로 경계를 나타내

주어 분명히 구분 짓게 되는 활동실의 각 영역들로서(Seefeldt, 1980), 각 영역에 적절한 놀잇감 또는 교구를 비치하여 유아가 탐색을 통해 자신이 원하는 놀이를 선택할 수 있는 기회를 제공하고 유아의 창의적인 놀이를 조장할 수 있어야 한다.

홍미 영역으로 구성된 환경은 유아가 교구들과 상호작용할 수 있는 기회를 제공하고 자신의 발달 수준과 속도에 맞게 학습할 수 있게 하며 대화 나누기, 역할놀이, 사회극놀이, 협동학습을 통해 사회적 상호작용에 참여할 수 있게 한다. 또한 새로운 지식을 구성하고 새로운 기술을 습득할 수 있는 기회를 제공해 줄 수 있다(Gullo, 2000). 그러나 흥미 영역은 유아의 흥미, 수준과 놀이 형태에 따라 융통성 있게 구성할 수 있다.

활동 영역별 공간 배치의 효과는 다음과 같다(Mindess & Mindess, 1972).

- 유아에게 활동에 대한 **선택의 기회를 풍부하게** 주고 자신의 활동계획 수행을 좀 더 분명하고 손쉽게 해 주며 사려 깊고 목적이 뚜렷한 활동이 되도록 도와준다.
- **물리적 · 시각적으로 경계가 뚜렷**해지고 영역별 참여 인원을 정할 수 있으므로 공격성이 줄어들고 다른 유아의 방해를 자연적으로 통제하게 되어 유아가 보다 안정된 분위기에서 활동에 몰두할 수 있다.
- **다양한 활동에 고르게 참여**할 수 있도록 교사가 배려할 수 있다.
- 유아 **스스로 활동을 선택하고 계획**할 수 있는 기회를 갖게 되므로 의사결정 능력 및 자율성, 독립심을 길러 줄 수 있다.
- **자신의 속도에 맞추어 활동**을 진행할 수 있다.
- 다른 유아와의 **언어적 상호작용이 증가**하고 **긍정적인 행동**이 나타난다. 또한 교사-유아 간의 상호작용도 증가한다(Decker & Decker, 2001).
- 효과적인 배치로 **불필요한 관리시간을 줄일** 수 있다.

■ 유아를 위한 흥미 영역 구성 원리

환경 구성은 연령이 증가함에 따라 점차적으로 세분화될 수 있다. 3세 유아를 위한 환경 구성은 조용한 활동, 구성활동, 조형활동, 탐색활동, 역할놀이 활동의 다섯 가지 활동 영역을 기본으로 구성하는 것이 바람직하고, 4~5세 유아의 경우는 최소

여섯 가지 활동 영역을 계획하는 것이 바람직하다(Olds, 2001). 유아를 위한 탐색 영역은 수학과 과학 영역으로 분화시키고 실내 대근육 활동 영역은 따로 두지 않아도 되며 대집단, 소집단 개별활동이 원활하게 이루어질 수 있도록 기능적으로 구성되어야 한다. 활동 영역이 효과적으로 운영되기 위해서는 적절한 배치 원리를 기초로 구성해야 한다(Prescott, 1980; Wilson, 1986).

- **각 활동 영역은 낮은 선반, 개인장, 가림대, 책상, 의자, 책장, 소파, 카펫 등을 이용하여 구분한다.** 구분된 공간 내에서 유아가 안락하고 흥미를 가지고 놀이할 수 있도록 한다.
- 조형 영역, 과학 영역, 물놀이 영역, 모래놀이 영역 등과 같이 **물이 필요한 영역은** 활동 준비나 정리정돈이 용이하고 유아의 활동이 원활하도록 **싱크대 근처에 위치하게 한다.**
- **정적 활동 영역과 동적 활동 영역이 서로 떨어져 있도록 배치한다.** 이는 유아가 서로 방해하는 것을 피하는 데 도움이 된다. 또한 소음이 심한 블록 영역에는 카펫을 깔아 소음을 줄이도록 한다. Frost(1997)는 교실을 네 영역으로 구분하여 설명하였다. 제1영역은 조용하고 건조한 영역으로 언어 영역이나 조작 영역에 적합하며, 제2영역은 활동적이고 건조한 영역으로 블록 영역, 극화 영역, 음률 영역 등에 적합하다. 제3영역은 조용하고 물이 있는 영역으로 과학 영역, 요리 영역, 간식 영역, 미술 영역 등에 적합하며, 제4영역은 활동적이고 물이 있는 영역으로 물놀이, 실험을 위해 적합하다. 이러한 조건은 교실의 모양과 시설 등의 여건에 따라 또는 교육과정의 전개상의 필요에 따라 융통성 있게 적용될 수 있다.
- **전기를 필요로 하는 활동을 할 때, 근처에 전기 콘센트를 배치한다.** 예를 들어, 듣기 영역이나 음률 영역에는 전기 콘센트가 가까이 있을 필요가 있다.
- 유아는 다른 활동에 쉽게 이끌리기 때문에 유아가 활동하는 곳에서 모든 영역이 다 보이게 되면 주의집중이 되지 않고 진행되던 활동을 완성하기 어려우므로, **각 흥미 영역이 시각적으로 분리되도록 구성한다.** 단, 교사는 모든 유아의 활동을 볼 수 있어야 한다.
- **출입구, 놀이 영역, 간식 및 식사 영역이 분리되도록 구성하되 화장실은 활동실과 접해 있어 쉽게 드나들 수 있어야 한다.**
- **물리적 환경은 유아가 집단에서 떨어져 혼자 조용히 놀이하면서 몰두할 수 있는 기회를 제공할 수 있도록 구성되어야 한다.**

- 개별 공간 외에 **유아가 가정과 같이 안정되고 아늑함을 느낄 수 있는 부드러운 공간이 필요하다.** 부드러운 공간은 안락의자 배치, 러그 설치, 밀가루반죽활동 제공, 봉제인형 제공 등으로 이루어질 수 있다. 이러한 부드러운 공간은 유아에게 안정감을 줄 수 있어 바람직하다.
- **기관에 따라서 공간을 제한하여 활동 영역을 구성할 수 있다.** 제한된 활동 영역을 구성할 수밖에 없는 경우에는 며칠에 한 번씩 활동 영역을 바꾸어 구성해 줄 수 있다. 흥미 영역별로 교구나 자료를 상자에 넣어 두었다가 교환하는 방법으로 영역을 바꿀 수 있다.
- **예산과 공간이 제한될 경우 주변의 폐품을 이용하여 각 흥미 영역에 필요한 교구를 직접 제작하여 비치한다.**
- **활동 영역별로 각 영역 안에서 활동하는 유아의 수, 가구, 재료, 기구 등을 고려하여 충분한 공간을 할당한다.** 가구 배치 시 가장 큰 비중을 차지하는 가구는 교구정리장과 책상이다. 교구정리장은 활동 영역을 구분해 주는 주 역할을 담당하며 활동할 공간의 크기 및 형태를 결정해 준다. 교구정리장은 문이 없는 개방식이 바람직하다.
- **유아가 과거의 경험과 새로운 경험을 연계시킬 수 있도록 친숙한 자료와 새로운 자료를 모두 이용할 수 있도록 한다.** 한 영역이나 교구에 흥미를 보이지 않을 경우에 새로운 요소를 추가해 주거나 잠시 다른 곳에 보관하였다가 다시 내어 주는 것도 필요하다. 이를 위해서는 자료를 보관하는 공간이 필요하다.
- **각 활동 영역은 고유의 특수성을 가지면서도 서로가 통합적으로 운영될 수 있도록 격려한다.** 예를 들어, 과학 영역에서 관찰한 내용을 그림이나 글로 표현하도록 격려하며, 극화 영역에서 이루어지는 활동을 위해 미술 영역의 재료를 사용할 수도 있다. 미술 영역에서 만든 작품이 극화 영역에서 활용되고 블록 영역까지 확장되어 블록을 사용하여 필요한 부분을 만들 수 있도록 격려함으로써 통합적인 활동이 이루어지도록 한다.
- **계절과 기후를 고려한다.** 비가 많이 오는 여름철이나 추운 겨울에 실외 활동이 어려운 경우, 실내에 대근육 활동을 할 수 있도록 융통성 있게 구성하는 것이 좋다. 기후에 따라 더울 때는 공간을 넓게 구성하고 추울 때는 카펫이나 쿠션 등을 이용하여 포근하게 구성하는 것이 좋다.

우리나라 누리과정(교육부, 보건복지부, 2019a)에서는 교실에 기존의 영역이 구성되어 있다고 하더라도 학급의 원아 수, 성별의 비율, 유아들의 전반적인 놀이 성향을 고려하여 적합성을 판단하여야 한다고 하였다. 학기초에는 놀이 자료가 적절히 배치된 기본적인 영역을 제공하고, 각 영역이 지나치게 협소해지지 않도록 가구를 배치해 보는 것이 좋다. 또한 교사는 놀이에 따라 공간을 즉각적으로 재배치하려는 융통성을 발휘하고 실내외 전체 공간을 놀이에 다양하게 활용하려는 노력이 필요하다.

(3) 유아를 위한 실내 활동 영역별 환경 구성

■ 역할놀이 영역

역할놀이 영역은 유아가 자신의 경험을 재현하고 상상 속의 역할을 함으로써 가정이나 사회의 다양한 기능과 역할을 익히고 상상력과 창의력을 키울 수 있는 영역이다. 가작화 놀이가 시작되는 2세 전후에는 가정놀이와 친근한 주변 생활을 중심으로 소꿉놀이가 가능하도록 준비해 줄 수 있다. 4, 5세가 되면 주변 지역사회와 연결된 좀 더 확대된 극놀이가 이루어지도록 극놀이 영역을 구성할 수 있다.

역할놀이 영역에 제공할 수 있는 자료는 다음과 같다.

- **병원놀이 자료**: 간호사와 의사가 사용하는 모자, 가운, 마스크, 청진기, 체온계, 혈압측정기, 장갑 등과 같은 소품, 시력검사표, 각종 사인(진찰 중, 휴진, 금연, 주사실 등)
- **가정놀이 자료**: 유아 크기에 맞는 식탁과 의자, 싱크대, 냉장고, 거울(유아 키 높이에 알맞게 걸어 둔다), 찬장, 옷장, 인형과 인형옷, 부엌 도구와 접시들, 플라스틱이나 종이로 만든 과일과 채소, 빗자루, 걸레 등 비품
- **다양한 옷 종류**: 모자, 웃옷, 외투, 드레스, 구두, 스카프 등과 같은 남자와 여자 옷, 손거울 등
- **교통기관 놀이**: 모형 핸들, 놀이용 차표, 여행 소책자, 기록용 작은 공책 등
- **슈퍼마켓 놀이**: 빈 음식 상자, 가게 이름 표지판, 놀이용 돈, 계산대, 광고, 슈퍼마켓 영업시간 표지판, 놀이용 카트 등
- **미용실 놀이**: 헤어드라이어, 머리 마는 롤, 퍼머 모자, 퍼머 롤, 미용실 가운, 장난감 가위, 거울, 머리 감는 의자, 다양한 종류의 빗 등

그림 5-9 유아를 위한 역할놀이 영역

- **우체국 놀이**: 다양한 크기의 봉투, 사무용 도구, 연필, 놀이용 우표, 스탬프 잉크와 우체국 검인 스탬프 등

■ 과학 영역

유아는 과학 영역에서 다양한 실물 자료와 자연 체험을 통하여 자발적으로 문제를 발견하고 탐구하는 과정에 적극적으로 참여하는 기회를 가진다. 동식물의 생태나 자연현상, 물체와 물질의 성질을 관찰하고 탐구하는 과정을 통해 지속적으로 호기심을 가지고 적극적으로 탐구하며, 과학적으로 사고하는 태도를 기르는 데 중점을 둔다.

그림 5-10 유아를 위한 과학 영역

- **생명체에 대한 탐구(생물)**: 동물, 곤충, 식물의 실물 자료, 모형 자료, 그림 자료 등의 관찰 자료
- **자연현상에 대한 탐구(지구과학)**: 화석, 지구의 다양한 암석, 온도계
- **물체와 물질에 대한 탐구(물리, 화학)**: 자석, 거울, 프리즘, 확대경, 현미경, 자, 다양한 용기, 비커, 요리용 도구들, 파이프, 식용색소, 기름종이, 촉감상자, 후각상자 등
- **기계와 도구에 대한 탐구**: 도르래, 라디오, 시계, 텔레비전, 부속품, 열쇠와 자물쇠, 다양한 바퀴, 다양한 기어, 저울 등
- **일반적 자료**: 필기도구, 다양한 참고도서

■ 수학 영역

수학 영역은 생활 주변의 문제를 논리 수학적으로 해결하기 위한 기초능력을 기르는 것으로 유아가 주변을 탐색하고 놀이하면서 부딪히는 문제를 논리 수학적으로 해결하는 경험을 통하여 기초적인 수, 공간 및 도형, 측정에 대한 통찰력을 기르며 규칙성을 이해하고 자료 정리 및 결과 나타내기의 능력을 기르는 데 중점을 둔다. 따라서 수학 영역에서는 수, 공간과 도형, 측정, 규칙성, 자료의 이해를 통해 유아의 수학적 능력을 기를 수 있도록 활동을 구성한다. 수학 영역에 제시할 수 있는 자료는 다음과 같다.

그림 5-11 유아를 위한 수학 영역

- **수능력**: 유니픽스, 세울 수 있는 숫자, 숫자 그림퍼즐, 숫자 도장, 숫자 도미노 카드, 빨래집게와 수카드, 수놀이 책, 주사위를 이용한 보드게임, 1~20개의 꽃과 화병
- **공간과 도형**: 도형퍼즐, 융판과 도형, 나무못 판과 고무밴드, 모양 카드게임, 미로찾기, 선 따라 그리기, 기하 게임판
- **측정**: 시계, 모래시계, 달력, 자, 줄자, 체중계, 계량컵과 스푼, 온도계, 평형저울, 클립, 면적게임, 센티미터 큐브
- **규칙성**: 다양한 크기와 모양의 단추, 도형들, 플라스틱 패턴 블록, 색과 모양 패턴
- **자료의 이해**: 다양한 종류의 병뚜껑, 다양한 크기와 모양의 단추, 겹끼우기 고리, 나사와 나사 구멍, 길이와 높이가 다른 기둥, 이중서열 자료 등

■ 조작놀이 영역

조작놀이 영역은 유아의 손과 손가락의 소근육 통제능력을 발달하게 한다. 크기에 따라 분류하게 하거나 블록들을 서로 연결하게 함으로써 변별력을 기를 수 있다.

- **발달 정도에 따라 조각 수가 다른 퍼즐들**: 2~2.5세는 4~5조각, 2.5~3세는 6~12조각, 4세는 10~20조각, 5세는 15~30조각
- 놀이용 큰 구슬, 끼우기 컵들
- 듀플로(큰 레고 블록), 레고 블록, 소형 와플 블록(10×10cm 크기) 등

■ 미술 영역

미술 영역은 유아가 자신을 둘러싼 세계에 대한 감각적 탐색의 기회를 제공하고 재구성하여 표현하기 위해 다양한 자료를 사용하는 곳이다. 따라서 미술활동은 창작적 표현과 언어, 사회, 심미적 발달을 증진시키는 기회를 제공한다. 미술 영역은 싱크대 근처에 두고 유아의 표현에 사용될 폐품들을 모아 놓을 선반을 준비해 두어야 한다.

그림 5-12 유아를 위한 미술 영역

- **다양한 종류의 종이류**: 도화지, 색종이, 시험지, 검은 종이, 포장지, 미농지 등
- 작업복이나 방수 앞치마, 책상에 까는 비닐
- 이젤, 그림물감, 붓
- 색연필, 색분필, 사인펜, 매직펜, 연필, 크레파스 등
- **붙이기 위한 자료**: 다양한 종류의 풀, 본드, 테이프
- 가위, 스테이플러, 펀치
- 클립, 고리, 핀침, 할핀, 고무밴드, 실, 리본테이프
- 수수깡, 빨대, 모루, 나무젓가락, 이쑤시개
- **다양한 폐품류**: 상자, 병, 계란판, 잡지, 헝겊, 깡통, 종이컵, 종이접시 등
- **자연물**: 깃털, 나뭇잎, 조개껍질 등

■ 쌓기놀이 영역

유아는 스스로 미적인 만족감을 가질 수 있는 구성물 만들기를 즐긴다. 유아는 쌓기놀이를 통해서 대소근육이 발달할 뿐 아니라 방향감각, 눈과 손의 협응, 문제해결 능력, 창작적 표현과 창의력이 발달한다. 아울러 쌓기놀이는 자기 자신감과 사회적 자신감의 발달을 위한 배경이 된다.

그림 5-13 유아를 위한 쌓기놀이 영역

- 유니트 블록세트, 종이 벽돌 블록, 우레탄 블록, 스펀지 블록
- 나무, 플라스틱 또는 고무 등으로 만든 사람이나 동물 모형
- 교통표지판, 미니카(소형 놀잇감 차)

■ 언어 영역

언어 영역은 유아가 책을 읽고 동화를 듣는 등 듣기, 말하기, 읽기, 쓰기 등의 활동을 하는 곳으로 유아끼리 대화가 이루어지는 곳이 될 수도 있다. 언어 영역은 휴식과 안정을 위한 영역으로 사용될 수도 있다.

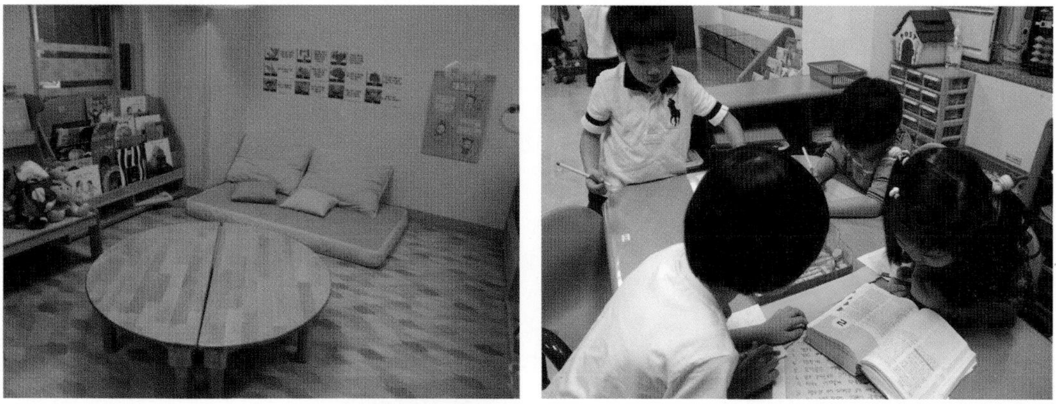

그림 5-14 유아를 위한 언어 영역

- **듣기를 위한 자료:** 녹음기, 테이프
- **말하기를 위한 자료:** 융판과 융판 자료, 손인형, 인형극 틀, 손가락 인형 등
- **읽기를 위한 자료:** 그림책, 유아들이 만든 책, 신문, 잡지 등
- **쓰기를 위한 자료:** 다양한 모양의 종이, 소책자, 연필 등의 필기구, 화이트보드, 칠판 등

■ 음률 영역

음률 영역은 유아가 음악 감상하기, 노래 부르기, 신체 표현하기, 악기 연주하기 등을 하는 활동적인 영역이다. 유아는 음악소리에 맞추어 흔들고 뛰어다니고 고개를 흔드는 것과 같은 활동을 즐긴다.

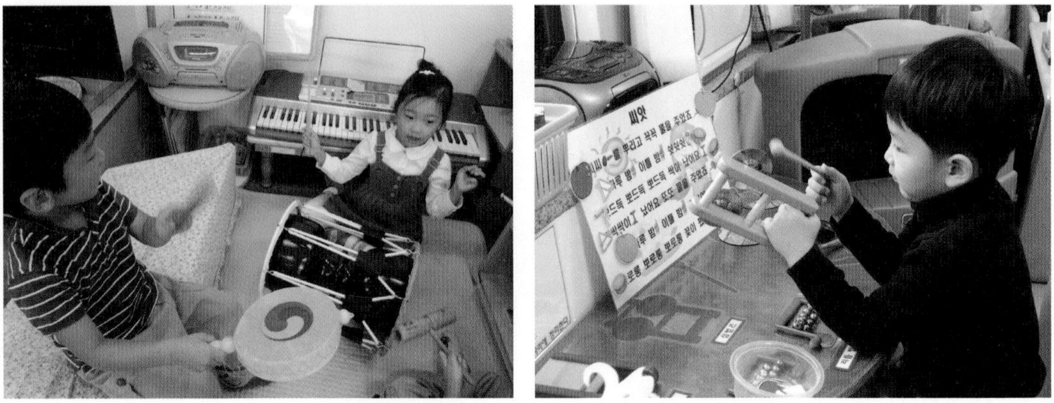

그림 5-15 **유아를 위한 음률 영역**

- CD와 CD 플레이어, 헤드폰
- 음악과 악기에 대한 그림이나 책
- 다양한 악기

■ 물 · 모래놀이 영역

유아는 물 · 모래놀이를 좋아한다. 물 · 모래놀이 영역은 유아가 가장 즐겁고 자유로운 마음으로 활동할 수 있는 영역 중의 하나다.

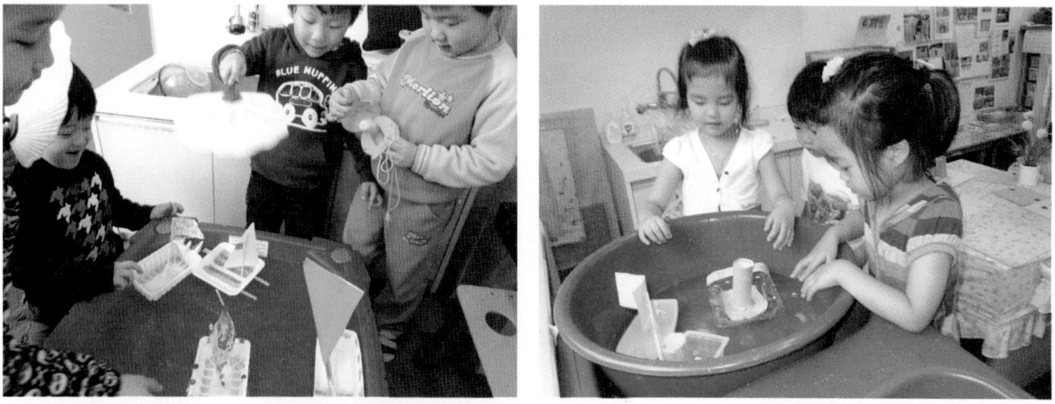

그림 5-16 유아를 위한 물 · 모래놀이 영역

- **물놀이 도구**: 깔때기, 다양한 크기와 모형의 통, 물통, 휘저어 섞는 기구, 뜨고 가라앉는 물체들, 계량컵, 플라스틱 튜브 등
- 정리정돈을 위한 스펀지, 걸레, 물통, 부드러운 헝겊
- **모래놀이 도구**: 양동이, 플라스틱 컵, 다양한 크기와 모양의 플라스틱 그릇, 모양 찍기 틀, 모래체, 물뿌리개, 계량컵, 계량스푼, 플라스틱 삽, 포크레인, 숟가락, 나무막대, 국자 등
- **기타**: 플라스틱 소형 블록, 나무 인형 틀, 플라스틱이나 나무로 된 자동차류, 확대경, 자석, 다양한 종류의 병뚜껑, 방수 앞치마, 빗자루와 쓰레받기

흥미 영역을 구성하기 위해서는 먼저 몇 개의 다른 일반적 영역으로 구분해 보고 그 후 연령에 따라 영역을 정하여 구체적 영역으로 구분해 본 뒤 배치하는 것이 좋다(Ingram, 1979).

그림 5-17 유아를 위한 실내 흥미 영역 구성

■ 기타 부속시설

유희실 유희실은 보통 교실보다 더 넓은 공간으로 주로 동적인 놀이나 대집단 활동에 활용되는 공간이다. 유희실은 실외에 나갈 수 없는 장마철이나 눈이 많이 내릴 때 유원장을 대신하는 실내 운동장으로서 특히 체육 설비를 갖추는 것이 필요하다.

그림 5-18 유희실

양호실 양호실은 몸이 아픈 유아를 보호자가 올 때까지 돌보아 줄 수 있도록 하기 위해 격리된 방이다. 유아가 쉴 수 있는 침대와 깨끗한 침구가 필요하며 유아의 체온을 잴 수 있는 체온계와 상비약, 수건 등을 갖추어야 한다. 양호교사가 따로 없을 경우에는 아픈 유아를 지켜볼 수 있는 성인이 반드시 옆에 있어야 한다. 약품장은 유아의 손이 닿지 않게 성인 높이에 위치하도록 하고, 작은 화장실이 옆에 있으면 더욱 바람직하다(Decker & Decker, 2001).

그림 5-19 양호실

부엌(조리실) 조리실은 밝고 청결하며 환기가 잘 되어야 한다. 조리실은 냉장고, 작업대, 식품 저장실, 개수대를 갖출 수 있는 공간을 확보해야 하고, 유아의 놀이 영역과는 떨어져 있어야 한다(Osmon, 1971).

그림 5-20 **부엌(조리실)**

화장실 화장실은 교실 안에 위치하거나 교실과 인접한 곳에 위치하여야 하며 실외놀이터에서도 출입이 용이한 곳에 있어야 한다. 화장실은 유아로 하여금 배변에 관한 긍정적인 감정을 갖도록 하기 위해 채광이 잘 이루어지게 하며 밝은 색을 사용하여 화장실이 주는 차가운 느낌을 줄여야 한다(Osmon, 1971). 화장실 문은 낮은 문으로 쉽게 열리고 닫히며 유아가 안에서 바깥을 볼 수 있도록 함으로써 불안감을 해소시켜 줄 수 있어야 한다.

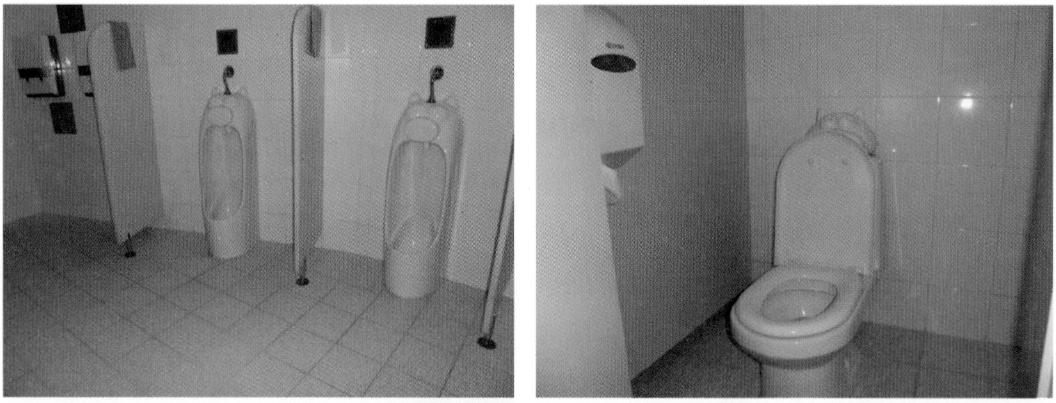

그림 5-21 화장실

낮잠을 위한 공간 종일반의 경우, 낮잠 또는 휴식을 위한 방이 따로 있으면 편리하다(Osmon, 1971). 낮잠을 위한 공간을 분리하지 않을 경우, 교실이 더욱 넓어야 하고 감독이 어려울 뿐만 아니라 매번 침구를 옮겨야 하는 단점이 있다(Decker & Decker, 2001). 반면, 낮잠을 위한 공간을 분리하면 매트나 담요들이 한곳에 있으므로 교사의 번거로운 노력을 줄일 수 있고, 위생적으로 관리하기 쉽다. 유아가 잠자는 동안 교실이 정돈될 수 있으며 필요에 따라 재배치될 수 있다. 또한 교실과 낮잠 자는 공간을 옮겨 다니게 함으로써 오랜 시간 유아교육기관에 머무는 유아에게 공간의 변화를 느끼게 할 수 있다. 먼저, 잠에서 깬 유아가 다른 유아의 잠을 방해

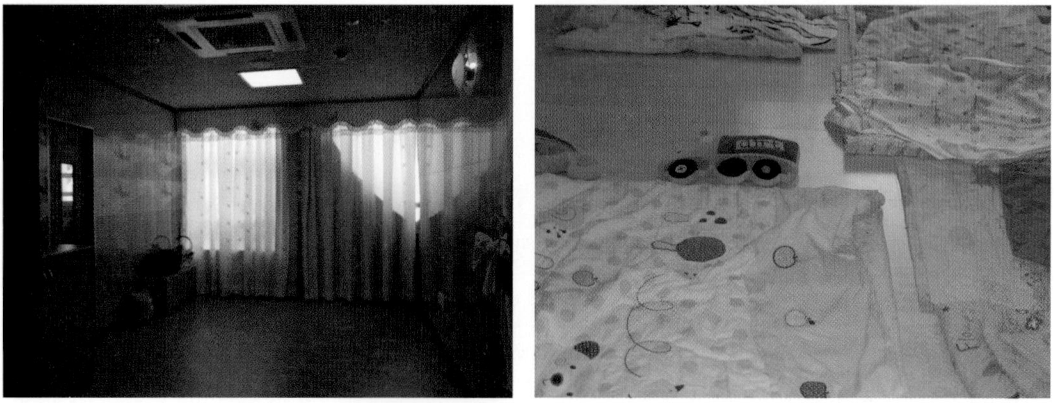

그림 5-22 낮잠을 위한 공간

하지 않고 다른 곳에서 활동할 수 있는 장점도 있다. 낮잠 자는 공간은 유아들이 편안하게 휴식을 취할 수 있도록 충분히 환기가 되어야 하며 적절한 습도를 유지하고 커튼 등을 이용하여 조도를 낮추고 조용한 음악으로 평온한 분위기가 되도록 한다.

교사실 교사실은 교사가 수업을 계획하고 교구·교재를 준비하거나 각종 일지 및 서류를 작성하는 공간이며 휴식에 필요한 장소다. 교사실은 각 반 교실, 자료실, 교사 화장실과 가까운 곳에 위치하는 것이 적절하다. 교사 개개인의 책상이 구비되어 있어 검색, 독서, 자료 검토, 교재 만들기 등이 독립되어 이루어질 수 있어야 한다. 교사실에는 각 개인의 소지품을 정리할 수 있는 사물함과 외투를 걸 수 있는 옷장 및 옷걸이도 있어야 한다. 교사실은 다음 수업과 업무를 위한 재충전의 공간이 되도록 편안한 가구, 차나 간식을 위한 간이 부엌, 교사용 도서와 자료들을 비치해 놓을 수 있는 가구들이 갖추어져 있어야 한다.

그림 5-23 **교사실**

자료실(교재·교구 보관실) 자료실은 교사들이 쉽게 자료를 활용할 수 있도록 교사실과 인접한 곳에 위치하는 것이 좋다. 자료실은 다양한 크기와 종류의 교재·교구를 체계적으로 정리·보관할 수 있도록 높낮이 조절이 가능한 가구를 비치하는 것이 좋다. 주제별로 환경과 교구를 바꾸어 주고 구체적인 놀잇감을 제공해 주어야 하는 유아교육기관의 특성상 끊임없이 생성되는 교재·교구를 수납하고 보관하기 위한 체계적인 방법을 고안해야 한다. 예를 들면, 동화, 이야기 나누기 자료, 노

그림 5-24 자료실(교재 · 교구 보관실)

래 자료, 언어, 수, 과학 영역과 같이 대집단 수업 자료와 흥미 영역별 교재 · 교구로 나누어 정리하거나, 봄, 즐거운 유치원, 동물과 같이 생활주제별로 교재 · 교구를 정리할 수 있다. 유아교육기관의 교재 · 교구는 그 크기와 부속물 등이 다양하므로 크기에 맞는 상자를 제작하여 사용하거나 바구니 등을 이용하여 정리한다. 자료실은 자료를 정리하는 가구 이외에도 수업에 필요한 교재 · 교구를 꺼내 놓고 수업 활용도를 탐색해 볼 수 있도록 테이블을 놓을 수 있는 공간이 필요하다.

2) 유아를 위한 실외 환경 구성

(1) 유아를 위한 실외 환경 구성 원리

실외놀이는 유아를 위한 교육과정에서 매우 중요한 부분이다. 실외놀이는 유아에게 개념 학습, 기술과 사회적 관계의 발달, 창작활동에의 참여, 즐겁고 다양한 정서를 경험하는 기회를 제공한다(이영자 외, 2000). 실외놀이는 유아의 정서적 긴장을 풀 수 있게 하고 여러 가지 대근육 활동과 자연현상에 대한 경험을 할 수 있는 기회를 제공한다. 또한 실외놀이는 개방된 공간에서 소음에 긴장하지 않아도 되기 때문에 교사는 신체활동, 자연학습, 물 · 모래놀이뿐만 아니라 극놀이, 음률, 미술활동, 목공놀이의 기회도 확장하여 제공해 준다(양옥승 외, 2001).

실외 환경을 구성하기 위해 고려해야 할 사항은 다음과 같다.

- 실외 환경은 실내 활동이 자연스럽게 연결되도록 실내 활동실과 인접하게 설계한다.
- 유아의 안전사고에 대비하여 설계한다.
- 유아의 흥미와 모험심을 자극할 수 있는 놀이시설 설치를 고려한다.
- 다양한 놀이시설을 배치하되 놀이기구 사이에 충분한 공간을 두어야 하며, 유아의 키와 연령 및 신체발달을 고려하여 견고성과 안정성을 확인한다.
- 독서나 휴식을 할 수 있는 조용한 영역과 달리기, 공놀이, 자전거 타기, 물 · 모래놀이 등의 활동적인 영역 사이의 균형을 고려한다.
- 그늘진 영역과 햇볕이 드는 영역 간의 균형을 고려한다.
- 영역의 특성에 따른 바닥의 재질(잔디, 흙, 모래, 시멘트)을 고려한다.
- 높은 공간과 낮은 공간 간의 균형을 고려한다.
- 놀이터의 입지적 특성으로는 거센 바람을 막아 주는 위치여야 한다.
- 전경과 놀이기구에서 다양한 색을 볼 수 있도록 한다.
- 다양한 전망과 지형을 갖춘다.
- 식물을 재배하고 동물을 기를 수 있는 공간을 고려한다.
- 화장실과 수도시설을 설치한다.
- 실외놀이기구를 보관할 수 있는 창고가 있어야 한다.

(2) 유아를 위한 실외 환경 구성

실외 환경은 실내 활동실의 연장으로 고려되어야 하며 실내 활동실과 마찬가지로 흥미 영역으로 구분한다. 실외 활동 영역은 놀이시설 이외에 다양한 활동 영역으로 구성될 수 있다. 실외 활동 영역을 살펴보면 다음과 같다.

■ 전이 영역

활동실에서 실외놀이터로 나와 탐색을 시작할 때 자신이 원하는 활동을 시작하는 곳이 전이 영역이다. 전이 영역에는 수동적이고 조용한 활동을 제공하여 유아가

그림 5-25 전이 영역

자신의 속도에 맞추어 실외 활동에 임할 수 있게 해 준다. 이 전이 영역은 부분적으로 다른 영역과 겹칠 수도 있다.

■ 운동놀이 영역

평균대, 그네, 오르기, 미끄럼틀 등과 같은 고정된 놀이기구를 활용하여 유아가 다양한 신체운동을 할 수 있도록 놀이 시설물을 설치한 영역이다. 대부분 복합놀이

그림 5-26 운동놀이 영역

시설로 구성되어 있다. 이러한 고정시설 이외에 시소나 목마, 터널 등의 놀이기구를 변화 있게 배치할 수 있다. 놀이기구가 설치된 장소는 유아들이 떨어질 경우에 대비하여 바닥 재질이 모래나 흙, 고무 등인 것이 좋다.

■ 넓은 공간

공놀이, 달리기, 줄넘기와 같은 활동을 할 수 있는 개방된 공간이 있다. 이 영역은 흙 언덕, 낮은 언덕, 바위 등과 같은 다양한 지형적 변화를 제공하고 길을 내어 포장하며, 이곳에서 놀이할 수 있도록 세발자전거, 스쿠터와 같은 바퀴 달린 놀잇감을 첨가하여 주면 신체적 활동 영역이 더욱 활성화될 수 있다. 안전하게 놀이하면서 유아의 발달이 잘 이루어질 수 있도록 기구의 크기를 유아에게 맞게 설계하여 배치한다.

그림 5-27 **넓은 공간**

■ 물 · 모래놀이 영역

물 · 모래놀이 영역은 실내에서와 마찬가지로 유아들이 선호하는 영역이다. 실외에 설치된 물 · 모래놀이 영역은 유아가 좀 더 자유롭게 놀이하고 적극적으로 활동을 즐길 수 있도록 한다. 모래는 다른 도구가 없이도 손이 도구가 되어 사용할 수 있는 자료로 다른 소재나 물질에서 얻을 수 없는 다양한 감각활동을 자극한다. 특

그림 5-28 물 · 모래놀이 영역

히 물 · 모래가 갖는 무정형성은 실패나 좌절의 감정을 겪지 않고 내적인 불안이나 긴장을 해소시켜 줄 수 있다.

Johnson(1981)은 실외 물놀이를 통하여 유아는 물의 질, 즉 물의 흐름, 물 위에 뜨는 물체, 용기에 따른 모양의 변화, 다른 물체와의 섞임, 증발 등을 발견하게 된다고 주장하였다. 유아는 물 · 모래놀이를 통해 부피와 측정의 개념을 갖게 되며, 다른 유아와의 사회적 접촉을 쉽게 이룰 수 있다.

■ 조용한 놀이 영역

실외놀이 영역에서도 실내 활동실에서 제공하는 소근육 기술을 위한 자료(블록, 퍼즐, 구슬 끼우기 등)를 모두 제공할 수는 없으나 소근육 기술의 발달을 도와주는 활동을 제공할 수 있는 영역을 준비하는 것이 중요하다. 이 영역은 자료의 보관과 놀이활동 감독이 용이하도록 건물에 가깝게 위치하는 것이 바람직하다.

실외 영역에서의 조형놀이는 점토, 밀가루 반죽놀이, 이젤 페인팅 등을 제공할 수 있다. 목공놀이기구와 자료도 이 영역에 준비할 수 있다. 이러한 놀이들이 실외에 제공되면 유아는 엎지르거나 소음에 의한 방해 없이 창작적 과정에 집중할 수 있다(이영자 외, 2000).

■ 극놀이 영역

유아가 병행놀이, 연합놀이, 협동놀이에 참여하면서 상징적 놀이를 할 수 있도록 테이블과 의자가 있는 놀이집에 다양한 극화놀이 소품—그릇, 냄비, 팬, 스푼, 옷 등—을 준비해 준다. 이러한 극놀이는 모래놀이와 연결되어 보다 활발하게 이루어질 수 있다. 또한 큰 공간 블록이나 와플 블록 등을 첨가하여 상상력에 따라 활동이 다양하게 진행되도록 도울 수 있다.

■ 자연관찰 영역(동 · 식물 기르기 영역)

유아는 성장하면서 자기 주변의 여러 가지 생물에 관심을 가지게 된다. 동식물 기르기에 적합한 동식물은 비교적 성장속도가 빨라서 성장주기를 잘 관찰할 수 있는 생물(개구리, 물고기, 병아리, 토끼, 한해살이 식물 등)이 좋다. 위생이나 안전, 관리의 편리성을 고려하여 키울 수 있도록 한다.

토끼, 기니피그, 병아리 등의 생태를 고려하여 동물도 편안하게 성장하고 살 수 있는 환경을 마련하고, 유아가 직접 먹이를 주는 등 기르면서 동물을 사랑하는 마음을 갖게 하는 계기를 제공한다.

식물 기르기는 학급별로 영역을 마련할 수 있고, 유아가 직접 씨를 뿌리거나 모종을 기르는 경험은 유아에게 큰 즐거움과 과학적 경험이 된다. 동식물 기르기 활동은 자연스럽게 유아의 놀이와 요리, 과학 등 다양한 활동과 연결될 수 있다.

그림 5-29 자연관찰 영역

활동해 봅시다

1. 내가 담당하는 학급의 교실을 설계하고 환경을 구성해 봅시다. 문과 창문 등 시설, 설비와 영역을 자유롭게 구성해 봅시다.

2. '비'를 주제로 놀이와 활동이 진행될 때를 가정하여 역할놀이 영역을 구성해 봅시다.

제6장

놀이와 활동의 계획

1. 주제의 선정
2. 교육적 지원 계획

생각해 봅시다.

1. 영유아를 위한 장기적 교육 지원 계획에서 고려할 점을 생각해 봅시다.

2. 영유아를 위한 단기적 교육 지원 계획에서 고려할 점을 생각해 봅시다.

실제적으로 유아교육이 잘 이루어지기 위해서는 교육과정이 잘 운영되어야 한다. 교육과정은 철학적 관점에 따라 그 의미와 범주가 다르게 규정되고, 교사의 전문적 역량에 따라 실행되는 양상도 다양하다. 최근 교육과정에서는 유아교육과 보육에 대한 국가의 책임이 더욱 강화되고, 역량을 중심으로 미래사회에 부응하는 방향이 추구되며, 새로운 시대에 능동적으로 살아갈 수 있도록 유아 주도적인 놀이를 통한 통합교육과정을 강조하고 있다(교육부, 보건복지부, 2019a).

누리과정은 유아 중심, 놀이 중심 교육과정으로서 유아가 즐겁게 놀이하며 스스로 배워가는 과정에 초점을 두고 있다(교육부, 보건복지부, 2019a). 개정 누리과정에서 강조하는 '유아 중심' '놀이 중심'은 기존 교육과정에서도 강조되어 온 특성이지만, 보다 세부적인 교육과정 실행에서 차이가 나타난다.

개정 누리과정의 중점은 다음과 같다(교육부, 보건복지부, 2019a).

- 유아의 흥미에 따른 놀이나 활동에 유아가 주도적으로 즐겁게 참여하여야 한다. 교사는 유아의 자율성을 보장해야 한다.
- 교사는 유아의 놀이, 일상생활, 활동을 잘 관찰하고 기록하다가 유아의 배움을 지원하기 위한 계획을 수립한다.
- 교사가 선계획하여 '계획-실행-평가-계획'으로 이어지던 기존의 '선형적' 과정을 지양한다.
- 유아와 교사는 민주적 관계로서, 교사는 놀이하며 배우는 유아의 역량을 최대한 신뢰하고 이를 교수실천에 반영한다.
- 유아는 교육과정을 함께 구성해 나가는 존재이며, 일과구성, 놀이 공간, 놀이 자료, 평가 등에 유아의 생각이 반영되도록 한다.

1 주제의 선정

유아 · 놀이 중심 누리과정을 운영할 때 주제를 활용하면 유아의 경험과 배움을 연결짓기 용이하다. 유아교육과정을 운영할 때 유아의 실생활이나 경험과 관련이 깊은 주제를 선정하고 그 주제와 관련된 놀이와 활동이 이루어지도록 지원할 수 있다. 유아들은 자신의 생활과 경험을 연관 지어 놀이하므로 놀이에 자연스럽게 주제가 나타난다. 주제는 유아의 생활과 밀접한 것으로 어떠한 주제를 선정하느냐에 따라 교육 내용과 수준은 달라진다. 주제는 영유아의 생활에서 주로 경험하는 핵심 내용일 수도 있고, 우연한 사건이나 흥미에서 비롯된 개념과 관련된 내용일 수도 있다.

주제는 몇 가지 요소를 고려해서 선정하여야 한다. 만약 주제가 적절하지 못하다면, 유아의 관심과 흥미를 끌지 못할 뿐 아니라 발달수준에도 적절하지 않고 능동적이고 적극적인 유아의 참여나 학습을 기대할 수 없다.

> 주제는 영유아가 현재 관심 있는 흥미에 기초하여 선정하도록 한다. 영유아의 흥미는 발달수준, 연령, 개별적 요구, 사전지식, 사회 · 문화적 상황 및 요구와 연결될 수 있다. 영유아가 속해 있는 사회 · 문화적 상황과 요구는 영유아의 경험과 인식에 많은 영향을 미치므로 주제 선정에서 반드시 고려해야 하는 요소다. 이 밖에도 주제는 실제적 경험의 가능성, 교육 및 발달에 필요한 요소, 계절 및 날씨, 우연한 사건, 특별한 날과 행사 등을 고려해야 한다.

그리고 주제는 영유아가 오감각을 통해 실제적 · 구체적으로 경험하고 인식 가능한 것이어야 한다. 대상물을 직접 보고, 관찰하고, 듣고, 냄새 맡고, 맛보고, 조작해 보는 다양한 감각경험을 통해서, 영유아는 자신의 인식을 넓히고 보다 쉽게 이해할 수 있다. 또한 발달 및 교육에 필요한 요소를 고려하였을 때, 교육과정 내용의 균형을 맞출 수 있으며 영유아의 전인발달을 기대할 수 있다.

영유아는 일상에서 생활하면서 자연스럽게 계절과 날씨에 따라 자연의 변화를 관찰하고 생활에도 영향을 받는다. 영유아는 날이 더워지면 옷차림이 가벼워진다는 것, 땀을 많이 흘리고 물을 많이 마시고 싶다는 것, 물놀이를 하기에 적절함을 경험하는 것, 나무의 잎, 꽃과 열매의 변화를 관찰하는 것 등의 경험을 하게 된다. 계절과 날씨에 따라 주제를 선정하여 전개하면, 시기에 따라 영유아의 생생한 경험이 가능하므로 이를 고려하는 것이 바람직하다. 그리고 갑작스러운 풍뎅이의 출현이나 태풍의 발생과 같은 예기치 않은 우연한 사건을 교육과정에 포함시켜 운영하면, 영유아의 관심과 흥미의 변화를 고려하게 되므로 보다 의미 있는 교육이 이루어질 수 있다. 또한 생일, 어린이날, 어버이날, 설날, 추석, 크리스마스 등의 특별한 날이나 행사도 영유아의 관심을 높이며 축제처럼 즐겁게 활동에 참여할 수 있게 하므로 주제 선정 시 고려하는 것이 좋다.

주제는 이와 같은 요소를 고려해서 선정하는 것이 바람직하며, 교사는 주제를 선정하고 나면 그 전개 순서를 고려할 수 있다. 주제의 전개는 유아의 흥미, 놀이의 방향에 따라 달라질 수 있지만, **주제의 전개 순서를 고려할 때는 영유아의 발달수준, 계절과 날씨, 교육내용의 계열성, 실생활과의 관련성, 일상에서의 우연적 사건을 통해 변화되는**

그림 6-1 주제와 연결될 수 있는 일상경험

흥미와 요구가 반영되도록 정하는 것이 좋다. 너무 큰 범위의 주제보다는 보다 작은 범위의 주제가 놀이의 탐색과 탐구, 경험과 활동의 연계성을 높이기 용이하다. 예를 들면, '지구와 우주' 주제는 너무 광범위한 개념을 포함하며 일반적인 개념 중심으로서 추상적으로 다루기 쉽고, 유아가 인식하기에 직접적으로 감각적 경험을 할 수 있는 부분이 적기 때문에 적절하지 않다. 반면, '자동차'와 같은 보다 작은 범위의 주제는 유아가 자동차에 한정 지어서 깊이 있게 탐색하고 탐구할 수 있도록 할 수 있고, 자동차와 관련된 세부적 경험과 놀이(활동)를 연결, 확장하기 쉽기 때문에 보다 장점이 많다.

개념망의 활용

교사는 유아가 선정하거나 유아와 교사가 함께 선정한 주제에 대해 유아와 함께 개념망을 만들어 볼 수 있다. 선정된 주제를 중심에 두고 생각 나누기를 통해 자유롭게 생각나는 여러 개념을 정리하고 주제와 관련된 어휘들을 유목화하여 개념망을 작성한다.

개념망이란 Ausubel의 동화이론 인지학습(Assimilation Theory of Cognitive Learning)을 바탕으로 Novak(1983)이 연구하기 시작한 것으로, 주제와 관련된 대상, 사건, 과정의 속성이나 이에 대한 정보를 분류하고 통합함으로써 하나의 유목을 형성하는 과정이다. 개념망은 주제에 대한 학습자의 사전지식과 경험을 표상하며 개념들 간의 상호관련성을 근거로 이를 시각적으로 조직하고 분석해 보는 경험을 제공하므로 학습자가 선개념을 바탕으로 다양한 개념을 재해석해 보고 새롭게 받아들이는 반성적 사고(reflective thinking)과정에 몰입하도록 도와준다(Jonassen, 1996). 뿐만 아니라 새로운 지식을 자신의 인지 구조에 통합하고 재현하는 데 도움을 주는 인지적 도구로써 기능한다.

교사가 최근에 유아가 흥미를 갖는 주제에 관해서 개념망을 미리 구성해 본다면, 현재 진행되는 놀이에 기초하여 유아의 흥미와 발달수준 그리고 이와 관련되는 개념들을 유아 수준에 비추어 예상해볼 수 있다. 또한 교사는 이를 통해 다루게 되는 개념에 대해 생각해보고 관련 교육환경 지원을 예측해 볼 수 있다.

교사와 유아가 개념망을 구성하는 단계에서 교사는 유아가 가지고 있는 주제에 대한 선개념, 구체적인 흥미와 관점을 파악할 수 있고 유아가 정보를 어떻게 구성하는지를 이해할 수 있다.

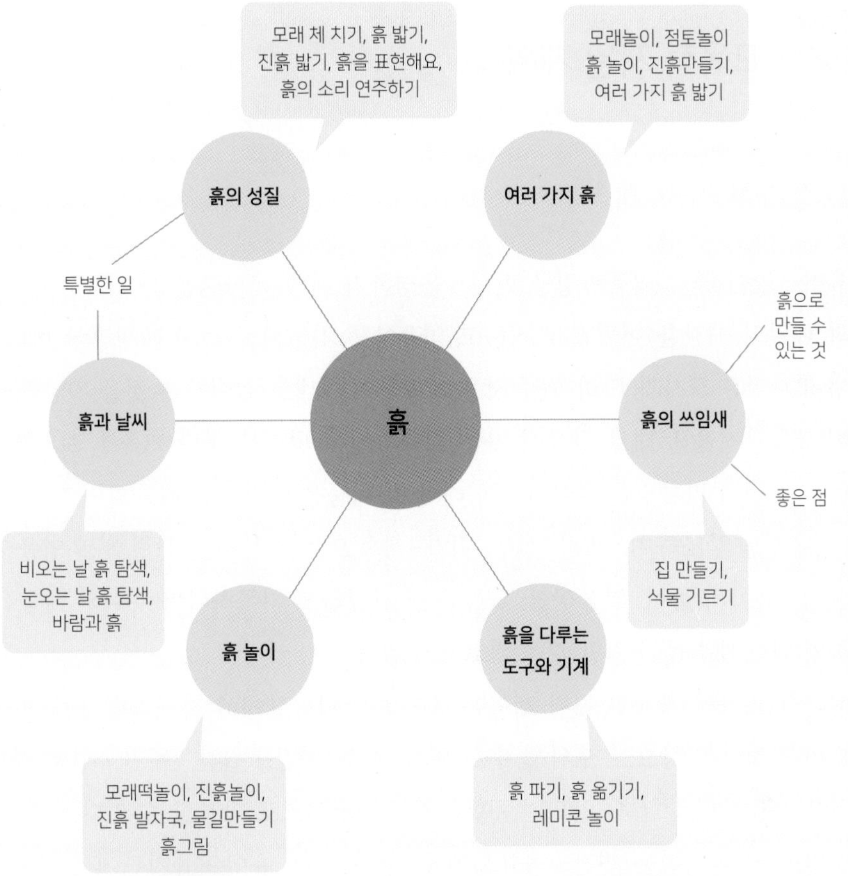
흙
흙의 성질
모래 체 치기, 흙 밟기, 진흙 밟기, 흙을 표현해요, 흙의 소리 연주하기
여러 가지 흙
모래놀이, 점토놀이 흙 놀이, 진흙만들기, 여러 가지 흙 밟기
흙의 쓰임새
흙으로 만들 수 있는 것
좋은 점
집 만들기, 식물 기르기
흙을 다루는 도구와 기계
흙 파기, 흙 옮기기, 레미콘 놀이
흙 놀이
모래떡놀이, 진흙놀이, 진흙 발자국, 물길만들기 흙그림
흙과 날씨
비오는 날 흙 탐색, 눈오는 날 흙 탐색, 바람과 흙
특별한 일

2 교육적 지원 계획

1) 장기적 지원 계획

유아 · 놀이 중심 교육과정을 편성 · 운영하기 위해 교사들은 한 해, 각 학기, 매달과 매일의 시간을 어떻게 조직하고 영유아를 지원해 나갈지 계획해야 한다. 개정 누리과정은 교사가 미리 모든 것을 계획하여 그대로 실행하는 것을 지양하고 실행된 교육과정을 토대로 만들어 가는 교육과정에 의미를 둔다(교육부, 보건복지부, 2019a). 개정 누리과정은 유아가 경험해야 할 내용을 바탕으로 배움의 통합성, 융통성, 자율성을 강조하며, '계획-실행-평가-계획'으로 이어지는 '선형적' 운영을 지양한다. 또 유아의 놀이, 일상생활, 활동을 잘 관찰하고 기록하다가 유아의 배움을 지원하기 위한 계획을 수립할 것을 권고하고 있다.

따라서 교사의 교육적 지원 계획은 유아의 놀이현장에서 자연스럽게 수정될 수 있으며 적절한 방향으로 보완될 수도 있다. 또한 연간 · 월간 · 주간 · 일일 계획의 형식을 자율적으로 할 수 있으며 통합하거나 선택적으로 활용할 수 있다.

장기적 지원 계획은 연간교육계획에 근거한다. 즉, 유아교육기관에서 이루어지는 1년 동안의 교육과정과 행사를 계획하여 전체적인 일정을 계획한 것으로, 1년의 교육 흐름을 한눈에 볼 수 있고 월간교육계획이나 주간계획을 실시할 때 중요한 참고자료가 된다.

연간계획안의 작성 및 운영 시 고려할 사항

- 연간교육계획은 대개 신 학년이 시작되기 한두 달 전, 전체 교사 회의를 통해 수립하며, 전년도 연간 운영 결과를 평가하여 이를 반영하는 것이 적절하다.
- 연간교육계획에는 국가수준의 교육과정에서 추구하는 인간상, 기관의 철학, 지역사회의 특성, 개인 수준의 다양성을 고려하여 자율적으로 수립할 수 있으며, 영유아의 흥미와 계절, 국가나 지역사회의 행사 등을 반영한 주제를 배치하고, 1년의 행사를 계획하여 포함시킨다.

- 주제는 연령 간의 연계성을 고려하여 선정하고, 영유아의 연령과 발달수준에 따라 주제의 난이도와 주제 전개의 소요 시간을 조절할 필요가 있다.
- 연간교육계획은 한 학급에서만 공유되는 것이 아니라 기관 전체의 구성원이 공유하는 자료이므로 기관 차원에서 연간교육계획을 검토해야 한다.
- 개정 누리과정은 유아와 교사가 함께 '만들어 가는 교육과정'이다. 따라서 유아에게서 발현되는 놀이 주제가 학기를 진행하는 동안 즉각적으로 반영될 수 있도록 여지를 남기고 연간계획을 작성해야 한다.
- 연간교육계획이 수립되었다 하더라도 유아들의 놀이 경험에 따라 시기와 기간 등이 바뀔 수 있으며, 영유아교육기관 및 지역 사회의 실정에 따라 변경되고 확장될 수 있으며 새롭게 첨가될 수도 있다. 따라서 연간교육계획의 실제적인 운영은 융통성 있게 이루어져야 한다.

연간교육계획을 참고로 월간계획안을 작성할 수 있다. 월간교육계획에는 한 달 동안 진행할 교육내용과 견학 및 행사의 시간이 포함되기 때문에 교육과정 운영을 원활히 하는 데 도움이 된다. 월간교육계획안은 필요에 따라 형식과 분량을 자율적으로 구성할 수 있으며, 주간 · 일일교육계획으로 대치할 수 있다.

[그림 6-2]는 계절에 따른 주제와 유아로부터 발현된 주제를 반영하여 작성된 월간교육계획안의 예이다.

월간계획안의 작성 및 운영 시 고려할 사항

- 월간계획안은 연간계획에 기초하여 작성하며, 진행 중인 주제, 유아의 놀이 전개과정을 고려하여 지원을 연장할 것인지, 이를 종료하고 새로운 주제로 전환할 것인지, 또는 새로운 주제를 추가할 것인지를 결정하여 작성한다.
- 교사가 사전에 계획한 주제 외에 영유아의 흥미와 요구, 진행 중인 놀이 토대로 반영한 발현된 주제를 선정하며, 주제에 적합한 교육내용을 선정하고 목표를 설정한다.
- 선정된 주제와 교육내용을 근거로 환경 구성, 교재 · 교구의 선정 및 활용 방법을 계획한다.
- 월간계획에 포함된 행상과 일정을 점검할 수 있도록 일정한 장소에 게시하고, 현장학습 장소는 미리 현장 답사를 하고 예약을 해 두며, 일정을 구체적으로 계획해 둔다.
- 월간계획 역시 영유아교육기관에서 발생되는 여러 변수를 고려하여 융통성 있게 운영한다.

계절 주제와 유아의 발현된 놀이 주제가 동시에 진행됨

주		5월 1주	5월 2주	5월 3주	5월 4주
놀이(바깥 놀이 포함)	봄	• 봄꽃 만들기	• ~~꽃가게 꾸미기~~	• ~~꽃가게 놀이~~	
		• 모형꽃, 화분으로 놀기	• ~~꽃씨 마라카스~~		• ~~티슈로 나비 만들기~~
		• 산책 사진으로 만든 책	• 씨앗 그림책	• ~~꽃모양 막대인형~~	• 봄의 곤충 그림책
	유아의 흥미에 따라 새로운 주제 '반짝이끈'이 시작되었고, 이를 반영함				
	반짝이끈	• 반짝이끈 가지고 나가 놀기 • 반짝이끈 나뭇가지에 묶기 • 반짝이끈으로 만든 도구로 운동하기			
활동		유아의 흥미에 따라 새로운 주제 '반짝이끈'이 시작되었고, 이를 반영함			
		• 우리 교실에는 어떤 장난감이 있으면 좋을까? • 상자와 반짝이끈으로 어떻게 놀이할 수 있을까? • 놀이의 진행과정에 따라 문제해결 의견나누기			
		• 동화 '우리 가족' 동화 '봄소풍'			
		• 노래 '봄에 피는 꽃'	• ~~봄꽃 찾아오기 게임하기~~ • 반짝이끈으로 신체 표현하기	• ~~노래 '씨앗이 자라서'~~ • 반짝이끈으로 게임하기	• ~~노래 '개미'~~ • 애벌레 신체 표현하기
필요한 경우 활동을 통해 유아의 놀이를 지원함					
행사일정		5일- 원내 어린이날 행사 / 8일- 원내 어버이날 행사 & 포토존 22일- 원내 손씻기 교육 / 29일- 급식도우미 활동			

그림 6-2 월간교육계획안의 예

출처: 교육부, 보건복지부(2019b). 「2019 개정 누리과정」 놀이실행자료에서 인용.

2) 단기적 지원 계획

2019 개정 누리과정은 교사가 유아의 경험을 미리 조직하기보다 유아의 놀이를 관찰하고 이를 지원하는 방식을 제안한다(교육부, 보건복지부, 2019a). 유아의 놀이가 교사의 계획대로 진행되지 않으므로 유아의 놀이를 지원하기 위해서 교사는 매

일 진행되는 유아의 놀이를 기록하고 다음의 지원내용을 간단히 계획할 수 있다. 매주 혹은 유아의 놀이 주제에 맞추어 지원 계획을 수립할 수도 있다. 계획안의 양식과 내용, 작성주기는 각 기관의 실정과 철학, 학급의 상황 및 교사의 신념을 고려하여 자율적으로 결정하면 된다.

연간, 월간의 장기적 지원 계획에 비해 주간교육계획은 진행되는 놀이의 전개과정 또는 새롭게 시작될 주제를 근거로 구체적으로 작성하게 되며, 약 1주 전에 계획되는 것이 일반적이다. 실제로 교육현장에서는 영유아의 흥미와 요구에 따라 한 가지 놀이가 한 달 이상 전개될 수도 있으며, 경우에 따라 두 가지 주제의 놀이가 동시에 전개되기도 하므로 비교적 장기적인 월간계획보다 주간계획에 중점을 두는 경우가 많다.

주간교육계획안의 작성 및 운영 시 고려할 사항

- 주간교육계획은 영유아의 발달수준, 연령, 흥미, 요구, 주제, 우연적인 사건, 계절, 행사 등을 고려한다. 교사는 유아의 놀이를 지원하기 위해 구체적인 것에서 추상적인 것, 단순한 것에서 복잡하거나 확장된 것, 친숙한 것에서 친숙하지 않은 것의 순서로 지원 계획을 수립하는 것이 좋다.
- 주간교육계획안은 요일의 특성을 고려하여 계획하고, 각 요일별로 자유놀이와 대 · 소집단 활동 등을 선정하여 계획해야 한다. 또한 각 활동의 전개 방법과 자료, 전개할 장소와 진행 시간 등을 구체적으로 계획한다. 뿐만 아니라 적절한 환경 구성과 추가 또는 교체해야 할 교재 · 교구에 대한 사항도 계획에 포함한다.
- 주간교육계획은 영유아의 즉각적으로 변화되는 흥미에 따라 융통성 있게 운영되는 것이 바람직하다. 교사가 계획한 지원 계획이 아니더라도, 영유아가 즉각적으로 경험하게 되는 우연적인 사건이 반영될 수 있다.
- 각 영역별 활동이 골고루 경험될 수 있도록 한다.
- 주간교육계획에 포함된 놀이와 활동은 연속성을 가지고 며칠에 걸쳐 진행될 수 있다. 또한 전 주와 다음 주의 학습될 기술이 연계되도록 구성할 필요가 있다. 특히 0~2세를 위한 계획 시에는 단순한 기술이라도 꾸준히 매일 반복하여 영유아가 익숙해지도록 하는 것이 바람직하다.

일일교육계획 시에는 주간교육계획에 기초하여 하루 동안 이루어지는 모든 활동의 순서와 소요 시간을 고려함으로써 활동 간의 균형을 맞추어 계획을 수립한다. 교사는 일과에 포함된 각 활동들의 목표, 활동 방법 및 활동의 소요 시간을 고려하여 효과적인 일과운영이 이루어지도록 일일 교육 지원 계획을 수립하고 계획안을 작성해야 한다. 그러나 일일교육계획 역시 영유아의 흥미와 여러 가지 상황을 반영하여 융통성 있게 이를 적용할 필요가 있다.

일일교육계획안의 작성 및 운영 시 고려할 사항

- 일일교육계획안 작성 시에는 **운영 시간, 인적 자원, 물리적 환경, 시기 등에 따라 활동 집단의 크기, 활동 소요 시간, 모이는 형태나 장소, 교재·교구의 종류나 양 등을 어떻게 할 것인지 구체적으로 결정**하여 계획하고 운영해야 한다. 동일한 놀이일지라도 그 놀이를 실시하는 시간이 오전인지 오후인지, 인적 자원의 지원이 있는지, 놀이를 실시하는 장소의 위치와 공간의 배치가 어떠한지에 따라 전개방법과 필요한 교수자료가 상이할 수 있다. 따라서 계획안을 작성할 시에 이를 충분히 고려할 필요가 있다.
- 일일교육계획안은 **일관성 있게 계획**하여 작성한다. 하루 일과를 일관성 있게 계획하여 운영하는 것은 영유아가 안정감을 가지고 자신의 행동과 욕구를 조절하며 능동적으로 활동할 수 있게 해 준다.
- 일일교육계획 시에는 식사와 간식, 배변, 휴식 등 **영유아의 생리적 욕구를 충족**시킬 수 있는 시간을 적절하게 배치해야 한다. 또한 연령에 따라 영유아의 생리적 욕구의 주기가 다름을 고려해야 한다. 어린 연령의 영유아의 경우 놀이에 열중하면 자신의 신체적 욕구를 적절히 조절하지 못하는 경우가 발생한다. 또한 계획되지 않은 시간에 낮잠을 자는 경우가 발생할 수도 있다. 따라서 발달에 따른 영유아의 생리적 욕구를 고려하여 일일교육계획을 수립하고, 예외적으로 영유아의 생리적 욕구를 해결해야 할 경우에도 이를 적절히 충족시킬 수 있도록 융통성 있게 운영해야 한다.
- 일일교육계획 시에는 **영유아의 흥미와 욕구를 반영**할 수 있는 기회를 주어서 영유아가 능동적으로 자신의 놀이를 이끌어 갈 수 있도록 해야 한다. 자유놀이 시간에는 영유아 스스로 놀이를 선택할 기회를 제공하고, 다양한 집단 형태를 통하여 능동적으로 의사를 표현할 수 있는 기회를 주어야 한다.

- 일과 내에 동적 활동과 정적 활동, 실내 활동과 바깥놀이 활동, 개별 활동과 대·소집단 활동, 교사 주도 활동과 영유아 주도 놀이들이 **균형 있게 고루 이루어질 수 있도록 활동을 배치**해야 한다.
- 일일교육계획 시에는 **다양한 형태의 상호작용**이 이루어질 수 있도록 해야 한다. 즉, 교사와 개별 영유아의 상호작용, 교사와 대·소집단 영유아와의 상호작용, 영유아와 영유아 간의 상호작용, 영유아와 교구와의 상호작용 등의 기회가 고르게 일어날 수 있도록 계획, 운영되어야 한다.
- 일과의 계획과 운영은 **융통성** 있게 이루어져야 한다. 일일계획안은 주간계획안에 기초하여 작성하지만 영유아들의 흥미나 욕구, 우발적인 사건 등을 고려하여 계획하지 않았던 활동이나 내용이 첨가되거나 적용 시기를 변경할 필요가 있다. 미리 계획한 활동이 진행되는 경우에도 영유아는 새로운 상황과 대상에 흥미를 보일 수 있다. 따라서 교사는 영유아의 놀이가 발현되는 상황을 고려하여 적절한 차원 계획을 수립해야 한다. 미리 계획된 활동에 영유아가 흥미를 보이지 않을 경우에는 계획한 활동의 시간이나 내용을 변경할 필요가 있으며, 영유아의 흥미가 지속적으로 유지된다면 활동의 시간을 연장하는 것도 바람직하다.
- 일일교육계획 시에는 **계획과 실행에 대한 평가를 반영**해야 한다. 개정 누리과정에서는 교육계획안을 자율적이고 융통성 있게 작성하도록 권장하고 있으며, 계획과 기록, 평가를 통합한 양식을 제안한다. 교사는 활동 목표가 어느 정도 성취되었는지, 계획대로 실행되었는지, 문제점이 있었다면 무엇 때문인지, 수정·보완되어야 할 점은 무엇인지에 대하여 평가하고, 이를 반드시 기록에 남겨 후속 활동계획에 반영해야 한다.

[그림 6-3]은 유아의 놀이 발현에 따라 수정한 주간교육계획안의 예이며, [그림 6-4]는 유아의 놀이실행과 이에 대한 지원을 기록한 주간교육계획안의 예이다.

계절 및 주제에 따라 놀이환경을 제공해주지만 유아의 놀이발현에 따라 수시로 계획을 수정함

기간	2000년 월 일~ 월 일	연령	5세	담임	
주제	봄	소주제	봄의 식물+봄나물		
목표	• 봄이 되어 변화하는 동식물의 특성을 탐색한다. • 동물과 식물을 보살피며 소중히 여기는 마음을 갖는다.				
주	(월)	(화)	(수)	(목)	(금)
등원 및 맞이하기	• 등원 길에 보이는 봄의 식물에 관심가지기				
놀이	• ~~개구리 연못 만들기~~ → 봄나물 식당 만들기 • ~~꽃가게 놀이~~ • 여러 가지 식물도감 • 식물의 성장과정 • 식물 뿌리 관찰 + 봄나물 즙내기 • ~~봄을 담은 모빌~~ → 폐품과 봄나물로 자유롭게 만들기 • 다양한 악기 소리 탐색				
활동	〈이야기나누기〉 • 봄의 식물 • 봄에 볼 수 있는 동물과 곤충 • ~~동·식물의 성장 과정~~ → 봄나물 놀이 마무리에 대한 이야기나누기 진행			〈동시〉 • ~~호랑나비 하양나비~~ 〈동시〉 • 꽃장수	
바깥놀이	• 개미 등 곤충 찾아보기		• 산책, 식물탐색	• 들풀의 뿌리 관찰	
	• ~~〈대체활동〉 장애물 공굴리기/2인 1각 달리기~~				
지역사회연계	• 이야기 할머니/~~우당도서관 북버스~~ → 이야기 할머니와 산책하며 풀 이름 알아보기				
기본생활습관	• 이럴 땐 손을 꼭 씻어요.				
안전교육	• 약물오남용 - 약은 정해진 양만 먹어요.				

그림 6-3 실행된 교육과정을 반영하여 수정한 주간교육계획안

출처: 교육부, 보건복지부(2019b). 개정 누리과정 놀이실행자료에서 인용.

주제	우리 동네	목표	내가 살고 있는 곳에 대해 궁금한 것을 알아본다.

요일	실행	지원
…	…	…
목	• 교실 한 켠에 있는 지도에 대해 관심을 가지고 가장 빨리 가는 길에 대한 대화를 나눔.	✓ 인터넷을 활용하여 유아가 지도를 잘 볼 수 있도록 지원함.
금	• 인터넷으로 본 지도를 보며 그림으로 길을 표상함. 교실에 있는 종이가 작다고 하면서 점점 더 큰 크기의 종이를 요청함.	✓ 더 큰 종이 제공함: 도화지 → 4절지 → 전지 → 전지 이어 붙여서 그림 그리기.
월	• 지난주 금요일에 이어 길을 그림으로 표상함. 그림에서 일반도로 뿐 아니라 다양한 길(예: 지하철, 고속도로 등)에 대한 표상이 나타남. • 종이를 이어 붙이는 것의 불편함과 더불어 이어 붙인 종이 위에 올라가서 그림을 그리자 다시 그릴 공간이 좁아지는 상황이 벌어짐.	✓ 문제 해결 방법에 대해 유아들과 토의하였고 복도에 나가서 그림을 그리기로 결정함. ✓ 종이는 계속 이어 붙이기 어려워 바닥에 그림을 그리면 좋겠으나 바닥을 훼손하면 안 되므로 다음날 교사와 함께 자료실에 가서 바닥에 그리기 적절한 그리기 도구가 있는지 찾아보기로 함.
화	• 자료실에 가서 바닥에 그리고 지우기 적절한 그리기 도구를 찾다가 우연히 테이프를 발견하고 테이프로 길을 만들자고 함. • 유아가 선택한 자료인 테이프로 유아는 복도에서 길을 만들기 시작함.	 ✓ 교사와 유아가 함께 자료실에 가서 유아가 선택한 자료(절연 테이프)를 제공함. ✓ 교실 외 놀이공간(복도) 활용함.
수	• 복도에서 이어서 놀이함. 길이 더 길어지고 커짐. • 색테이프를 요청함. • 테이프로 벽에도 표상을 시작함. 노랑-고속도로 파랑-1호선 초록-2호선 빨강-3호선 "아파트는 바닥X. 서있잖아."	✓ 벽까지 올라가서 어떻게 다 떼어 정리하나 걱정도 되었지만 유아들의 놀이를 지켜보기로 함. ✓ 요청에 따라 다양한 색깔의 테이프 추가 제공함. ✓ 테이프로 만든 길 위에 입체적으로 동네를 구성할까 싶어 종이벽돌블록과 소품 일부를 제시해 보았음.
목	• 제시한 블록, 소품에 관심을 보이지 않음. 오로지 테이프로만 길 만들기에 집중함. • 복도도 테이프길로 거의 꽉 차고, 멈춰야 되는지 다른 공간으로 길을 확장해도 괜찮은지 묻기 시작함. • 유아들과 토의 후 계단, 강당까지 가기로 함. • 길/미로/경사로 관련 대화가 오감.	✓ 유아가 안전하게 놀이하도록 교사도 전체를 관찰하지만, 평소 놀이하던 공간이 아니고 다른 학급의 유아들도 오가는 공간이므로 안전하게 놀이할 수 있도록 안전에 대해 짧게 이야기를 나눔. ✓ 유아들의 의견을 받아들여 복도에서 계단, 강당까지 기관 전체로 이어서 놀이하는 것으로 함.
금	• 테이프로 길 만드는 유아들이 줄어들고, 복도나 계단에서 길 만들기 놀이를 하기보다는 뛰어다니는 유아들이 많아짐. • 테이프를 떼어 정리하는 과정에서 돌돌 말린 테이프가 공처럼 되었고 테이프 공은 다시 유아들에게 새로운 놀잇감으로 보이기 시작함.	✓ 길 만들기 놀이에 대한 관심이 줄어들었음. ✓ 정리도 유아와 함께 진행함. 정리하는 과정에서 새로운 놀이자료(테이프 공)를 발견함. ✓ 테이프 공 활용하여 놀이할 수 있는 방법을 유아들 스스로 창안하기 시작함.

그림 6-4 놀이실행 및 지원을 기록한 주간교육계획안

출처: 교육부, 보건복지부(2019b). 개정 누리과정 놀이실행자료에서 인용.

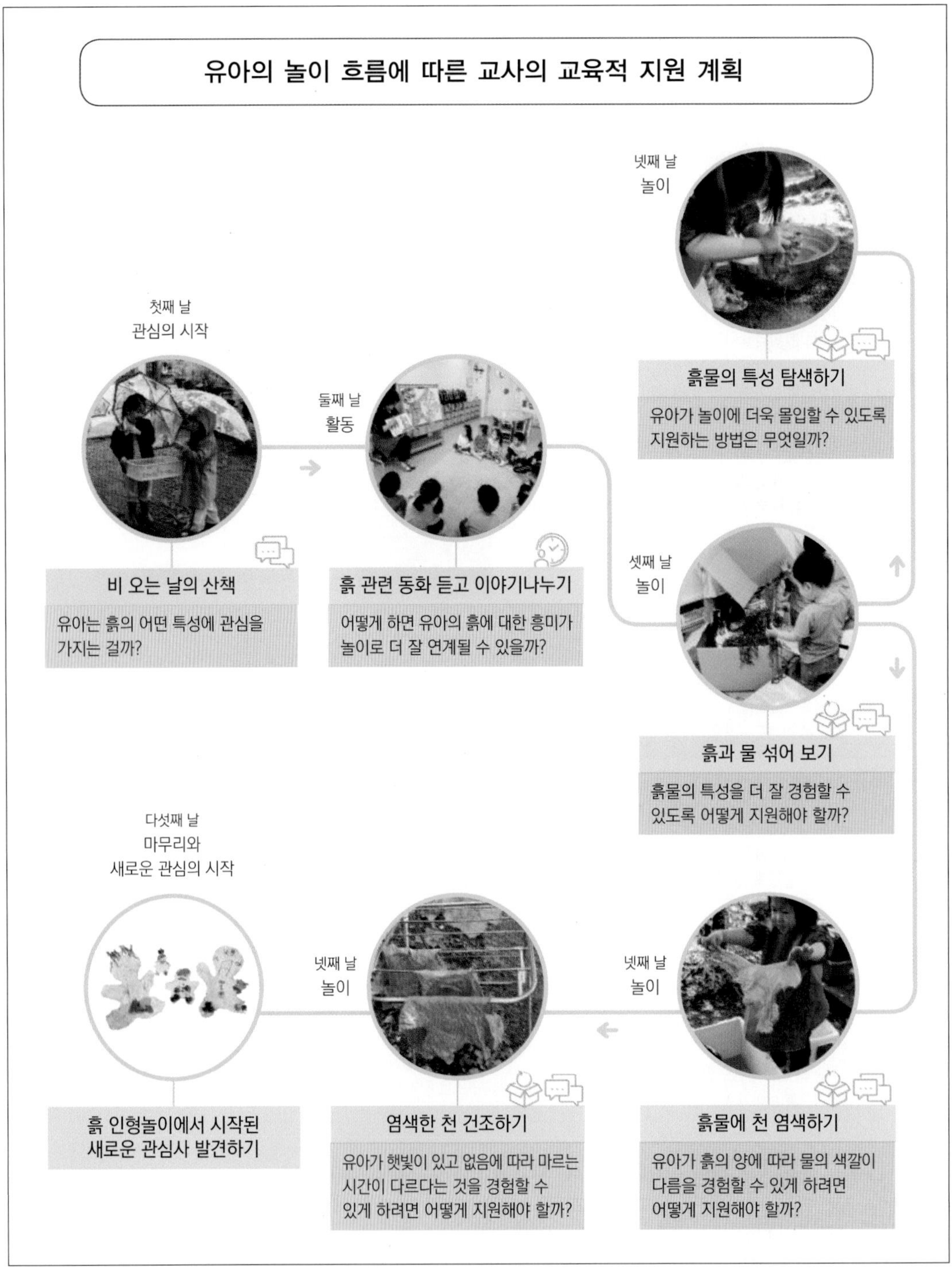

그림 6-5 놀이의 흐름에 따른 교사의 고민과 교육적 지원 1

출처: 교육부, 보건복지부(2019b). 「2019 개정 누리과정」 놀이실행자료에서 인용.

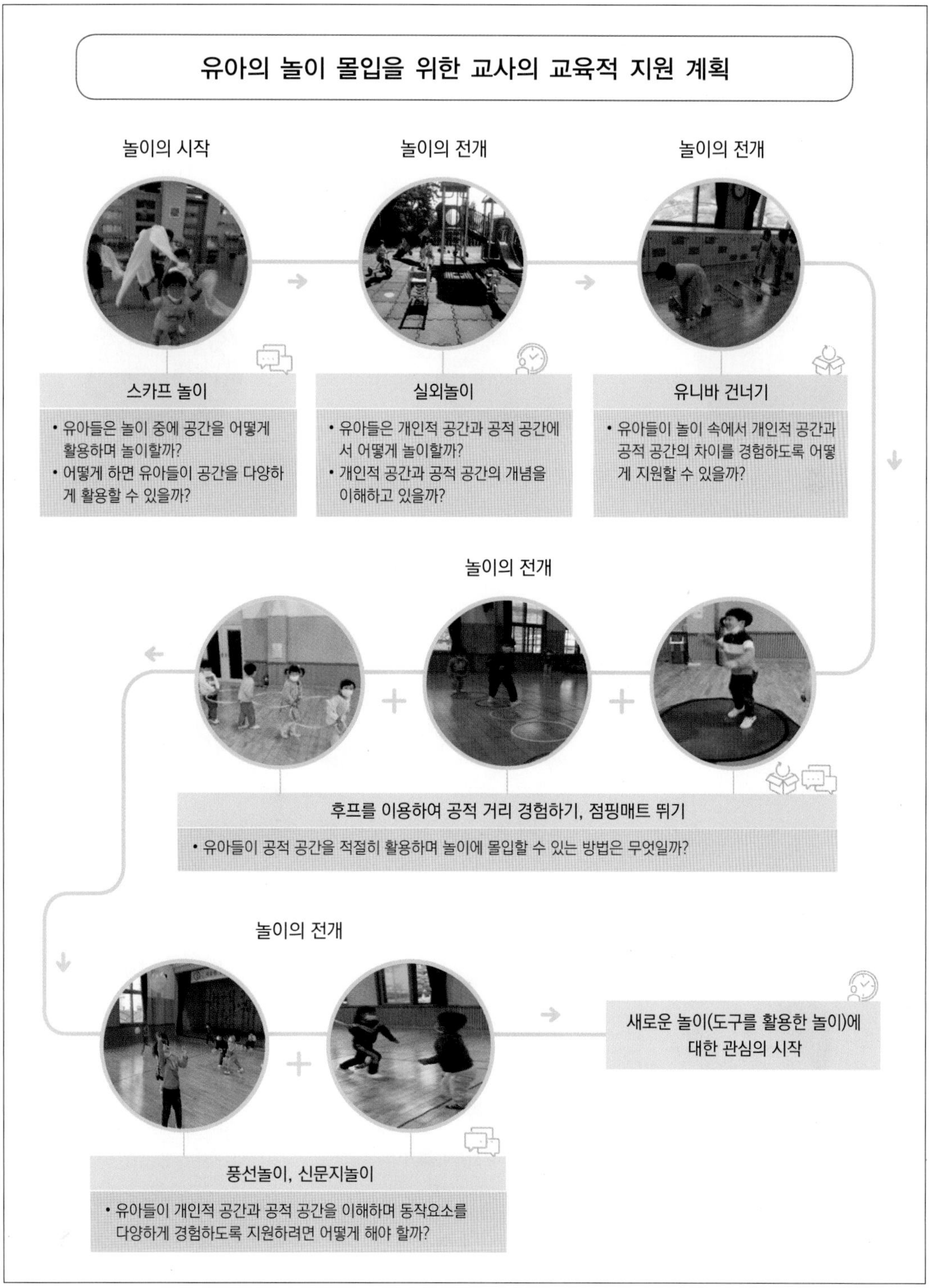

그림 6-6 놀이의 흐름에 따른 교사의 고민과 교육적 지원 2

출처: 교육부, 보건복지부(2019b). 「2019 개정 누리과정」 놀이실행자료에서 인용.

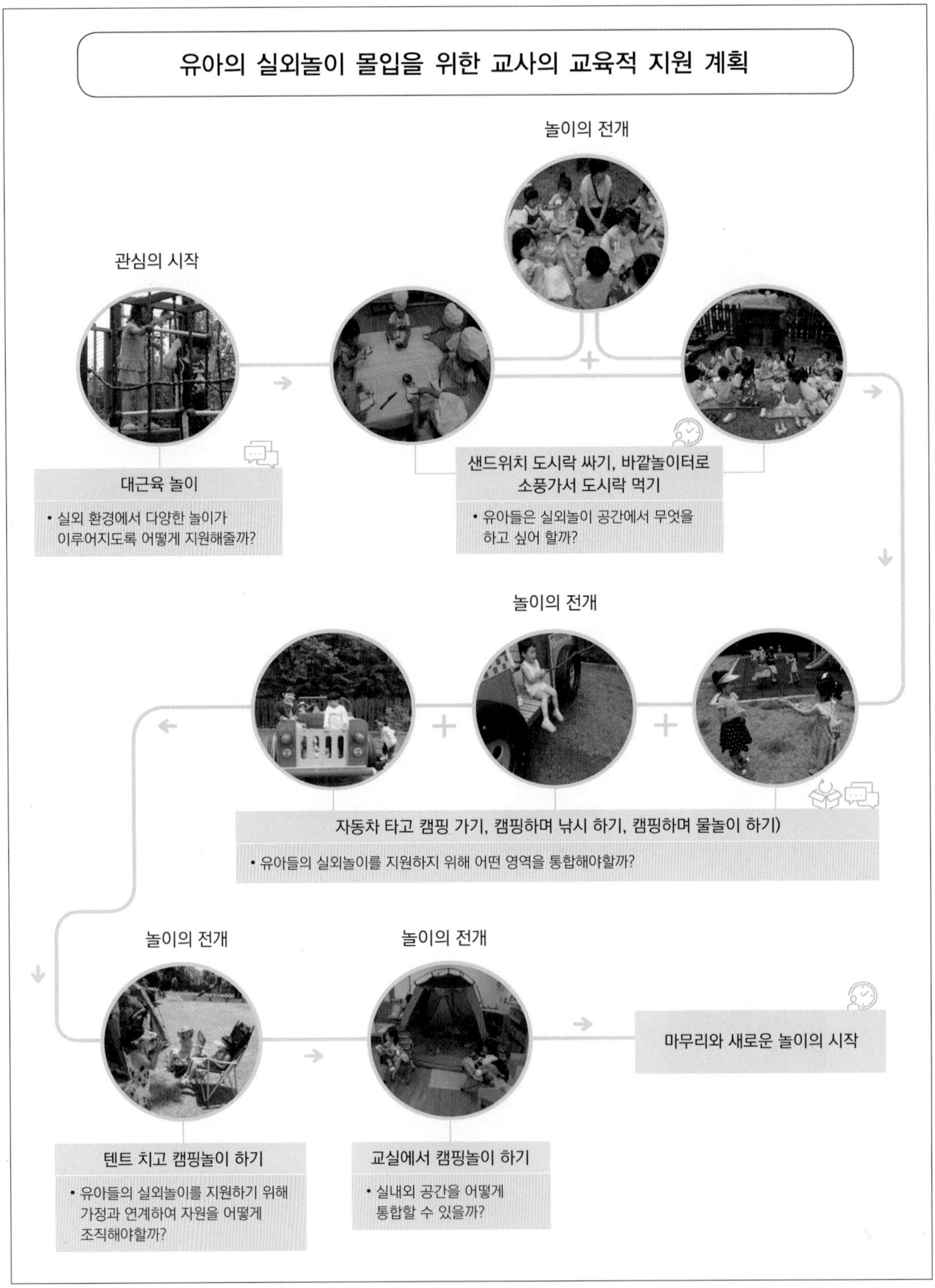

그림 6-7 놀이의 흐름에 따른 교사의 고민과 교육적 지원 3

출처: 교육부, 보건복지부(2019b). 「2019 개정 누리과정」 놀이실행자료에서 인용.

활동해 봅시다

1. 주제를 한 가지 정하여 놀이를 자유롭게 연상해 봅시다.

2. 영유아의 흥미가 유지되는 가운데 배움이 이루어지도록 지원하기 위한 교사 계획이 어떠해야 하는지 정리해 봅시다.

3. 교육적 지원을 위한 교사 계획의 활용방안을 토의해 봅시다.

제7장

놀이와 활동의 실행

1. 영아를 위한 놀이와 활동
2. 유아를 위한 놀이와 활동
3. 실외놀이

생각해 봅시다.

1. 언어적 상호작용을 촉진할 수 있는 방법과 또래 간 친사회적 관계를 형성하는 방법을 알아봅시다.

2. 영유아의 수과학적 경험이 중요한 이유를 생각해 봅시다.

3. 영유아기 예술경험의 교육적 가치가 무엇인지 생각해 봅시다.

4. 실내놀이와 차별화된 실외놀이의 교육적 가치를 생각해 봅시다.

2019 누리과정 개정에 따라 영유아 특성에 맞춰 표준보육과정을 개정하면서 4차 표준보육과정은 보육의 공공성강화, 보육체계 개편, 보육서비스의 품질향상, 부모 양육지원확대를 제시하고 있다. 0~2세 표준보육과정도 영아의 놀 권리 및 균형적 발달, 자율성과 창의성 신장을 고려하여 개정하였다. 0~2세 보육과정의 목표는 다음과 같다. ① 자신의 소중함을 알고 건강하고 안전한 환경에서 즐겁게 생활한다. ② 자신의 일을 스스로 하고자 한다. ③ 호기심을 가지고 탐색하며 상상력을 기른다. ④ 일상에서 아름다움에 관심을 가지고 감성을 기른다. ⑤ 사람과 자연을 존중하고 소통하는데 관심을 가진다.

누리과정은 놀이 중심 교육과정으로 운영하고 이를 위해 일과에서 놀이 시간을 충분히 제공하며 유아들의 흥미와 무관한 활동을 교사가 계획해서 실시하지 않는다. 교사가 계획한 활동이나 안전교육과 같은 법적으로 요구되는 활동을 실시할 수 있으나, 유아와 놀이가 중심으로서 유아가 주도적으로 즐겁게 참여할 수 있도록 하여야 한다(교육부, 보건복지부, 2019a).

1 영아를 위한 놀이와 활동

1) 의사소통

4차 표준보육과정에서 제시하고 있는 의사소통 영역의 교육적 의의와 교수학습 방법은 다음과 같다.

(1) 교육적 의의

의사소통은 **자신의 생각이나 느낌을 다른 사람과 소통**하기 위해 사용하는 모든 것—음성, 글 또는 몸짓, 손짓, 표정—이다. 그중 **언어**라는 의사소통 수단은 매우 **특수하게 조직화된 관례적 특성을 가지며 인간의 고유한 정신기능을 반영**한다(이영자, 2013). 즉, 언어는 음성과 글을 뜻과 연결시키는 의사소통 과정이다.

언어는 듣기, 말하기, 읽기, 쓰기의 네 가지 범주로 구분된다. 표준보육과정에서 영아를 위한 언어교육은 일상생활 속에서 언어를 사용하는 의미 있는 경험이 언어 사용에 대한 흥미를 가지게 하고 다양한 기회를 제공함으로써 영아가 언어 사용에 관심을 가질 수 있도록 하는 것이 중요하다.

0~1세 영아는 적극적 의사소통자로 비언어와 언어를 이용하여 자신의 생각, 느낌, 감정을 표현하고 상대방의 표현과 반응을 보고 들으며 소통한다. 또한 주변의 그림과 상징에 관심을 갖고, 자유롭게 끼적이기를 즐기며 책과 이야기에도 관심을 갖는다.

의사소통 영역은 일상에서 영아가 자신의 의사를 상대방에게 전달하고, 상대방의 표현을 이해하는 과정에서 다른 사람과 소통하는 다양한 방식을 경험하면서 의사소통의 즐거움을 느끼며 의사소통능력의 기초를 형성하는 것을 목표로 한다.

(2) 교수・학습방법

■ 만 2세 미만 영아

듣기와 말하기 0~1세 영아가 주변 사람의 표정과 몸짓에 관심을 가지고 반응하며, 주변에서 들리는 말소리와 소리에 관심을 보이면서 다양한 말과 소리에 주의를 기울여 들으며 소통하고, 주변에서 말하는 이야기에 주의를 기울여 들으면서 다양한 발성과 옹알이로 반응하고 점차 적극적으로 말소리를 내며 소통한다. 0~1세 영아는 표정과 몸짓의 비언어적인 방법을 포함하여 점차 말소리와 같은 언어적인 방법으로 표현하게 되면서 소통의 방식을 다양하게 활용하여 의사를 표현한다.

읽기와 쓰기에 관심가지기 0~1세 영아는 자신의 주변의 친숙한 그림이나 표지판, 상표와 같은 주변의 친숙한 상징에 관심을 가지고, 영아가 손에 무엇인가를 쥐고 벽이나 바닥면에 끼적이기를 시도하며 의도적으로 움직여 어떤 결과가 나타나는 것에 관심을 가진다.

책과 이야기 즐기기 0~1세 영아가 다양한 형태의 책을 탐색하는 경험을 하며 책에 대한 관심을 가지고 책과 자신의 경험을 관련짓고 상징 행동을 하며 상상해보면서 책에 대한 선호가 생기는 시기이며, 영아가 이야기를 자주 접하게 되면서 점차 자신이 좋아하는 이야기에 대한 선호가 생기게 된다.

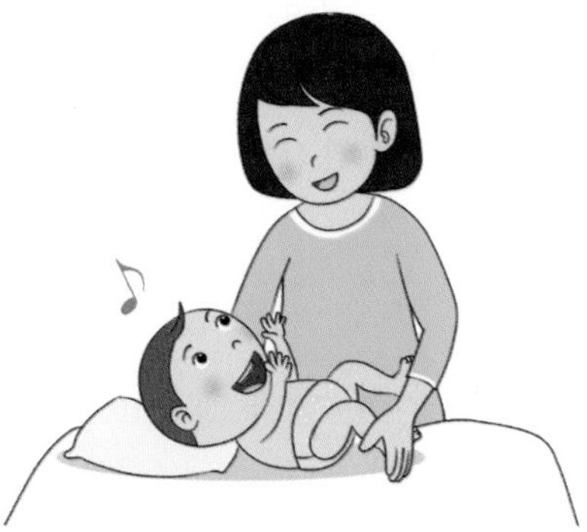

그림 7-1 영아의 옹알이

교사는 0~1세 영아가 자유롭고 편안하게 자신의 의사를 표정, 몸짓, 옹알이, 말소리로 표현하는 것에 긍정적으로 반응해주고, 영아가 적절하게 의사소통 할 수 있도록 또래의 기분을 설명해주기도 하고 교사가 상황에 적절하게 말을 함으로써 영아가 따라서 말해볼 수 있도록 지원할 수 있다. 영아가 한 단어로 표현한 것을 완전한 문장으로 말해주고, 영아가 끼적이기를 할 수 있는 환경을 조성하고 영아의 흔적에 반응하는 등 다양한 방식으로 표현할 수 있도록 지원한다. 책과 이야기에 관심을 갖고 자유롭게 즐기도록 영아가 그림책을 읽는 과정을 따라가며 반응해준다.

■ 만 2세

만 2세 영아의 의사소통 영역의 목표와 내용 범주는 다음과 같다. 의사소통 영역의 목표는 2세 영아가 듣기, 말하기, 읽기, 쓰기의 의사소통 방식에 관심을 가지고 활용하며, 책과 이야기에서 상상하는 즐거움을 경험하기이다. 2세 영아가 일상생활에서 듣고 말하기를 즐기고, 그림과 문자 상징을 읽고 쓰기에 관심을 가지는 것과 책과 이야기를 즐길 수 있는 경험을 하는 것을 목표로 한다.

듣기와 말하기 2세 영아가 상대방의 표정, 몸짓, 말에 관심을 갖고 적극적으로 들으며, 상대방의 생각과 의도를 파악하고, 다양한 말과 소리의 차이에 관심을 가지고 들으며 상대방의 말 혹은 이야기를 듣고 반응하며 자신의 느낌, 생각, 자신의 요구를 상대방에게 자유롭고 편안하게 말하는 경험을 한다. 이때, 표정과 몸짓의 비언어를 포함하여 단어 혹은 말로 자신의 의사를 표현하여 상대방과 소통하는 경험을 한다.

읽기와 쓰기에 관심 가지기 2세 영아가 주변 인쇄물의 그림이나 표지판, 상표와 같은 상징, 자신의 이름과 같이 친숙한 글자에 관심을 가지며 상징 읽기를 시도하며, 다양한 쓰기 도구를 이용하여 의도적으로 끼적이며 이를 상징화하며 표현하는 것에 관심을 갖고 즐긴다.

책과 이야기 즐기기 2세 영아가 주변의 다양한 책을 보는 것을 즐기며 책의 내용을 자유롭게 상상하면서 선호하는 책이 생기고, 책을 만들기도 하며 책 보기를 즐기게 된다. 또한, 영아가 다양한 표현의 말과 이야기 짓기를 즐기면서 말과 이야기의 변화에 재미를 느낀다.

그림 7-2 그림책 읽어주기

교사는 영아의 표정, 몸짓, 언어 등에 관심을 기울이고 따뜻하게 반응하며 영아의 반응을 따라가며 예측하여 언어화하고 영아가 인지할 수 있도록 지원한다. 또한, 영아가 끼적인 것에 관심을 가지고 영아가 표현한 것을 글자로 옮겨 써 주어 글자에 대해 경험할 수 있게 지원하고 영아의 끼적이기에 적극적으로 반응하여 끼적이기를 계속할 수 있도록 지원한다. 영아가 책에 관심을 가질 수 있도록 다양한 그림책과 편안한 공간을 제공하여 자유롭게 책을 볼 수 있도록 하고 교사는 자주 책을 읽어 들려주고 영아가 이야기꾸미기 놀이를 할 수 있도록 다양한 소품을 제공하여 영아의 상상이야기 만들기를 지원한다.

그림 7-3 영아의 쓰기

(3) 놀이와 활동의 예

◆ **관찰 및 계획**

영아들이 스펀지 블록을 쌓으면서 더 높이 위로 쌓으려고 시도한다. 무너질 때마다 다시 스펀지 블록을 높게 쌓으려고 한다. "높이 높이"라고 말하는 영아도 있고 그렇지 않은 영아도 같이 위로 높게 블록을 쌓으면 손을 위로 하고 "만세"를 부른다. 교사는 영아들의 블록 쌓기를 관찰하면서 높이의 물리적 경험과 적절한 언어를 학습할 수 있는 교육적 지원을 계획한다.

◆ **교육적 지원**

감각운동기 영아들의 발달 특성을 고려하여 신체적 활동을 하면서 높다와 낮다의 개념을 형성하고 단어를 사용해 볼 수 있는 활동을 계획하여 제공한다.

〈활동〉 높이 높이

대상 연령: 만 2세 미만

활동 목표: 높다와 낮다의 의미를 이해하고 적절하게 사용할 수 있다.

활동 자료: 여러 종류의 블록, 풍선

활동 방법

① 여러 개의 풍선을 반은 높게(영아가 높이 뛰어서 칠 수 있을 정도), 반은 낮게(발로 찰 수 있을 정도), 다양한 높낮이로 천장에 매달아 놓는다. 영아가 천장에 달린 풍선을 만져 보거나 치거나 발로 차 볼 수 있도록 충분한 탐색의 시간을 준다.

② 영아가 높이 뛰어 풍선을 치거나 축구공을 차듯이 발로 찰 때, 교사는 "풍선이 높이 달려 있어서 ○○(이)가 높이 뛰어서 풍선을 치는구나." 또는 "풍선이 아주 낮게 달려 있네." 하면서 영아와 함께 언어적 상호작용을 하고 함께 풍선 치기 놀이를 한다.

③ 영아가 자신의 몸을 움직여 몸을 높게 또는 낮게 하는 놀이를 할 수 있으며 블록 영역에서 다양한 블록을 높게 쌓아 보는 놀이를 한다.

◆ **관찰 및 계획**

영아의 언어발달을 돕기 위해 교사는 영아의 하루 일과를 함께하면서 영아가 어떤 행동을 하거나 활동할 때를 동사를 학습할 수 있는 기회로 삼는다.

◆ **교육적 지원**

교사는 영아가 놀이하거나 일상적 행동을 할 때 적절한 동사를 사용하여 영아의 행동을 언어로 표현해 준다.

〈활동〉 움직임을 표현하는 말

대상 연령: 만 2세

활동 목표: 적절한 동사를 사용하여 말한다.

활동 자료: 없음

활동 방법

① 영아가 하는 모든 행위에 대해 교사는 주의 깊게 관찰한다.

② 영아가 놀이를 하거나 식사를 하는 모든 행동에 대해 적절한 언어적 반응을 한다.

"○○(이)가 손을 씻었구나."

"☆☆(이)가 그네를 타는구나."

교사: (미술 영역에서) "△△(이)가 그림을 그리는구나."

영아: "그림 그려요."

교사: (대소근육 영역에서) "○○(이)가 자동차를 타고 있구나."

영아: "빵빵 타고 집에 가요."

교사: (영아와 공 주고받기 놀이를 할 때) "☆☆(이)가 공 받아라."

영아: (공을 잡으며) "공 잡았다."

교사: "☆☆(이)가 △△(이)한테 공 줄 수 있어?"

영아: "△△ 줄 거야."

③ 극화놀이에서 인형놀이를 하면서 인형의 행동을 언어로 표현해 본다.

(아기인형을 안고) "애기야, 애기야."

"아기가 뭘 하고 있어요?"

"나랑 과자 사러 가요." "과자 사 올게요."

④ 영아가 움직이는 말을 이해하고 사용할 수 있도록 교사가 일상생활 속에서 영아의 행동을 언어로 표현해 준다.

2) 자연탐구

(1) 교육적 의의

영아는 오감각을 통해 직접 조작하며 물리적 환경을 탐색하고 인식을 발달시켜 나가기 때문에, 인지발달을 위한 자연탐구활동을 제공하여야 한다. 영아는 점차 다양한 물체를 다루고 도구를 사용하면서 물체의 물리적·화학적 특성과 변화를 탐색하게 된다. 영아는 먹는 경험을 통해 여러 가지 음식의 질감을 탐색하고 모양과 색, 맛, 냄새와 느낌을 인식한다. 영아는 공, 바퀴 달린 놀잇감, 모양 끼우기 블록, 점토 등을 가지고 놀면서 대상물의 여러 가지 물리적 속성과 변화를 탐색하며, 숟가락, 포크, 국자와 그릇을 만지고 조작하면서 탐색할 수 있다. 영아는 그림책의 그림을 관찰하고 주변에서 볼 수 있는 물체나 생물, 생활에서 일어나는 일과 연결 지어 보고 인식하고 상상해 볼 수 있다. 또한 영아는 대상물을 보면서 관찰한 것을 말해 보고 여러 가지 어휘를 접하면서 말의 특성을 탐색하며 자신의 생각, 느낌과 경험을 이야기해 볼 수 있다.

영아를 위한 자연탐구 영역은 수학적·과학적 발달을 비롯한 인지발달을 위한 영역이다. 개정 표준보육과정(보건복지부, 2020)에서 자연탐구 영역의 목표는 주변 환경과 자연에 관심을 가지고(0~1세 영아), 주변 환경과 자연을 탐색하는 과정을 즐기는 것(2세 영아)이다. 자연탐구 영역의 내용은 탐구과정 즐기기, 생활 속에서 탐구하기, 자연과 더불어 살기이다. 탐구과정 즐기기는 주변 세계와 자연에 대해 호기심을 가지고, 사물과 자연을 탐색하기를 즐기는 것이다. 생활 속에서 탐구하기는 친숙한 물체를 감각으로 탐색하기, 물체의 수량에 관심을 가지기, 주변 공간과 모양을 탐색하기, 규칙성을 경험하거나 관심을 가지기, 2세 영아의 경우 주변 사물의 같고 다름을 구분하고 생활도구에 관심을 가지기를 포함한다. 자연과 더불어 살기는 주변의 동식물에 관심을 가지기, 날씨와 계절의 변화를 감각으로 느끼기를 포함한다.

(2) 교수 · 학습방법

- 영아의 발달수준, 흥미와 요구, 발달 · 교육적 적절성 등을 고려하여 다양한 감각 활용과 탐색, 인식이 이루어질 수 있도록 활동을 제공한다.
- 영아가 감각의 즐거움을 느낄 수 있는 자료와 활동을 제공한다. 거품이나 말랑말랑하고 부드러운 점토를 탐색하거나 다양한 질감을 느낄 수 있는 공, 블록 등을 제공할 수 있다.
- 영아 스스로 조작할 수 있는 자료와 활동을 제공하고, 만지고 누르고 두드리고 말고 접고 떨어뜨리고 돌리고 굴리고 움직이는 다양한 조작 경험을 하도록 한다.
- 영아는 새로운 자료에 거부감을 느낄 수 있으므로 친숙한 자료부터 제공한다.
- 영아가 놀이하면서 발견하거나 인식한 것에 대해 이야기 나누는 기회를 제공한다.
- 영아가 놀이를 통해 자신감과 성취감을 느낄 수 있도록 돕는다. 영아는 반복놀이를 많이 하기도 하므로 영아의 특성을 이해하고 발달수준에 적절한 반복놀이를 통해 성공감과 만족감을 느낄 수 있도록 한다.
- 영아가 또래 영아, 교사와 함께 놀이하고 상호작용할 기회를 많이 제공하여 협력하면서 타인에 대해 인식하고 사회성을 기를 수 있도록 한다.
- 영아의 활동을 지속적으로 관찰하고 평가하여 다음의 교육활동에 반영한다.

(3) 놀이와 활동의 예

◆ 관찰 및 계획

영아는 바깥놀이 영역에서 마당에 떨어진 꽃을 주워 냄새를 맡는다. 영아는 꽃잎을 따서 공중에 흩날려 본다. 떨어진 꽃잎과 나뭇잎을 주우며 관찰하고 모은다. 영아들은 나뭇잎으로 그릇 삼아 꽃잎을 담고 요리하고 먹는 시늉을 하며 놀이한다. 교사는 영아의 놀이를 관찰하면서 어떤 역할로서 지원을 해 줄 것인지 계획해 본다.

◆ 교육적 지원

교사는 영아들의 놀이에 참여하며 함께 놀이한다. 교사는 손님이 되어 꽃잎으로 만든 요리를 먹는 시늉을 하고, 영아들과 함께 꽃잎을 관찰하며 향기도 맡는다. 영아의 흥미와 관심의 흐름에 따라 교사는 손님이 되었다가, 함께 요리하는 요리사도 되었다가, 함께 꽃잎을 뜯어 보며 수를 세어 보기도 할 수 있다.

영아의 관심과 흥미가 어린이집 마당에 있는 여러 가지 꽃과 나뭇잎의 탐색으로 이어지면, 교사는 교실에서의 활동을 계획해 볼 수 있다.

〈활동〉 꽃잎과 나뭇잎 관찰책 만들기

대상 연령: 1세 이상, 3~5명의 소집단

활동 목표: 꽃잎과 나뭇잎의 생김새, 특징 등 물리적 개념을 인식한다.

활동 자료: 수집한 꽃잎과 나뭇잎들, 책 만들 용도의 종이나 카드 여러 장, 풀, 테이프, 가위, 사인펜, 색연필 등

활동 방법

① (실외놀이에서 꽃잎과 나뭇잎을 관찰하고 수집해 교실로 가져온다.) 수집한 꽃잎과 나뭇잎을 관찰한다. 꽃잎과 나뭇잎의 색, 모양과 형태, 질감, 냄새 등을 관찰한다.

② 종이에 원하는 꽃잎과 나뭇잎을 붙인다.

③ 영아의 마음대로 카드에 꽃잎과 나뭇잎을 꾸며 붙인다.

④ 영아는 꾸민 꽃잎과 나뭇잎 카드에 크레용으로 긁적거리기 그림을 그린다.

* 이 활동은 꽃잎(또는 나뭇잎) 찍기, 꽃잎이나 나뭇잎 프로타쥬 활동 등으로 확장될 수 있다.

3) 예술경험

(1) 교육적 의의

표준보육과정의 예술경험 영역은 사물이나 소리, 자연, 예술작품의 아름다움에 관심을 가지고 탐색하며, 생각이나 느낌을 음악, 움직임과 춤, 극놀이, 미술활동으로 표현하고, 표현된 것들을 보고 즐김으로써 풍부한 감성 및 창의성을 기르는 교육과정을 의미한다(보건복지가족부, 2008). 영아는 출생 후 주변의 다양한 자극을 탐색하며 감각적으로 반응하게 된다. 언어적으로 미숙한 영아는 감각을 이용하여 세상을 탐색하고 경험하는 과정을 통해 사고의 발달을 이루게 되며 스스로를 표현할 수 있는 다양한 표상방법을 습득하게 된다. **예술경험**은 이 과정에서 **주변 환경에 대한 영아의 흥미를 유발하고 창의적인 표현능력과 미적 감성을 자극**하며 나아가 **주변과 소통하는 방법을 습득**하도록 돕는다.

영아는 사물과 대상에 대한 감각적 · 직접적인 탐색을 통하여 주변 세계의 미적 특질을 지각하게 되고, 자신의 생각과 느낌을 음악, 동작, 미술활동으로 표현하며, 자연환경 및 작가, 또래의 작품을 감상하는 과정에서 표현된 작품이나 자연의 미적 가치를 느끼게 된다. 영아는 **음악활동**을 통하여 음악적 개념을 이해하고 자신의 정서를 표현하게 되며, 노래 가사에 포함된 다양한 어휘와 그 어휘가 지닌 문맥적 의미를 이해하는 과정에서 인지발달을 이루게 된다.

언어적 표현이 미숙한 영아에게 있어 **동작활동**은 자연스러운 의사소통의 방법이며, 신체를 움직이는 과정 중 자아인식 및 자기조절 능력, 타인의 신체표현 감상 기회를 가지게 된다는 점에서 의미가 있다. **미술활동** 역시 영아가 자신의 삶에서 경험한 것을 시각적 이미지라는 상징적 형태로 표현하는 것으로(현은자 외, 2007), 재료를 탐색하고 느낌을 표현하거나 다양한 작품을 감상하고 존중하는 경험을 하게 된다.

표준보육과정에서 예술경험은 영아가 주변의 친근한 환경과 생활에서 예술적 요소에 관심을 보이고 흥미롭게 경험하고 즐김으로써 창의성과 감성을 기르도록 하는 데 목적을 두고 있으며, 영아의 풍부한 정서, 심미적인 감성과 창의성 계발에 필요한 태도, 지식, 기술을 기르기 위한 전반적인 내용을 포함한다. 세부적으로 **만**

2세 미만 영아의 경우, 자신의 신체와 주변의 감각 자극에 호기심을 가지고 반응하게 하며, 모방행동을 즐기고 소리와 몸 움직임으로 반응하게 한다. 또한 단순한 미술경험을 시도해 보도록 하고, 친근한 소리나 노래를 즐겨 듣게 하며, 자연물, 사물, 주변 환경에 관심을 가지고 눈여겨보도록 하는 내용을 포함하고 있다.

만 2세 영아의 경우에는 주변 생활에서 예술적 요소를 발견하여 흥미롭게 탐색하고 즐기도록 하며, 모방이나 단순한 상상놀이를 즐기고 간단한 리듬이나 노래, 몸 움직임, 단순한 미술활동을 자유롭게 시도하고 즐기도록 한다. 또한 주변의 환경과 자연 및 다양한 표현에서 예술적 요소를 관심 있게 보고 즐길 수 있도록 한다.

(2) 교수 · 학습방법

- 예술경험에서의 탐색과 표현, 감상은 상호 독립적으로 분리되거나 위계적으로 경험되는 것이 아니라 자연스럽게 통합된다. 뿐만 아니라 음악, 움직임과 춤, 극놀이, 미술활동 역시 **예술 요소와 주제를 중심으로 통합**될 수 있다. 예술 영역 간의 통합은 한 가지 주제나 예술 요소를 다양하고 유용하게 경험하도록 하고 예술 영역 상호 간의 관련성과 전체적인 이해를 돕는 효과적인 접근방법이라 할 수 있으며(박형신, 2020; 박형신, 김영연, 2004), 예술활동에 대한 태도, 지식, 기술을 종합적으로 습득할 수 있도록 돕는다.
- 영아가 누워서 생활하는 **4개월 전후**에는 영아의 시선이 닿는 곳에 모빌을 설치해 주고, 영아의 작은 움직임에도 반응하는 놀잇감, 딸랑이 등을 제공해 주어 **대상의 소리, 움직임, 색 등에 관심을 갖도록** 한다. 영아가 앉을 수 있게 되면 **영아의 눈높이를 고려하여 시각적 탐색 자료를 제공해 주고 손이 닿는 위치에 쉽게 소리가 나는 놀잇감을 구비**해 주는 것이 좋다.
- 영아가 손을 움직여 **사물을 조작할 수 있는 시기**에는 **안전하고 다루기가 용이한 리듬악기나 소리 나는 물건 등을 제공**해 주어 자유롭게 두드리며 소리를 탐색할 수 있게 한다. 여러 가지 색깔이나 모양을 탐색할 수 있는 놀잇감이나 사물 등을 제공하고, 영아가 주변 환경에 호기심을 보일 때 교사는 **언어적 · 비언어적 방법을 활용하여 적극적으로 영아와 상호작용하며 영아의 반응을 격려**해 준다.
- 소근육을 사용하여 경험할 수 있는 종이 찢기, 스티커 붙이기 등의 **단순한 미술**

활동의 기회를 제공하고 자연물, 종이, 밀가루 반죽, 물감, 크레파스 등 각종 자료와 도장, 스탬프, 페인트붓 등 도구를 제공하여 영아가 미술활동에 참여해 보도록 하는 것이 좋다.

- 이때 교사는 **영아와 함께 감각적 경험을 하며 언어적으로 반응**해 줄 필요가 있다. 영아가 자신의 신체를 비춰 볼 수 있는 거울을 제공하여 **신체를 탐색하고 교사나 또래를 모방**해 보도록 하는 것이 좋으며 상상놀이에 필요한 일상생활 용품 등을 구비해 줄 필요가 있다.
- 영아가 **만 2세경**이 되면 주변의 물건이나 단순한 리듬악기를 이용하여 빠르고 느린 소리, 크고 작은 소리를 탐색해 보도록 지도할 수 있다. **악기나 사물을 이용하여 여러 가지 방법으로 자유롭게 소리를 만들어 보도록 기회를 제공**하며, 친근한 노래를 자주 들려주어 영아가 노래를 부르려고 시도할 때 교사가 영아의 속도에 맞추어서 함께 불러 주는 것도 좋다.
- **자연현상에서 발견되는 소리, 움직임, 색과 형태 등의 변화에 관심을 갖도록 상호작용**하며 실외 활동을 통해 이를 자주 경험하도록 유도하는 것이 바람직하다.
- 영아가 남을 방해하지 않고 안전하고 편안하게 움직임을 표현해 볼 수 있는 적절한 공간을 확보해 주고 다양한 질감이나 색깔의 헝겊이나 스카프를 이용하여 자유롭게 움직여 보도록 한다.
- 다른 사람의 행동을 모방하거나 놀잇감으로 가작화하는 행동을 격려하고 교사가 이에 적극적으로 반응하는 것이 좋다.
- 또한 영아 자신이나 또래의 노래나 춤을 보여 주고, 미술품 등을 게시하거나 전시해 주어서 **친숙한 내용에 대하여 아름다움을 공감할 수 있는 기회를 자주 제공**해 주어야 한다.

그림 7-4 **예술경험 놀이**

(3) 놀이와 활동의 예

◆ **관찰 및 계획**

영아는 동물의 생김새와 움직임, 소리 등의 특징에 흥미를 보인다. 몇몇 영아들이 동물의 생김새와 움직임, 소리를 모방하며 잡기놀이를 한다. 교사는 영아가 흥미를 보이는 동물의 특징을 탐색하고 표현할 기회를 제공해 줄 수 있다.

◆ **교육적 지원**

2세 영아는 친근한 대상의 생김새와 움직임, 소리에 관심을 갖고 모방하기를 즐긴다. 이에 교사는 영아가 흥미를 보이는 동물의 가면을 만들고 움직임을 표현해 보도록 지원할 수 있다.

〈활동〉 동물가면 만들기

대상 연령: 2세

활동 목표: 동물들의 생김새 특징에 관심을 가진다.
그리기 도구를 사용하며 소근육 조작능력을 기른다.
자신의 작품을 말로 소개해 본다.
친구의 작품을 존중하는 마음을 기른다.

활동 자료: 동물 도안, 크레파스, 색연필, 사인펜과 같은 그리기 도구, 가위

활동 방법

① 가면이 무엇인지에 대해 이야기 나누고, 동물가면을 탐색한다.
② 어떤 동물가면을 만들고 싶은지 이야기 나눈다.
③ 동물 도안을 살펴보며 어떠한 방법으로 가면을 만들 수 있을지 생각해 본다.
④ 그리기 도구와 미술 자료를 활용하여 동물가면을 꾸며 본다.
⑤ 다 만든 가면을 친구들에게 소개하고, 친구들의 가면을 감상한다.

〈활동〉 동물가면 놀이

대상 연령: 2세

활동 목표: 동물들의 움직임, 소리 등 특징에 관심을 가진다.
동물의 움직임을 표현해 본다.

활동 자료: 동물가면, 거울

활동 방법

① 내가 만든 가면을 얼굴에 대어 보며 어떤 느낌이 드는지 이야기 나눈다.

② 가면을 쓰고 놀이하며 동물처럼 소리 내고 움직여 본다.

③ 가면을 쓴 내 모습과 친구들의 모습을 살펴본다.

④ 가면을 쓰고 동물을 표현해 본 경험에 대해 이야기 나눈다.

◆ 관찰 및 계획

영아는 종종 친구들과 어울려 간단한 노래를 부르며 놀이한다. 몇몇 영아는 손뼉을 치고, 몇몇 영아는 노래의 박자에 맞춰 리듬악기를 연주하기도 한다. 교사는 움직임과 리듬악기로 새 노래의 규칙적인 리듬을 표현해 볼 기회를 제공할 수 있다.

◆ 교육적 지원

2세 영아는 리듬에 맞춰 몸을 움직일 수 있으며, 짧은 시간 동안 규칙적인 리듬을 유지하며 리듬악기를 연주할 수 있다. 교사는 박자감이 명확하고 반복적인 리듬이 포함된 노래를 선정하여 리듬에 맞춰 움직이고 리듬악기를 연주해 보도록 지원할 수 있다.

〈활동〉 바다에 무엇이 살까요?

대상 연령: 만 2세

활동 목표: 노래의 박자에 맞춰 손뼉을 쳐 본다.
노래의 박자에 맞춰 다양한 신체동작을 표현해 본다.
노래의 리듬에 맞춰 다양한 리듬악기를 연주해 본다.
노래를 부르며 바다에 사는 동물을 알아본다.

활동 자료: 〈바다에 무엇이 살까요〉 음원, 노랫말 판, 리듬악기

활동 방법

영아들에게 동요 〈바다에 무엇이 살까요〉를 들려주어 친숙해지도록 한다.

① 자유놀이 중 노랫말 판을 제시해 주어 바다에 어떤 동물이 사는지 살펴보도록 한다.

② 박자에 맞춰 손뼉을 치며 노래를 불러 본다.

③ 다른 동작으로 박자를 표현해 본다.

④ 리듬악기에 관심을 보이는 영아의 경우, 동요 반주에 맞춰 리듬악기를 연주해

보도록 하고 리듬악기에서 나는 소리에 대해 이야기 나눈다.
⑤ 노랫말 속에 등장하는 동물 이름을 바꾸어 불러 본다.
⑥ 영아의 움직임, 악기 연주 등을 촬영한 동영상을 감상하며 함께 노래를 불러 보고 느낌을 나눈다.

4) 신체운동

(1) 교육적 의의

영아기는 발달이 급속도로 이루어지는 시기로서 대소근육과 신체운동 능력의 발달이 현저하게 이루어진다. 일생에서 신장과 체중이 가장 많이 증가하는 시기가 영유아기이며, 대개 1세 정도까지 영아는 목 가누기, 뒤집기, 기기, 앉기, 서기, 걷기를 하게 된다. 이후 유아기까지 뛰기, 균형 잡기, 두 발 모아 뛰기, 한 발로 서기와 뛰기 등 기초적인 운동기술이 발달하게 된다. 영아기는 소근육발달과 신체협응 능력도 현저하게 발달하기 때문에 다양한 소근육과 협응능력 발달을 위한 경험을 제공하여야 한다.

표준보육과정(보건복지부, 2013)은 신체운동 영역의 목표를 자신의 신체를 긍정적으로 인식하고 즐겁게 신체활동에 참여함으로써 영유아기에 필요한 기본 운동능력을 기르는 데 두고 있다. 신체운동 영역의 교육내용은 감각과 신체 인식, 신체조절과 기본 운동, 신체활동 참여다. **감각과 신체 인식**은 기본적인 감각능력을 기르고, 감각기관을 활용하며, 자신의 신체를 긍정적으로 인식하도록 하는 것이다. **신체조절과 기본 운동**은 협응력과 신체조절 능력을 기르고, 신체 균형감을 익히며, 기본 운동능력을 습득하도록 하는 것이다. 그리고 **신체활동 참여**는 신체활동에 자발적으로 참여하여 안전하고 즐겁게 활동을 함으로써 기초 체력을 형성하도록 하는 것이다.

(2) 교수 · 학습방법

- 영아의 **신체 크기, 월령, 발달수준, 흥미와 요구에 적절한 신체활동을 제공**한다. 영아기는 신체의 성장 · 발달이 빨라 6개월~1년 단위로 크기가 다른 놀이기구를 제공하기도 한다.
- 영아가 **안전하게 신체놀이를 할 수 있도록 관리 · 감독**한다. 안전하게 제작된 놀이기구와 자료를 사용하더라도 영아가 안전하게 놀이하는지, 어려움을 겪지는 않는지를 살피며 상호작용하도록 한다.
- 1세 미만 영아의 경우, 오르기 기구와 터널을 기어서 건너오도록 교사가 진행방향 앞에서 영아의 이름을 부르며 격려한다.
- 영아가 **자신의 신체와 신체의 움직임을 인식하고 탐색**할 기회를 다양하게 제공한다. 2세 이하의 영아에게 교실 한 면에 거울을 설치하여 신체와 신체의 움직임을 탐색하고 인식할 기회를 제공할 수 있다.
- 영아의 **대소근육 발달과 신체운동 능력을 향상시키는 활동**을 다양하게 제공하도록 한다. 신체활동, 조형활동, 점토놀이, 목공놀이, 모양 끼우기와 같은 협응활동 등을 다양하게 제공한다.
- 영아가 **자신감과 성취감을 느낄 수 있도록 성공의 경험을 자주 제공**하고, 다양한 수준의 활동을 제공한다. 때로는 모험심을 촉진할 수 있는 활동을 제공하여 성공감과 만족감을 느낄 수 있도록 한다.
- 영아가 **또래 영아, 교사와 함께 상호작용할 기회를 많이 제공**하여 협력하면서 타인에 대해 인식하고 사회성을 기를 수 있도록 한다.
- 영아의 활동을 **지속적으로 관찰하고 평가**하여 다음의 교육활동에 반영한다.

(3) 놀이와 활동의 예

◆ 관찰 및 계획

영아들이 블록으로 다리를 쌓다가 무너지자 블록을 길게 연결하여 다리를 만든다. 다리 위를 걷던 영아가 끝에 닿아 다리가 끊기자 조금 멀리 떨어진 블록으로 건너뛰며 "징검다리다."라고 소리친다. 교사는 블록을 이용하여 영아의 신체조절력을 높일 수 있는 활동을 계획해 본다.

◆ 교육적 지원

교사는 노래 소리가 들릴 때 움직이고 조용할 때 멈출 수 있도록 영아가 소리에 집중할 수 있도록 안내하고, 블록의 주위를 함께 걸으며 영아들이 다양한 경로로 걸으면서도 친구들과 부딪히지 않도록 지원하는 것이 좋다.

〈활동〉 징검다리 위에 올라서요

대상 연령: 1세 이상, 3~5명의 소집단

활동 목표: 소리에 맞추어 벽돌블록 위에 올라서기를 통해 신체운동 능력 발달을 돕는다.

활동 자료: 벽돌블록 15개, 신호악기 1개

활동 방법

① 영아가 자유롭게 움직일 수 있도록 공간을 확보하고 교실 바닥에 벽돌블록을 간격을 두어 마음대로 놓는다.

② 영아들에게 노래를 부르는 동안 마음대로 움직이며 돌아다니도록 한다. 노래를 멈추고 신호악기로 한 번 크게 소리를 내면 영아가 징검다리(벽돌블록) 위에 올라서도록 한다.

③ 여러 번 놀이를 진행한다.

- (확장 1) 벽돌블록의 배치나 수에 변화를 두어 놀이를 진행할 수 있다.
- (확장 2) 벽돌블록을 징검다리처럼 배열하여 노래를 부르면서 징검다리 위를 걸어가 보도록 할 수 있다.

5) 기본생활

(1) 교육적 의의

기본생활은 표준보육과정에서 첫 번째 영역으로서 영유아가 기관에서 심신의 건강과 조화로운 발달을 이루고 바른 인성과 민주 시민의 기초를 형성하는 데에 있어 기본적이고 중요하다. 교육적 의의는 건강한 생활, 안전한 생활, 바른 생활 측면에서 살펴볼 수 있다. 영아의 건강한 생활을 위해, 기본이 되는 신체 청결 및 위생, 휴식과 수면, 바른 식생활과 의생활, 건강검진 및 예방접종 등의 중요성에 대해 알고 경험할 수 있도록 한다. 이는 영아의 바른 생활습관을 형성하고 건강한 성장과 발달을 돕는다. 안전한 생활에서 안전한 상황과 안전하지 않은 상황을 구분하고 인식하며 간단한 안전규칙을 지켜보도록 할 수 있다. 이는 영아가 안전 지식을 인식하고 예방과 대처의 기초능력을 향상시킬 수 있도록 돕기에, 기관에서 안전하게 생활하며 놀이할 수 있도록 한다. 영아의 바른 생활을 위해 예절, 질서, 절약을 경험하도록 하는 것은 영아가 사회에 필요한 기초 예절과 규칙에 관한 인식과 기술을 형성하도록 돕는다.

개정 표준보육과정(보건복지부, 2020)에서 기본생활의 목표는 영아가 건강하고 안전한 일상생활을 경험하고(0~1세 영아), 건강하고 안전한 생활습관의 기초를 형성하는 것(2세 영아)이다.

0~1세 영아를 위한 '건강하게 생활하기'의 기본생활 내용은 도움 받아 몸을 깨끗이 하기, 음식을 즐겁게 먹기, 하루 일과를 편안하게 경험하기, 배변의사를 표현하기이다. 0~1세 영아를 위한 '안전하게 생활하기'의 기본생활 내용은 안전한 상황에서 놀이하고 생활하기, 안전한 상황에서 교통수단 이용해보기, 위험하다는 말에 주의하기이다. 2세 영아를 위한 '건강하게 생활하기'의 기본생활 내용은 자신의 몸을 깨끗이 해보기, 음식에 관심을 가지고 즐겁게 먹기, 하루 일과를 즐겁게 경험하기, 건강한 배변습관을 가지기이다. 2세 영아를 위한 '안전하게 생활하기'의 기본생활 내용은 일상에서 안전하게 놀이하고 생활하기, 교통수단을 안전하게 이용해보기, 위험한 상황에 대처하는 방법을 경험하기이다.

(2) 교수 · 학습방법

- 교사는 영아가 보내는 신호에 민감해야 하며 수유와 기저귀 갈기 시 온화한 태도로 영아와 대화해야 한다.
- 영아의 건강상태 변화를 민감하게 관찰하고 아픔을 적절하게 표현할 수 있도록 조치하며 투약의뢰서에 따라 투약한다.
- 정기적인 건강검진과 예방 접종, 적당한 운동, 바른 식생활의 중요성을 설명하여 영아가 건강에 관심을 갖도록 유도하고 적극적으로 참여하도록 돕는다.
- 교사는 위험한 물건이나 삼킬 우려가 있는 작은 물건을 활용하지 않고, 필요한 경우 영아의 손이 닿지 않는 안전한 곳에 보관하고 안전잠금장치를 한다.
- 놀이 중 안전사고를 예방하기 위해 지속적으로 영아를 관찰하고 영아가 위험한 행동을 하지 않도록 지도한다.
- 교사는 안전점검표에 따라 정기적으로 실내외 시설물과 물품의 위험 요인을 점검한다.
- 영아에게 응급상황이 발생했을 때, 부모와 관련 기관에 신속히 연락하여 적절한 조치를 취하도록 한다.
- 교사는 놀이에서 영아가 순서에 대한 초보적인 개념을 알게 하고 순서를 기다릴 수 있도록 지도한다.
- 교사는 영아가 생활 속에서 질서가 필요한 경험을 할 수 있도록 돕는다.
- 교구장 등에 사진이나 그림을 부착하여 영아가 사용한 놀잇감을 스스로 정리할 수 있도록 돕는다.
- 교사는 인사가 필요한 상황에서 영아가 바르게 인사할 수 있도록 지도한다.

6) 사회관계

(1) 교육적 의의

영아는 갓 태어날 때부터 양육자의 정성 어린 보살핌 속에서 자라난다. 양육자는 영아의 작은 숨소리, 울음소리와 미소에 민감하게 반응하면서 말을 걸고 웃고 여러 가지 소리를 내며 영아의 주의를 끌고 상호작용한다. 또한 영아도 주변의 사람과 사물의 움직임 및 소리에 민감하게 반응하고 상호작용하면서 탐색하고 알아 나간다. 이렇듯 영아는 태어날 때부터 사회의 한 구성원으로서 주변 사회 환경 안에서 많은 것을 접하고 배워 나가게 된다.

영아는 어린 시절 양육자를 비롯한 **주변 사람과의 관계 속에서 사회 · 정서와 관련된 정보를 인식하고 학습하며 다양한 사회적 상황에서 정서를 조절하거나 표현하는 방법을 배워 나간다.** 영아의 사회적 관계가 넓어질수록 이러한 사회적 학습의 기회는 더 많아지게 된다. 특히 영아기 초기는 양육자와의 애착이 형성되는 매우 중요한 시기다. 영아의 **애착 형성은 자아발달을 비롯하여 사회 · 정서 발달에 중요**한 토대가 된다. 영아는 다른 사람과의 상호작용을 통해 자기 자신을 인식하고 **자아개념에 대해 발달**시켜 나가며 다양한 **정서를 인식하고 조절, 표현하는 능력**을 기른다. 이러한 초기의 경험과 발달은 영아가 사회에 적응하며 살아가는 데 필수적인 역할을 한다.

개정 4차 표준보육과정(보건복지부, 2020) 사회관계 영역의 목표는 0~1세는 영아가 자신을 인식하고 주변의 친숙한 사람과 관계를 맺는 경험을 하는 것이다. 0~1세 영아가 다른 사람과 분리된 자신을 고유한 존재로 인식하고 친숙한 성인과 안정적인 애착을 형성하여 어린이집에서 또래, 교사와 편안하게 지내는 것을 목표로 한다. 2세 사회관계 영역의 목표는 2세 영아가 자신에 대해 알아가고, 다른 사람과 더불어 생활하는 경험을 통해 사회관계 형성의 기초를 기르는 것이다. 2세 영아가 자신이 다른 사람과 다르다는 것을 알고 자신을 긍정적으로 인식하며, 다른 사람과 생활하며 즐겁게 지내기 위한 태도를 기르는 것을 목표로 한다.

(2) 교수 · 학습방법

- 영아는 **발달 특성상 수준 차이가 크기 때문**에 각 영아의 월령, 발달수준, 개인적 특성 등을 면밀히 관찰하고 적절한 교육경험을 제공하여야 한다. 또한 영아의 개인적인 흥미와 요구, 사전의 경험, 주변 환경을 고려하여 놀이를 제공하여야 한다.

• 교사는 영아의 긍정적인 자아개념 발달을 위하여 **영아를 존중하고 영아의 행동과 요구에 민감하게 반응**하여야 한다. 교사는 영아에게 관심을 가지고 따뜻하게 대하며 영아의 장점과 특징을 인정해 주고 격려한다. 교사는 영아의 자아를 비춰 주는 거울이기에 자아와 타인 존중의 모델이자 중요한 사회적 모델이다. 교사는 영아에게 형식적 · 비형식적으로 사회적 기술과 태도를 전달하므로 바람직한 사회적 모델이 되어야 한다.

• 교사는 **영아의 기분을 즉각적으로 이해해 주고 수용해 주는 태도**를 가져야 한다. 영아의 발달 시기에 따라 정서를 인식하고 조절하고 표현할 수 있는 능력에 차이가 나타나기 때문에, 발달수준에 적절한 정서 인식, 조절, 표현과 관련된 활동을 제공하여야 한다. 영아는 놀이를 통해 다양한 정서를 자연스럽게 표현하고 인식하여 점차 조절해 가는 방법을 배울 수 있다. 활동을 예로 들면, 까꿍놀이, 가면놀이, 다양한 사회 · 정서 관계를 간접적으로 경험할 수 있는 그림책 읽기 등이 있다.

• 영아 간에 놀잇감 빼앗기 등과 같은 **사회적 분쟁이 일어났을 경우, 교사는 빠르게 대처해야** 한다. 영아는 흔히 친구들이 가지고 노는 놀잇감에 매력을 느끼고, 말로 자신의 감정을 잘 표현하지 못하기 때문에, 자주 친구를 때리면서 놀잇감을 빼앗아 오고는 한다. 영아기에는 자신의 욕구와 감정을 조절하기가 어렵기 때문에, 교사가 사회적 규칙을 지킬 것을 강요하기보다는 친구 때리지 않기 등의 규칙을 짧게 상기시키고 같거나 비슷한 놀잇감을 추가로 제공하여 영아의 주의를 분산시키고 분쟁을 조정하는 것이 좋다. 영아기 말기에 이르면서 영아는 점차 감정을 미리 조절해 나갈 수 있을 것이다.

• 영아는 다른 또래 영아나 사람들과 관계를 잘 형성하지 못하지만, 다른 영아와의 놀이, 엄마나 교사와의 놀이를 통해 **집단 경험을 할 수 있는 기회를 제공**한다. 영아가 집단 경험을 통해 다른 사람의 기분 이해하기, 물건 나누어 쓰거나 함께 사용하기, 놀잇감 양보하기, 간단한 규칙에 따라 놀이하기, 기다리기와 함께하기, 다른 사람의 속도에 맞춰서 함께 놀이하기 등 다른 사람과 다양한 감정과 관계를 나누고 상호작용하는 경험을 갖도록 돕는다.

• 영아가 **주변 사회 환경에 관심을 가질 수 있는 기회를 제공**한다. 집과 어린이집 주변의 시설이나 기관, 교통기관을 포함하여 영아의 생활에 밀접한 환경에 대해

인식하고 이해할 수 있는 기회를 제공한다. 영아가 자주 접하는 환경에 따라 가족 구성원의 이름과 역할, 여러 가지 교통기관의 이름, 지역사회에서 일하는 사람들의 직업과 하는 일 등에 대해 호기심을 가지고 접근할 수 있는 기회를 갖도록 돕는다. 예를 들면, 지역사회 관련 생활그림책 읽기, 여러 가지 역할놀이(가정, 병원, 소방관 등), 노래 부르기, 악기 다루기, 여러 가지 춤과 동작활동 등 다양한 교육활동을 계획하여 제공할 수 있다.

- 영아가 **바람직한 사회적 가치와 태도를 형성하도록 돕는다.** 교사는 성역할, 능력, 다문화 등에 대해 편견을 갖지 않고 공정하게 대하는 태도를 형성하고 이를 영아가 비형식적으로 경험할 수 있도록 돕는다.
- 교사는 영아가 여러 가지 주제의 역할놀이를 통해 **가작화 놀이를 하도록 돕는다.** 영아는 1세 전후로 단순한 것에서부터 복잡한 가작화 행동을 모방하기 시작한다. 영아는 사전경험을 바탕으로 역할놀이를 통해 여러 가지 사회적 역할과 관계를 재생산하고 확대해 나갈 것이다. 영아의 흥미와 사전경험에 따라 엄마놀이(가정놀이, 음식 만들기 놀이 등), 음식점 등의 가게놀이, 병원놀이, 소방관놀이 등 다양한 놀이 에피소드를 제공할 수 있다.
- 영아가 **일상에서 사회적 규칙을 경험할 수 있도록 돕는다.** 밥 먹기 전에 손 씻기, 줄서서 기다리기, 뛰지 않고 걸어 다니기 등 간단한 사회적 규칙을 경험함으로써 규칙의 필요성을 인식할 수 있는 기회를 제공한다.
- 교사는 영아가 **놀이할 때 사회와 관련된 다양한 정보를 제공**해 준다. 영아의 흥미와 놀이에 따라 사람들이 사용하는 물건의 이름과 기능, 그림책이나 그림에 나타난 사회적 상황에 대한 설명, 우리 생활에 관련한 여러 가지 정보를 제공해 준다.
- 교사는 **영아가 자신의 생각을 말할 수 있는 기회를 충분히 주고 관련 주제에 대해 구체적으로 의사소통하도록 한다.** 이를 통해 영아는 사회와 관련된 어휘를 습득하고 적절하게 의사소통하는 능력을 기를 수 있을 것이다.
- 영아가 **자신감과 성취감을 느낄 수 있는 기회를 풍부하게 제공**한다. 이러한 기회를 통해 영아는 더욱 긍정적인 자아개념을 형성할 것이다.
- 영아의 활동을 지속적으로 관찰하고 평가하여 다음의 교육활동에 반영한다.

(3) 놀이와 활동의 예

◆ **관찰 및 계획**

영아가 자신을 인식하고 다양한 방식으로 표현해 볼 수 있는 기회를 제공하고 자신의 여러 감정을 경험하고 인지할 수 있는 기회를 제공한다.

◆ **교육적 지원**

〈활동〉 까꿍놀이

대상 연령: 1세 이상, 3~5명의 소집단

활동 목표: 까꿍놀이를 통해 여러 가지 표정을 지어 보고, 여러 가지 감정을 경험한다.

활동 자료: 창문이 달린 집 모양 거울(부직포로 꾸민 집의 창문을 열면 플라스틱 안전거울이 부착되어 있음. 창문의 크기는 15×15cm), 책상에 세워 둘 수 있는 집 모양 틀(큰 창문을 앞뒤로 열 수 있게 제작)

활동 방법

① 창문이 달린 집 모양 거울을 이용하여 '까꿍'놀이를 한다. 집의 창문을 열면서 '까꿍'놀이를 한다. '까꿍'놀이를 할 때마다 표정을 다양하게 바꾸어 본다.

② 책상에 세워 둘 수 있는 집 모양 틀을 이용하여 '까꿍'놀이를 할 때는 두 명의 영아가 집 모양 틀을 사이에 두고 마주보며 놀이를 한다. 서로 번갈아 가면서 창문을 열며 친구에게 까꿍놀이를 한다.

③ 교사가 영아와 함께 놀이할 때 여러 가지 표정을 지어 모델을 보이며 다양한 표정을 유도할 수 있다.

2 유아를 위한 놀이와 활동

1) 언어

(1) 교육적 의의

언어란 인간이 가지는 고유한 능력으로 상호 간의 느낌이나 생각을 구체적이고 조직화된 **말과 글을 통해 의사소통하는 것**인 동시에 **인간의 고유한 정신기능을 반영**한다. 따라서 인간은 언어를 통해 인류의 지식, 자신이 살아가고 있는 사회의 가치, 규범 등을 배운다. **인간의 언어는 소리와 뜻의 연결을 이해하는 과정을 통해 학습된다.** 영아기 동안 말소리와 글자를 인식하고 구분하며 그것의 의미를 이해하는 것에 즐거움을 가지는 것을 목표로 하였다면 유아기에는 좀 더 **효과적으로 듣고, 말하고, 읽고, 쓸 수 있는 능력을 발달시키고 긍정적인 태도를 형성하는 것에 목표를 둔다.**

유아가 **효율적으로 의사소통을 하기 위해서**는 언어 구조에 대한 이해와 더불어 수용된 정보의 의미를 구성하는 **인지적 과정이 수반**되어야 하며 이를 표현할 수 있는 **표현 능력을 갖추어야 한다.** 따라서 언어활동은 유아의 의사소통 능력을 발달시킬 뿐만 아니라 사회·문화적 소통을 가능하게 하여 인지적 발달과 사회·정서적 발달을 도울 수 있다.

(2) 교수·학습방법

■ 듣기와 말하기

듣기는 다른 사람의 말을 듣고 이해하는 것이다. 그러기 위해서는 **말하는 사람의 의도를 고려하여 적극적으로 들을 수 있어야** 하는데, 들은 내용의 의미를 이해하는 것이 유아의 일상생활에서 중요하다. 말하기는 유아가 생활하는 과정에서 경험하고 느끼고 생각한 것들을 다른 사람과 교환하는 기회를 갖는 것이다. 즉, 듣기와 말하기는 유아가 **다른 사람의 말이나 이야기를 관심 있게 듣고, 자신의 경험, 느낌, 생각을 상황에 적절한 단어를 사용하여 말하고, 고운 말을 사용하는 것**을 교육내용으로 한다.

유아의 **듣기 능력**은 낱말 발음에 주의를 기울여 듣는 것에서부터 낱말, 문장, 이야기를 듣고 이해할 수 있도록 한다. 유아가 말소리와 이야기에 관심을 가지도록 유아가 좋아하는 주제의 이야기를 들려준다. 또한 교사는 듣기를 위한 개별적인 시간을 갖고 유아가 말을 할 때는 "음" "그래" "그래서" 등과 같은 언어적 반응을 보이며 조용히 듣는다. 유아가 지역사회 견학 시 만나는 사람, 방문자 또는 교사에게 할 질문을 준비하도록 도와줌으로써 사려 깊은 청자가 되도록 돕는다. 하루 일과 중 듣기 습관을 길러 줄 수 있도록 말하는 사람에게 주의 기울이기, 말하는 사람과 함께 생각하기, 지시 따르기, 들은 것을 다시 말하기, 주변의 소리 변별하기 게임을 하거나, 유아에게 순서적인 기억이 요구되는 간단한 심부름의 기회를 제공하거나, 그림 이야기 책을 읽어 주고 줄거리를 회상해 보는 등 이 시기에 할 수 있는 좋은 듣기활동을 함께 즐기는 것도 듣기의 발달을 위해 바람직하다.

유아의 **말하기 능력**은 일상생활 속의 경험에 대해 비형식적 대화를 나눔으로써 향상된다. 유아는 일상생활에 필요한 낱말이나 문장을 자유롭게 말하는 수준에서 자신의 느낌, 생각, 경험을 문맥에 맞게 말하는 경험을 한다. 여러 가지 말소리를 편하게 발음하기부터 정확한 발음으로 또렷하게 말하도록 하며, 유아가 일상생활에서 접하는 여러 사물과 상황, 자신의 느낌, 생각, 경험에 대해 직접 언급할 수 있도록 개방적인 분위기를 조성하고, 여러 가지 질문을 하여 유아에게 말할 기회를 준다. 교사는 유아의 연령 및 이해 수준, 어휘력, 언어적 표현력 등을 고려하여 유아의 수준에 적절한 언어를 사용하여 상호작용하도록 한다.

그림 7-5 유아의 듣고 말하기

듣기와 말하기를 이해하기 위해서는 우선 말의 내용이 유아의 배경지식과 지식 이해수준, 어휘 폭, 문장구조 이해수준 등에 맞아야 하며 유아에게 흥미 있어야 한다. 따라서 유아 주변 일상생활과 연결되면서 유아에게 흥미 있어 선택한 주제를 중심으로 새로운 어휘를 소개하고, 구체적 활동을 전개하여 활동하는 가운데 필요한 지식 또는 개념, 논리 · 수학적 관계, 사회적 관계를 자연스럽게 말로 제시하며 정서적 느낌을 말로 표현하는 기회를 가짐으로써 유아의 구어 이해를 지도한다.

■ 읽기와 쓰기

읽기는 문자로 쓰인 또는 **인쇄된 자료의 상징을 해독하고 의미를 추출해 내는 과정으로, 언어의 구조 및 형태를 이해하고 글의 의미를 이해 · 분석하는 능력**을 가지는 것이다. 따라서 유아가 접하는 글들은 가능한 한 유아의 일상생활과 밀접한 관련이 있으며 글의 의미를 쉽게 예측할 수 있는 것이어야 한다. 즉, 유아 자신의 이름뿐 아니라 일상생활 속에서 볼 수 있는 글자(과자 이름, 간판, 만화 제목 주인공 이름, 여러 사물의 이름, 출석판이나 서랍장, 신발장에 붙어 있는 친구의 이름, 영역 표시판, 간식판 등)를 읽는 경험을 하면서 글자의 의미와 기능에 대해 알 수 있다. 따라서 교사는 교실 내 사물에 이름카드를 붙이거나 다양한 영역의 낱말카드, 글자퍼즐 등을 제공하는 것이 좋다. 글자를 인식하기 시작한 유아는 점차 동화책, 신문 등에서 익숙한 글자를 찾아보는 활동을 해 볼 수 있다. 또한 유아의 놀이과정 맥락 속에서 문자의 기능에 대한 인식을 높여 주면서 글자에 관심을 가지도록 도울 수 있다. 예를 들어, 음식점놀이에서 메뉴판을 만들 때 음식 사진과 음식 이름을 연결해 붙여 보는 활동이나 그림책의 제목을 읽고 이야기의 내용을 추론해 보는 활동 등을 통해 문자가 의미하는 바를 자연스럽게 이해하도록 도와줄 수 있다.

그림 7-6 유아의 읽기

쓰기는 글자의 기능을 인식하고 자신의 생각과 느낌을 표현하는 것으로 유아가 자연스럽게 쓰기에 관심과 흥미를 가지고 스스로 즐길 수 있도록 하는 것이 중요하다. 유아는 일상생활 속에서 자연스럽게 글을 접하고 다른 사람들의 쓰기행동을 관찰하고 모방하면서 쓰기를 하게 된다. 이를 통해 유아가 말과 글의 관계를 인식하고 자신의 이름과 같이 친숙한 글자 쓰기에서부터 자신의 생각과 느낌을 글자나 그림으로 표현할 수 있도록 하는 것이다.

교사는 유아에게 여러 가지 종류의 쓰기 경험을 제공하여 쓰기가 자신의 생각과 느낌, 경험을 나타낼 수 있는 의사소통 도구가 된다는 점을 스스로 체득하게 한다. 또한 모래 그림, 글자 따라 써 보기, 자신의 물건에 이름 쓰기 등 여러 매체를 활용하고 친숙한 주제로 써 보는 활동과 자유선택활동 과정 중에 과학 영역에서 관찰일지 쓰기, 미술 영역에서 자기 작품에 제목 붙이기, 언어 영역에서 책 표지 꾸미기 활동 등 여러 흥미 영역에서 목적 있는 쓰기활동을 할 수 있도록 한다.

그림 7-7 **유아의 쓰기**

2019 개정 누리과정에서 제시하는 읽기와 쓰기 관련된 내용 범주를 살펴보면 다음과 같다.

첫째, 유아가 읽기와 쓰기에 관심을 가지도록 일상에서 말이 글로, 글이 말로 옮겨지는 것에 관심을 갖도록 한다.

둘째, 유아가 일상에서 자주 보는 상징(표지판, 그림문자 등)이나 글자 읽기에 관심을 갖고 상징이나 글자에는 사람들의 생각과 감정, 정보가 담겨 있다는 것을 이해하도록 한다.

셋째, 유아가 자신의 생각이나 말을 끼적거리거나 글자와 비슷한 선이나 모양, 형태로 표현하도록 경험을 제공한다. 이 외에도 유아들이 책에 관심을 가지고 책 보는 것을 즐기도록 한다. 자연스럽게 책을 접하는 경험은 읽기에 대한 긍정적인 태도를 갖게 하며 스스로 읽고자 하는 동기를 제공해 준다. 그림책은 글과 그림이 함께 이야기의 내용을 나타내는 것으로 유아에게 즐거움을 주고 다양한 소재와 이야기를 통해 유아들의 상상력을 자극하며 정서를 풍부하게 해 준다. 따라서 교사는 유아의 수준을 고려하여 다양한 장르의 책을 선정하여 제시해 주고 교사가 책을 매일 읽어 주어 유아가 책에 대한 흥미를 갖도록 하는 것이 중요하다.

(3) 놀이와 활동의 예

◆ 관찰 및 계획

유아들이 교실 출석판의 친구들의 사진을 보면서 이름을 말하고 사진 아래에 적힌 글자를 손으로 집으며 읽어 보면서 즐거워한다. "이거 나랑 같은 김이야 맞지? 김현수, 이거 봐, 내 이름이랑 똑같아. 내 이름은 김승기" "여기도 있다. 얘 김승현인데 김이다 그치?" "어? 현도 똑같다."

◆ 교육적 지원

교사는 유아들이 글자에 관심을 가지고 글자를 읽어 보려고 시도하는 유아들을 관찰하였을 때 이를 유아들이 글자에 대해 학습할 수 있는 기회로 삼는다.
유아들의 글자에 대한 흥미를 지속시키고 글자놀이가 이루어지도록 적절한 교구를 찾아 제시한다. '글자 빙고 게임'과 같은 게임을 언어 영역에 비치하고 유아들이 주의를 기울일 수 있도록 안내한다. 유아들이 잘 볼 수 있는 장소에 비치하거나 교사가 언어 영역에 새로운 교구가 있다고 말해 줌으로써 유아들이 게임에 관심을 가질 수 있다. 게임 방법을 교사가 먼저 소개할 수도 있고 유아들이 먼저 교구를 가지고 놀이해 본 후 그 방법에 대해 같이 생각해 볼 수 있다. 글자빙고게임의 일반적인 방법은 다음과 같으나 게임 방법은 유아들에 의해 언제든 변형될 수 있다. 다음의 예는 일반적인 단어를 중심으로 제시하나 유아들이 친구들의 이름에 관심을 보인다면 반 유아들의 이름에 있는 글자가 포함된 단어들로 구성하여 게임을 제시한다.

〈활동〉 글자를 찾아요

활동 자료: 단어에 포함된 글자가 적힌 주사위(수, 거, 무, 아, 강, 동), 단어가 적힌 5×6칸의 빙고판 2개(단어의 예: 수박, 수영, 수돗물, 수수께끼, 수수깡, 거울, 거미, 거위, 자전거, 거북선, 무지개, 무궁화, 무당벌레, 무릎, 아기, 아침, 아리랑, 아이스크림, 강아지, 강물, 강강술래, 한강, 동그라미, 동

굴, 동대문, 딩동댕, 운동장), 그림모양 3개, 칸을 덮을 수 있는 부직포 덮개

활동 방법

① 순서를 정한다.

② 주사위를 던져 나온 글자를 소리 내어 읽는다.

③ 그 글자가 들어 있는 단어를 빙고판에서 찾아 부직포로 덮는다.

④ 판을 모두 덮으면 게임이 끝난다.

⑤ 그림이 있는 칸은 게임에 참여하는 유아들끼리 규칙을 정한다. (예: 주사위에서 나온 글자가 이미 다 덮혀 있어 덮을 수 있는 단어가 없을 때 보너스 등)

유아들이 게임에 익숙해지면 언어 영역에 있는 그림책이나 다른 단어카드 또는 교실 내에서 글자 찾기 놀이를 할 수 있다.

2) 사회

(1) 교육적 의의

우리 모두는 사회적 존재로서 사회 안에서 생각하고 살아갈 수밖에 없다. 누구나 타인들과 상호관계를 맺으며 살아가야 한다는 것이다. 유아는 일차적으로 부모와 상호관계를 맺으며 점차 또래나 다른 성인들로 사회적 관계가 넓어지면서 유아 자신, 가족, 주변에 함께하는 사람들에 대해 인식을 넓혀 나간다. 이러한 관계 속에서 유아는 사회성이 발달하며 이 시기에 형성하는 사회성과 기술 발달은 성인의 사회성과 기술의 90%까지 형성되므로 매우 중요하다.

유아기에 형성되는 **자아개념**, **성역할 개념**, **정서발달**, **우정**, **도덕성**은 우리 삶 전체에 절대적으로 강력한 영향을 미치기 때문에 유아기의 사회교육은 매우 중요하다. 뿐만 아니라 유아기에 형성하는 **사회 · 문화에 대한 다양한 인식**(경제, 역사, 지리, 다문화 등) 역시 지구촌 사회를 살아가는 유아에게 꼭 필요한 정보다.

이처럼 **유아사회교육**은 유아들이 자신과 주변 세계와의 관계를 탐구하고 판단하는 경험을 통하여 가정, 학교, 사회에서 바람직한 사회생활을 할 수 있도록 **사회생활에 관한 지식, 기술, 태도와 가치관 등을 형성하고 활용함으로써 바람직한 민주시민으로 성장하도록 돕는 것**이라고 할 수 있다.

2019 **개정 누리과정의 사회관계 영역**은 자신을 존중하고 더불어 생활하는 태도를 가진다는 목표를 설정하고 나를 알고 존중하기, 더불어 생활하기, 사회의 관심 보이기의 내용을 가진다. '**나를 알고 존중하기**'는 유아가 자신을 나타낼 수 있는 것과 자신의 감정을 알고 상황에 맞게 적절하게 표현하며, 자신이 할 수 있는 것을 스스로 해 봄으로써, 긍정적인 자아존중감과 자율성을 경험하도록 하는 것이다. '**더불어 생활하기**'는 유아가 가족의 의미와 소중함을 알며, 친구와 서로 돕고 양보, 배려, 협력하며 사이좋게 지내고, 사람들마다 감정, 생각, 행동이 각기 다름을 알고 존중하여, 친구와의 갈등을 여러 가지 긍정적인 방법으로 해결하는 내용이다. 또한 친구와 어른께 예의 바른 태도로 말하고 행동하며, 사회 공동체의 일원으로서 약속과 규칙의 필요성을 알고 지키는 내용이다. '**사회에 관심 가지기**'는 유아가 사회 구성원으로서 자신이 사는 지역에 관심을 가지고 탐구하며, 우리나라의 상징, 언어, 문화를 알아 가면서 대한민국 국민으로서 긍지와 자부심을 가지는 내용이다. 그리고 다른 나라의 다양한 문화에 관심을 가지고 존중하는 경험을 담고 있다(교육부, 보건복지부, 2019).

(2) 교수・학습방법

- 유아의 발달수준, 흥미와 요구, 사전경험, 사회 · 문화적 환경에 기초하여 사회교육과정을 운영한다.

사회교육은 유아교육기관의 교육활동과 생활 전반에 녹아 있으므로 전체적인 환경과 생활을 고려하여 운영하여야 한다. 형식적 교육활동뿐 아니라 비형식적 활동에서도 이루어질 수 있는 사회교육의 측면을 고려하여야 한다. 또한 다른 사회・문화적 환경에 있거나 다문화 유아, 특별한 요구를 가진 유아의 경우, 그들의 환경 특성을 교육내용에 반영하여 교육과정을 운영하는 것이 바람직하다.

■ 교사는 유아의 긍정적인 자아개념 발달을 위하여 유아를 존중하는 태도를 가지며 자신과 타인을 존중하는 바람직한 모델이 되어야 한다.

교사는 유아에게 관심을 가지고 따뜻하게 대하며 유아의 장점과 특징을 인정해 주고 격려하며, 유아들의 같은 점과 다른 점에 대해 이야기 나누며 인정하도록 한다. 또한 바람직한 언어 모델이 되어 고운 말, 좋은 말을 사용하도록 한다. 사회교육은 가치관을 포함하므로 교사의 역할이 매우 중요하다. 교사는 유아의 자아를 비춰 주는 거울이면서 자아와 타인 존중의 모델이 되며, 중요한 성역할 모델이 되기도 한다. 또한 교사는 유아에게 형식적 · 비형식적으로 사회적 기술과 태도를 전달하게 된다. 그러므로 교사는 바람직한 인간 존중의 태도, 정서와 사회성 기술, 편견에 대해 바람직하게 대처하는 태도를 가져야 한다.

■ 유아가 다양한 정서를 경험하도록 격려한다.

긍정적인 정서뿐 아니라 부정적인 정서를 다루며, 정서에 대해 인식하고 정서를 바람직한 방향으로 조절 · 표현하도록 이야기 나누고 실천하는 기회를 제공한다. 필요하다면 유아의 부정적 정서를 해소하기 위한 활동(점토놀이, 신문지 찢기, 악기활동, 신체놀이, 목공놀이 등)을 간접적으로 제공할 수 있다.

■ 유아가 또래, 교사와 함께 놀이하면서 다양한 사회적 관계를 경험하고 의사소통하여 자신의 감정과 의견을 조정하고 협의하며 표현할 기회를 제공한다.

유아가 타인의 입장에서 생각해 볼 기회를 제공하고, 소집단 · 대집단 활동을 통해 함께 의견을 모으고 협력하고 양보하는 경험을 할 수 있도록 한다.

■ 유아가 가족, 지역사회, 우리나라와 세계 여러 나라에 대한 인식을 넓히도록 다양한 교육활동을 제공한다.

이야기 나누기, 그림책 읽기, 사회 관련 게임판 활동, 여러 가지 주제의 역할놀이, 노래 부르기, 악기 다루기, 신체표현 활동(우리나라의 춤, 세계 여러 나라의 춤 등), 현장학습을 통한 인식과 탐구활동 등 다양한 교육활동을 계획하여 제공한다.

■ 유아가 사회에 대해 바람직한 가치와 태도를 형성하도록 돕는다.

예를 들어, 성역할에 대한 고정관념이나 다문화 사람들에 대한 편견이 생기지 않도록 사람들의 같은 점과 다른 점을 살펴보고 가치에 대해 이야기 나누어 보는 경험을 갖도록 한다.

■ 유아의 사회적 인식은 실생활과 많은 관련이 있으므로, 구체적인 경험을 통해 활동할 수 있도록 한다.

유아가 경험했거나 경험할 수 있는 주제를 중심으로 역할놀이를 제공한다. 유아들에게 비슷한 사회적 상황을 놀이로 표현하면서 관련 지식과 기술을 활용하거나 상상하면서 놀이 에피소드를 만들어 갈 수 있도록 한다. 예를 들어, 유아는 지하철놀이를 하면서 표를 사고파는 경제관계를 이해하고 지하철과 관련된 사람들의 역할에 대해 이해하는 계기를 갖게 될 것이다. 그 밖에도 가정놀이, 시장놀이, 버스놀이, 병원놀이, 동물원놀이 등 다양한 주제를 활용할 수 있다. 또한 역할놀이 에피소드를 확장하고 다양한 영역의 지식과 기술을 통합하기 위해서, 쌓기놀이 영역, 음률 영역 등을 연계하여 주제에 따라 공간을 통합하거나 융통성 있게 활용할 수 있다.

■ 유아가 사회적 문제해결을 스스로 할 수 있는 기회를 제공한다.

때로는 유아 스스로 의견을 표현하고 조절하고 다른 유아와 타협하는 기회를 제공하여 유아의 독립심과 책임감을 기를 수 있다.

■ 교사는 유아가 놀이할 때 필요한 자료와 정보를 제공해 준다.

유아가 경험하지 못한 사건과 상황을 주제로 놀이가 이루어진다면 정보를 얻을 수 있는 그림책이나 자료들을 제공할 수 있다.

■ 유아가 다양한 사회적 상황에 대해 인식하고 정보를 연결 지을 수 있도록 다양한 질문을 하고 사고를 촉진하도록 한다.

■ 교사는 유아의 자아개념 및 정서 발달, 사회성 발달, 사회 · 문화의 이해 등에 대한 측면을 관찰하고 평가하여 교육과정 계획과 운영 전반에 반영하도록 한다.

(3) 놀이와 활동의 예

◆ 관찰 및 계획

유아들이 가정놀이를 한다. 계속적으로 동일한 유아들끼리 꽤 오랫동안 가정놀이만 한다. 가정놀이를 하는 정해진 유아들 외에 역할놀이를 하고 싶어 하는 유아들이 보인다. 그러나 역할놀이를 점령하고 있는 유아들로 인해 다른 유아들은 역할놀이 영역에 기웃거리고 망설이다 돌아서는 유아들이 있다.

교사는 가정놀이를 지속하고 있는 유아들이 다른 역할놀이로 전환할 필요가 있고 역할놀이를 하고 싶어 하는 유아들도 참여할 수 있는 방법이 필요하다고 판단한다. 역할놀이 영역에 요리사 복장과 음식모형, 음식으로 만들 수 있는 밀가루 점토를 제시한다.

◆ 교육적 지원

자료 제공

음식모형 5가지(과일들), 밀가루 점토, 음식 꾸미기 재료들(꽃이나 나뭇잎과 같은 자연물도 좋고 색종이 등의 미술 자료를 활용해도 좋음), 요리사 모자, 앞치마 유아들은 역할놀이에 제시된 모형 과일을 보고 "와, 이거 봐. 딸기랑 참외랑 수박이랑 포도랑 있다." "토마토도 있다." "맛있겠다. 너 먹을래?" "난 딸기 좋아해" 하면서 먹는 시늉을 한다. 옆에 놓인 밀가루 점토를 보더니 "이걸로 맛있는 거 만들까?" "난 빵 만들 거야" "난 과자." "빵 만들려면 오븐에 넣어야 되는데…… 여기가 오븐이라고 하자." 하면서 요리하기 놀이가 시작된다. 가정놀이에서 요리하기 놀이로 새로운 놀이가 시작되자 다른 유아들도 와서 점토로 음식을 만든다. "우리도 해도 돼?" "그래" "너네 뭐 만들어?" "난 빵." "난 과자." "난 엄마랑 빵 만들었었다." "나도." "나도 해봤어." "뭐 만들었는데?" "카스테라." "나도." "난 와플." "그럼, 카스테라랑 와플 만들지, 뭐."

교사의 지원으로 다른 유아들의 역할놀이 참여가 가능해지면서 다양한 상호작용으로 아이디어가 교환되고 놀이가 확장되는 기회를 준다.

빵가게 놀이, 직접 빵만들기 요리활동으로 확장할 수 있다.

3) 과학

(1) 교육적 의의

과학은 흔히 과학자의 전유물처럼 여겨지지만, 유아의 과학은 유아들이 호기심을 가지고 주변 환경을 발견해 나가는 탐구과정 자체이다. 세상에 대한 탐색이 허용되지 않을 때 유아는 세상을 알아 가는 방법을 익히는 데 실패하며, 그 결과 세상에 대한 지식을 충분히 구성하지 못할 수 있다. 자유로운 탐색을 조장하는 분위기에서 유아는 타고난 호기심을 가지고 적극적으로 주변 세계와 자연을 알아 가는 존재로 성장할 수 있다. 오감각을 활용한 자유로운 탐색은 유아의 인지발달에 중요한 영향을 미친다. 유아는 세상의 동식물, 광물, 물체와 물질, 자연현상 등을 언어적 설명이 아닌 구체적 감각경험을 통해 이해해 나간다. 과학적 놀이와 활동은 유아가 생활 속의 과학적 현상을 탐색하고 사물과 생물, 자연현상을 직접 조작하며 탐색해 보는 경험을 통해 과학적 탐구능력 향상을 도모할 수 있다.

Holt(1991)는 영유아가 과학을 하는 과정에서 현재의 생활에 적응하고 문제에 대처하며 오늘과 내일의 삶을 즐길 수 있게 하는 것이 과학교육의 목적이라고 보았다. 영유아에게 있어서 과학교육은 과학지식만을 획득하는 것이 아니라 일상과 관련되어 궁금한 점을 과학적으로 사고하고 풀어 가는 문제해결의 과정을 경험하는 면에서 중요하다.

그림 7-8 모래 케이크 촛불 불기(흙의 성질)

누리과정에서 제시한 과학교육의 주요 목적은 유아가 호기심을 가지고 주변 세계를 탐구하는 과정을 즐기며, 생활 속의 문제를 과학적으로 탐구하는 데 있다(교육부, 보건복지부, 2019a). 누리과정에서 과학교육과 관련된 주요 교육내용은 '탐구과정 즐기기'와 '생활 속에서 탐구하기' '자연과 더불어 살기'이다. 과학교육내용은 유아가 주변 세계에 대해 지속적으로 호기심을 가지고 궁금한 것을 즐겁게 과학적으로 탐구하며, 그 과정에서 서로

그림 7-9 언덕 오르기(힘과 운동 탐색)

다른 생각에 관심을 가지는 것을 포함한다. 과학교육 내용은 유아가 물체의 특성과 변화를 여러 가지 방법으로 탐색하고, 도구와 기계, 주변의 동식물에 대해 관심을 가지며, 생명과 자연환경을 소중히 여기는 것을 포함한다. 그리고 날씨와 계절의 변화를 생활과 관련짓는 것을 포함한다. 이처럼 유아 과학교육에서도 과학적 탐구과정에서의 기술과 태도, 과학적 지식이 중요하게 다루어지고 있다. 생활 속에서 유아는 물체와 물질을 관찰하고 탐구하며 물리적 속성을 파악하여 문제해결력과 창의력을 발달시키고 관련된 언어능력도 발달하게 된다. 유아는 다양한 동식물을 직접 길러 보고 보살피는 경험을 통해, 자연과 생명존중을 느끼게 되고 자연보존과 환경보호에 대한 인식을 확장시키게 되며 사회 · 정서 발달이 이루어지게 된다.

(2) 교수 · 학습방법

- 교사는 일상이나 놀이에서 나타나는 **유아의 과학에 대한 흥미**의 순간을 잘 파악하고 포착하여 과학에 대한 흥미가 유지될 수 있도록 지원한다. 유아가 관심가지는 주제에 대해 다양한 자료를 제공하거나 찾을 수 있도록 하여 과학적 호기심과 탐구를 촉진하도록 한다. 다양한 크기의 자석을 준비하여 자력의 차이를 경험하게 할 수 있고, 쌓기놀이 영역에 있는 미니카나 블록을 자석으로 이동해 보도록 자극을 줄 수 있다. 매력적이며 호기심을 자극하는 도구와 자료는 유아의 과학적 놀이와 활동을 촉진시킨다.
- 적절한 **과학도구와 자료를 제공**한다. 용기나 비커, 저울과 같은 과학도구는 주변의 물체와 물질을 측정하는 데 필요한 자료들이다. 자료의 제공 자체가 과학놀이와 활동을 유발하지는 않지만, 유아가 필요로 할 때 이를 자유롭게 활용하도록 허용하는 심리적인 환경을 제공하는 것은 과학 경험을 촉진하는 데 중요하게 작용한다. 유아는 종종 시장놀이를 할 때 소품의 무게를 알아보기를

원할 때가 있다. 다른 영역에서 과학도구를 사용하기를 원할 경우, 이를 영역에 제한하기보다 유아의 관심과 놀이의 확장에 따라 융통적으로 사용하는 것이 좋다.

- **유아의 흥미와 요구, 발달수준, 주제 및 우연한 사건에서 출발하는 과학적 놀이와 활동**을 제공한다. 예를 들면, 비가 오는 날 우연히 발견한 지렁이에 대한 유아의 관심을 '지렁이 키우기'로 확장할 수 있다.
- **생활에서 탐색경험의 기회**를 제공한다. 교사는 유아가 생활 주변에서 흔히 볼 수 있는 동물과 식물, 여러 가지 자연현상에 대해 호기심을 가지고 탐색하는 기회를 충분히 제공해야 한다. 교사는 과학적 탐색을 촉진하기 위해 안전하면서 직접 관찰 가능한 실물 및 표본 자료를 제공한다. 실제적 자료로 탐색하였을 때 유아는 보다 실제적이고 구체적이면서 재미있는 경험을 할 수 있다. 교사의 적절한 질문과 지원으로 유아가 다양한 방식으로 탐색할 수 있도록 한다.
- **일상 경험에서 출발한 놀이와 과학활동**을 제공하고, 유아가 일상의 직접 경험을 통해 과학적 지식과 관계를 발견하도록 돕는다. 이를 위해서는 교사가 과학의 원리를 설명하고 유아에게 활동을 제공하기보다 유아의 흥미에서 시작된 과학적 놀이와 활동에서 과학을 경험하고 이해하는 것이 바람직하다.
- 교사는 유아에게 **동물과 식물을 직접 키워 보는 경험을 제공**하여, 유아가 동물과 식물의 생태에 관심을 가지고 생명과 자연의 소중함을 경험하도록 돕는다.
- **생명존중을 위한 제한과 규칙**을 활용한다. 과학과 주변 세계에 대한 유아의 호기심은 보장받아야 하지만 생명을 존중하지 않는 행위에 대해서는 유아와 이야기를 나누어 규칙과 제한을 정하는 것이 좋다. 예를 들어, 세제의 유해함과 오염을 밝히기 위해 금붕어 어항에 세제를 넣는 행위, 식물의 성장원리를 알아보기 위해 비교가 되는 식물을 죽이는 행위 등 동식물을 대상으로 해를 끼치는 실험은 매우 부적합하다. 생명존중은 과학 경험에서 가장 우선시되어야 한다.
- 유아가 과학적 문제 상황에서 다양한 과학적 기술을 활용하고 **자발적이며 적극적인 탐구과정에 참여하도록 격려**한다. 유아 나름의 사고방식으로 충분한 시간을 가지고 탐색·탐구를 할 수 있도록 한다. 필요에 따라 과학 영역에 비치된 책이나 자료를 자유자재로 활용할 수 있도록 도와야 한다.

- 교사는 또래 유아의 상호작용을 촉진하여 유아가 서로 **과학적 아이디어를 공유·비교하고 확장**시켜 나가도록 돕는다.
- 교사는 유아가 수준에 적절한 다양한 과학 개념과 기술을 경험하도록 **내용의 계열성을 고려하여 놀이와 활동을 제공**한다. 유아의 활동과 사전경험을 관찰, 평가하고 인식하여 교사의 교육적 지원에 반영하도록 한다.

그림 7-10 **벼 베기와 들깨 털며 냄새 맡기**

(3) 놀이와 활동의 예

◆ **관찰 및 계획**

실외놀이 시간에 유아가 개미에 호기심을 가지고 관찰한다. 유아는 개미를 추적하여 개미집을 알아내고 개미의 진로를 방해하며 개미가 어떻게 길을 찾아가는지 관찰한다. 개미의 움직임을 관찰하고 생김새를 관찰한다. 유아는 개미가 발견한 먹이를 먹거나 가져가는 모습을 관찰한다. 유아는 개미가 먹을 수 있는 먹이를 알아보고 그 먹이를 찾아 개미에게 줄 수도 있다.

교사는 유아의 놀이를 관찰하며, 다양한 교육적 지원을 계획한다.

◆ 교육적 지원

교사는 유아의 흥미와 관심이 교실에서도 지속될 수 있도록 개미 기르기 활동을 제공한다.

〈활동〉 개미 채집과 기르기

활동 자료: 채집한 개미, 투명한 개미 사육통, 흙, 설탕물, 돋보기, 관찰기록지, 개미 관련 책

활동 방법

① 교사는 실외놀이에서 개미에 관심을 가지고 관찰하고 탐색하는 유아와 상호작용하며, 유아가 개미의 어떤 것에 흥미를 느끼는지 관찰한다.

② 교실에서도 개미를 관찰할 수 있는 방법에 대해 유아와 상호작용한다. 개미 관련 책 등을 활용하여 개미를 기르는 방법과 필요한 자료를 유아와 함께 알아본다.

③ 유아는 개미를 채집하고 개미를 기르기 위해 필요한 자료를 가져온다. 준비한 사육통에 개미집을 만들 수 있도록 흙을 담고 채집한 개미들을 넣는다.

④ 유아는 개미 관련 책 등을 통해 개미 기르는 방법을 탐색하고, 개미를 기른다.
⑤ 유아는 개미를 관찰하며 관찰한 내용을 기록하거나 자발적으로 선택한 방법으로 표상한다.
⑥ 유아들은 개미를 기르면서 관찰한 것(개미의 종류, 특징, 생태, 움직임, 생명존중 방법 등)을 함께 공유하고 궁금한 것에 대해 함께 알아보고 탐색한다.

* 교사는 **유아가 개미에 대해 궁금해하는 것을 함께 알아보고 유아가 탐색하거나 탐구할 수 있도록 지원**한다. 교사와 유아들은 개미에 대해 알아보기 위해 어떤 정보를 활용할 수 있을지, 수집한 정보에 따라 어떻게 놀이하거나 활동할 수 있을지 아이디어를 공유하고 토론할 수 있다.
* 교사는 **관심사가 같은 유아들끼리 문제해결을 해 보는 기회를 제공**할 수 있다. 교사는 유아들이 개미를 탐색, 탐구하는 과정에서 다양한 표상(언어적 표상, 관찰기록 등)을 하고 추론하고 의사소통하고 실험 및 문제해결을 할 수 있도록 지원한다.
* **유아가 개미에 대해 알아낸 것**(개미의 종류, 특징, 생태, 움직임, 생명존중방법 등)**을 다른 유아들과 공유할 수 있는 기회**를 가질 수 있도록 한다. 이러한 경험은 유아들의 관심과 호기심을 확장할 수 있다.

4) 수학

(1) 교육적 의의

수학은 현대와 미래를 살아가는 우리에게 필수적인 능력이면서, 주변 세계를 이해하도록 돕는 우리 생활의 도구이다. 지난 30년간 연구자들은 유아기에 중요한 수학능력의 기초가 형성되며 수와 연산, 공간과 도형, 측정, 규칙성(대수), 자료의 조사와 분석에 대한 이해가 가능하다고 밝혔다. 이에 유아 수학교육의 중요성이 매우 강조되고 교육내용의 영역도 확대되었다.

수학교육의 주요 목적은 유아가 호기심을 가지고 주변 세계를 탐구하는 과정을 즐기며, 생활 속의 문제를 수학적으로 탐구하는 데 있다(교육부, 보건복지부, 2019a). 누리과정에서 수학교육과 관련된 주요 교육내용은 '탐구과정 즐기기'와 '생활 속에서 탐구하기'이다. 유아는 주변 세계에 대해 지속적으로 호기심을 가지며 궁금한 것을 수학적으로 탐구하는 과정에 즐겁게 참여한다. 또한 유아는 물체를 세어 수량을 알아보고(수와 연산), 물체의 위치와 방향, 모양을 알고 구별한다(공간과 도형). 일상에서 길이, 무게 등의 속성을 비교하고(측정), 주변에서 반복되는 규칙을 찾으며(규칙성), 일상에서 모은 자료를 기준에 따라 분류할 수 있다(자료의 이해). 전통적인 수학교육에서는 지식이 중심이었으나 최근에는 지식뿐 아니라 수학적 과정에서의 기술과 태도 역시 중시하고 있다.

(2) 교수・학습방법

유아 수학교육을 위한 교수・학습방법은 다음과 같다.

- 유아가 일상생활에서 자연스럽게 수학을 발견하고 지속적으로 호기심을 가지며 **수학에 관한 흥미**와 태도를 갖도록 돕는다. 유아가 즐거운 놀이과정에서 수학을 경험하고 수학적 과정에 참여할 수 있도록 한다. 수 세기를 자연스럽게 활용하고, 물체의 위치와 방향, 모양을 탐색하며, 길이와 무게 속성을 비교하기도 하고 규칙을 찾아보거나 자료를 분류하는 경험을 할 수 있다.
- 유아의 흥미와 요구, 발달수준에 따른 수학적 놀이를 격려하고, 교사는 **유아의 흥미와 요구, 발달수준, 사전지식을 관찰하고 이를 근거로 놀이와 활동 경험을 제공**한다.
- 유아의 **일상생활 경험을 유치원의 수학 경험과 연결** 짓도록 한다.
- **수학놀이와 활동을 촉진하는 자료를 제공**한다. 자료에 수와 연산, 공간과 도형, 측정, 규칙성, 자료의 이해 등 모든 수학교육 내용이 포함되도록 하고, 다양한 방식으로 놀이할 수 있는 유형으로 제공한다.
- **수학적 이해가 용이하도록 내용을 계열화하여 교육활동을 구성**하여야 한다. 교사는 유아가 현재 관심 있는 흥미, 놀이와 관련 짓고, 수학 개념의 관계 및 계열성을 고려하여 교육활동을 구성하여야 한다. 수학 개념은 계통적이기 때문에 유아의 놀이에서 수학 개념을 단순하고 쉬운 것에서 복잡하고 어려운 것으로 체계적으로 경험하도록 돕는다.

그림 7-11 바퀴 지름 측정하기

- 유아가 다양한 **실물 자료와 실생활에서의 문제를 활용한 수학적 놀이와 활동**을 경험하도록 돕는다. 유아는 감각을 통한 구체적인 경험을 통해 인식을 발달시킨다. 그러므로 유아가 물체를 직접 세고, 공간과 물체의 도형적 속성을 직접 조작하며 탐색하고, 물체의 여러 가지 속성을 직접 측정해 보게 해야 한다. 그리고 교사는 주변 사물에 나타난 규칙성을 찾아보며 여러 가지 자료를 수집하고 분류하는 경험을 하도록 격려하여야 한다. 또한 수 세기, 측정 등과 같이 실생활에서 수학이 필요한 상황에서 그 기술을 활용할 수 있는 기회를 조성할 수 있다.
- 교사는 유아가 놀이 안에서 **다양한 수학적 과정에 참여**할 수 있도록 격려한다. 교사는 유아가 문제해결하기, 추론하기, 관련짓기, 의사소통하기 및 표상하기의 수학적 과정에 참여할 수 있도록 상호작용한다. 유아가 수학적 상황에서 문제 이해-전략 선택-전략 실행-평가 및 반성하기의 과정을 통해 문제를 해결하고, 여러 가지 수학적 상황에서 정보들을 연결 짓고 결과를 예측해 보는 등 추론하는 기회를 제공한다. 또한 여러 가지 지식과 기술을 경험과 연결 짓고, 수학적으로 의사소통하고 표상해 보도록 격려한다.
- 교사는 유아가 **수학의 관계를 다양하게 발견하고 아이디어를 확장**할 수 있도록 적극적으로 상호작용한다. 교사가 유아의 사고를 확장하는 질문을 하고, 유아가 말한 것을 재정리해 주며, 적절한 추론을 유도하는 질문을 하는 것은 유아의 사고발달에 중요한 역할을 한다.
- 교사는 유아가 놀이나 수학활동을 하면서 발견한 것에 대해 **언어나 수학적으로 표현하도록 격려**한다. 교사는 수학적 어휘를 정확하게 사용하고 유아의 활동을 반성적으로 설명해 주며, 유아가 수학적 어휘를 다양하게 사용할 수 있도록 격려할 수 있다.
- 교사는 **유아의 수학 경험과 사고과정을 관찰하고** 평가하여 **누리과정 운영에 반영**하도록 한다.

(3) 놀이와 활동의 예

◆ **관찰 및 계획**

쌓기놀이 영역에서 유아가 블록을 가지고 쌓기를 하다가 블록의 모양과 형태에 대해 호기심을 보이며 탐색한다. 유아는 서로 다른 블록을 굴려 보기를 하며 블록의 형태에 따라 굴러가는 속도와 모습을 탐색한다. 호기심을 가진 다른 유아가 와서 함께 블록을 굴려 보며 서로 빨리 굴리기 놀이를 한다. 또 한 면이 같은 모양인 블록끼리 모아서 쌓기를 한다.

교사는 유아의 다양한 블록놀이를 관찰한다. 교사는 유아와 함께 놀이하거나 다양한 교육적 지원을 계획한다.

◆ **교육적 지원**

교사는 유아의 놀이를 지원하기 위하여, 유아가 블록의 모양과 형태에 관심을 보일 때 블록의 모양과 형태, 대칭, 균형 등에 대해 함께 이야기 나눌 수 있다. 교사는 유아들이 블록 굴리기 놀이를 할 때 함께 놀이하거나 블록을 굴리는 경사판(표면, 각도)을 다양하게 놓고 굴리기 놀이를 할 수 있도록 격려할 수 있다. 교사는 다양한 형태의 블록을 추가하여 제공함으로써 유아의 놀이가 확장되도록 촉진할 수 있다. 교사는 유아의 블록 쌓기 작품을 사진으로 찍어 전시하도록 함으로써, 유아의 블록 쌓기놀이를 촉진할 수 있다.

〈활동〉 블록 작품 사진을 찍어요.

활동 자료: 다양한 쌓기블록, 카메라, 프린터

활동 방법

① 유아는 블록 쌓기놀이를 하다가 자신이 만든 블록 구성물을 교사에게 소개한다. 교사는 블록 구성물을 사진으로 찍어 전시할 것을 제안한다.
② 유아는 자신의 블록 구성물 사진을 전시할 곳을 정하여 전시하고, 다른 유아가 관심을 보일 때 자랑도 할 수 있다. 다른 유아도 자신만의 블록 구성물을 만들어 사진으로 찍어 전시한다.
③ 다른 유아들의 여러 가지 블록 구성물 사진을 보고 유아들이 따라 만들기도 한다.
④ 교사는 유아들이 블록 구성물 사진을 관찰할 때 함께 모양과 형태에 대해 이야기 나눈다.

* 교사는 유아가 블록의 모양과 형태에 대해 관심을 가지며 놀이나 활동을 할 때, 각각의 모양 이름과 속성에 대해 이야기 나누며, 이해 정도를 파악하고 유아의 사고를 지원할 수 있는 정보를 제공하거나 관찰할 수 있는 속성에 대해 상호작용을 한다.

5) 요리

(1) 교육적 의의

요리는 유아에게 즐거운 경험이자 학습 효과가 큰 교육활동이다. 유아의 오감각을 만족시킬 뿐 아니라 활동 후 먹을 수 있다는 즐거움 때문에 유아의 흥미가 큰 활동으로 그만큼 교육적 가치도 크다. 요리활동이 교육적으로 가치 있는 경험이 되려면 단순히 교사의 시범을 지켜보고 이를 따라 하는 활동에 그쳐서는 안 된다. 무엇보다 **유아가 마음껏 재료의 특성을 탐색하도록 허용**해야만 한다. 재료를 눈으로 보는 데 그치지 않고 냄새 맡고, 맛보고, 만져 보는 **오감각이 충족될 때** 요리활동의 목표가 비로소 달성될 수 있다. 물론 탐색에 몰입하다 보면 교실을 어지럽힐 뿐 아니라 계획된 시간을 초과하는 일이 벌어지기도 한다. 이럴 때 유아의 행동을 강제적으로 규제하기보다 어떤 것이 허용되고 또 어떤 것은 허용되지 않는지에 대해 알아 가는 교육의 기회로 삼는 것이 좋다. 하지만 자신이 무엇을 하는지도 모르는 채 교사의 지시대로 했더니 어느새 음식이 완성되었고 이제 먹기만 하면 되는 식으로 전개된다면 오히려 유아가 요리활동을 기피하는 결과를 초래하기 쉽다.

요리활동 역시 교육의 일환이므로 교사는 **'왜 요리활동을 하는지' '아이들이 관심을 갖고 즐길 요리활동이 무엇인지' '유아의 흥미를 끌 수 있으면서 안전한 요리활동이 무엇인지' 등을 염두에 두어야만 한다**. 물론 결과보다 **과정 중심의 접근이 필요**하다. 요리과정 중에 벌어진 실수는 활동을 망치거나 실패한 것이 아니라 영유아에게 생각할 거리를 제공하는 단서가 되므로 장기적으로 볼 때 훨씬 더 효과적이다. 요리활동은 다른 무엇보다 영유아의 인지발달에 도움이 된다는 주장이 광범위하게 수용되고 있다. 요리를 하기 위해서는 컵, 숟가락, 계량컵, 저울과 같은 기구를 사용하며 이 과정에서 유아는 자연스럽게 **'수 세기' '비교' '측정'을 경험**하게 된다. 이러한 경험은 수학 · 과학 능력의 발달에 영향을 주기에 결국 인지발달에 유익한 활동이 된다. 또한 다양한 요리활동을 통해 영유아는 재료의 모양과 속성이 변화하는 것을 경험할 수 있으며, 음식을 완성하는 경험이 주는 성취감을 가지게 되며, 활동의 특성상 소집단으로 영유아가 함께 활동에 참여하므로 소속감, 의사소통 능력이 향상될 기회를 갖게 된다.

그림 7-12 '감자 삶기' 요리활동

요리활동은 사전에 준비할 것이 많아 유아가 원할 때마다 바로바로 진행할 수 없다는 단점이 있다. 만약 요리활동을 늘 할 수 있도록 독립된 **공간**이 교육기관 내에 있다면 수시로 활동을 할 수 있어서 유익하지만 대부분의 유아교육기관이 그렇지 못하기 때문에 일반적으로 흥미 영역 중 한 곳을 요리활동에 한시적으로 사용하는 경우가 더 많다. 어떠한 영역이 요리활동에 활용 가능할까? 요리활동의 특성상 수도가 가까이에 있어 **물을 사용하기 쉬워야 하고**, 전기도구를 사용하므로 **전기배선의 사용이 편리한 영역이 요리활동에 적합하다**. 따라서 여러 영역 가운데 이러한 조건을 갖춘 영역을 선택하여 요리활동을 위한 공간으로 활용하면 된다.

요리활동이 유아의 적극적인 참여 속에 이루어지기 위해서는 참여자가 너무 많아도 곤란하다. 따라서 **참가 인원을 제한**하는 것이 바람직하며, 대체로 유아의 경우 **6명을 넘지 않는 것이 좋으며**, 6명의 유아가 요리활동 재료와 도구를 가지고 충분히 활동할 수 있는 크기의 책상과 의자가 배치되어야 한다. 이때 재료와 도구를 모두 책상 위에 올려놓으면 활동을 하기 혼잡하고 유아의 시선을 뺏기기 쉬우므로, 재료나 도구를 선반이나 카트에 따로 두고 요리 순서에 따라 꺼내 사용하는 것이 좋다. 활동 후에는 요리한 것을 간식으로 먹으면서 조리과정을 회상해 보고 음식의 맛, 색과 향을 느낄 수 있도록 시식할 수 있는 간식 영역도 함께 마련하여야 한다.

이러한 공간적 준비 외에도 요리활동을 위해서는 **요리활동 순서표**가 필요하다. 요리활동 순서표는 요리활동을 위한 교수 자료로, 그림과 글자를 이용하여 재료 및 도구 등의 준비물과 요리 순서를 유아가 알기 쉽게 표시해야 하며, 요리재료를 제시할 때는 사용 양(측정 량)을 함께 표시해 주어야 한다.

이 밖에도 **요리 재료 및 도구**가 필요하다. 요리활동에 사용하는 도구는 실제 요리에서 사용하는 도구를 사용해도 무방하다. 그러나 칼은 매우 위험하므로 칼이 필요한 경우 케이크를 자르는 용도로 만들어진 플라스틱 칼을 사용하는 것이 안전을 위해 바람직하다. 플라스틱 칼로도 오이와 당근 같은 채소를 충분히 자를 수 있다. 플라스틱 칼로 잘라지지 않는 재료를 부득이하게 사용해야만 하는 경우라면 교사가 칼로 잘라 줄 수 있다(교사용으로만 사용한다). 모두가 사용할 필요가 없는 주걱, 국자와 같은 몇몇 도구를 제외하고 요리활동에 쓰이는 도구는 각자 하나씩 사용하도록 준비하여 요리 중에 유아가 도구 사용을 위해 기다리는 일이 없도록 배려해야 한다. 칼과 도마 역시 유아 개인용으로 준비해 주면 좋다. 측정 도구는 비표준 단위인 숟가락, 컵 등뿐 아니라, 표준 단위인 계량컵과 전자저울 등을 사용할 수 있다.

(2) 교수·학습방법

- 요리활동은 **반드시 소집단으로 운영**한다. 요리활동은 과학적 탐색, 관찰 및 실험, 수학적 측정을 직접적으로 경험할 수 있으므로, 소집단으로 함께 아이디어를 나누면서 직접 경험하도록 하여야 한다.
- 모든 요리활동 과정은 **유아가 직접 참여하여 조작**하여야 한다. 요리활동은 다양한 탐색과 탐구가 가능한 중요한 과학적 경험이다. 유아가 직접 경험하였을 때 교육 효과를 더욱 높일 수 있다. 그러므로 영유아가 모든 과정에 직접 참여하도록 하여야 한다. 유아가 바라보기만 하는 활동은 탐색의 영역을 좁힐 뿐 아니라, 흥미를 잃게 하여 관찰을 잘하지 못하도록 만들 수 있다. 그러나 과정 중에 지나치게 과학적 측면만을 강조할 경우 영유아가 흥미를 잃을 수도 있으므로 운영의 묘를 발휘해야 한다.
- 교사는 요리활동마다 재료와 조리방법에서 발견할 수 있는 **과학적 관찰과 탐색, 물리적 변화, 화학적 변화, 조작에 의한 변화 등을 분석**하고, 이를 유아가 발견하도록 상호작용하여야 한다. 물리적 변화는 그 물체와 물질 자체가 가진 속성에 의한 것이고, 화학적 변화는 물체와 물질 자체가 가진 본래의 속성이 다른 속성으로 변화하는 것이다. 예를 들면, 화학적 변화는 날달걀을 익히면 달걀의 맛, 색, 모양과 향이 달라지는 것이다. 화학적 변화는 추상적이므로 5세 이상의 유아에게 경험하도록 제공한다. 교사는 유아가 오감각을 통해 관찰하고 탐색하고 발견하고 아이디어를 나누도록 격려한다.
- 요리과정에서 **재료의 양을 정확하게 측정**하여야 조화된 맛을 음미하게 되므로, 측정은 요리활동에서 필수적이다. 하지만 이때에도 정확한 측정에만 의미를 부여하지 말고, 이들의 발달을 고려하여 측정의 필요성을 유아가 인식하는 데 의미를 두는 것도 바람직하다. 즉, 요리과정에서 유아가 측정의 필요성을 느끼고, **측정의 속성과 단위의 관계**를 인식하며, **측정단위의 개념** 및 **측정방법**에 대해

구체적으로 인식할 수 있도록 도와야 한다. 교사의 지시에 따른 일방적 전달이 아니라 유아가 속성과 단위를 연결 짓고, 측정을 잘하기 위한 방법에 대해 추론할 수 있도록 질문하고 생각할 기회를 제공한다. 그리하여 유아가 구체적 경험을 통해 측정에 대한 이해를 구성할 수 있도록 도와야 한다.

- 요리활동에는 여러 도구가 사용되므로 **안전에 유의**해야 한다. 불을 사용할 경우, 안전을 위해 전기레인지나 전기 프라이팬을 사용하는 것이 바람직하다. 이 경우에도 가열기구보다 약간 높고 크게 하드보드지로 위가 뚫린 상자 틀을 만든 후 가열기구 바깥으로 씌워 두면 안전하게 사용할 수 있다. 안전장치를 마련했더라도 **가열기구의 사용 전에 반드시 유의할 점에 대해 이야기를 나누어야 한다.** '밥 짓기' '송편 찌기'와 같이 전기밥솥이나 솥을 사용하는 경우, 솥에서 나오는 김은 온도가 높아 매우 위험하다. 그러므로 전기밥솥이나 솥을 이용할 경우 김이 닿지 않는 정도로 솥에서 떨어진 위치에서 유아가 관찰할 수 있도록 한다.
- 요리활동 중에 **영유아 간의 상호작용**을 촉진하여 유아가 서로 아이디어를 공유하고 다른 아이디어로 확장하도록 도와야 한다. 요리활동 후에는 유아가 정리정돈을 함께 하고, 개별 간식 영역으로 옮겨 간식을 함께 먹는다. 요리를 간식으로 함께 먹으면서, 재료와 조리방법, 요리의 과정, 재미있거나 어려웠던 점, 음식의 맛, 색과 향, 음식의 변화된 점과 느낌 등에 대해 이야기를 나눈다.
- 유아와 요리를 하는 경우는 **조리과정이 복잡한 활동은 피해야 한다.** 유아의 연령과 개별적인 발달수준, 생활주제에 따라 물리적 탐색에 만족하는 요리활동을 할지 혹은 가열로 화학적 변화를 경험하는 활동을 할지를 고려해야 한다.
- 5세 유아라면 안전한 기구 사용을 통해 가열을 하는 요리활동을 할 수 있어 어린 유아에 비해 가능한 요리활동의 선택 폭이 넓은 편이다. **재료의 변화를 관찰할 수 있는 가열요리는 5세 이상의 수준에만 제공하도록 한다.** 요리도구의 위험성 때문이기도 하지만, 열을 가할 때 나타나는 화학적 변화를 발견하고 추론하는 것은 보다 높은 수준의 인지과정이기 때문이다.
- **3~4세 유아들이 할 수 있는 요리활동은 불을 사용하지 않는** 꼬치요리, 샌드위치, 과일 샐러드, 사과주스 만들기, 아이스바 만들기 등이 있으며 5세 유아들이 할 수 있는 요리활동으로는 불을 사용하는 밥 짓기, 핫케이크, 달걀 삶기, 부침개

부치기 등이 있다. 5세 유아들의 경우 불을 사용할 수 있지만 튀김과 같이 기름이 튀는 활동은 이들을 위한 요리활동으로 적합하지 않다.

- 요리활동이 이루어지는 동안에도 교실에는 나머지 유아가 다른 영역에서 놀이를 하고 있다. 교사에게는 모든 유아를 돌보고 교육해야 할 책임이 따르므로 가능하다면 보조교사가 있을 때 요리활동을 계획하는 것이 좋다. 그럴 경우에도 **교사가 요리활동은 물론 교실 전체를 파악할 만한 위치에서 요리활동을 진행하는 것이 좋다.** 새로운 활동이 소개될 때 평소보다 더 많은 교사의 관찰과 안내가 필요하므로 요리활동을 하는 날 요리활동 외에 새로운 활동이 많이 소개되지 않도록 활동을 안배해야 한다.

활동 특성상 요리활동은 다른 활동에 비해 활동 준비나 진행에서 부담이 되는 활동임에 틀림이 없다. 그렇기에 자주 하는 활동은 아니다. 하지만 요리활동의 기회가 적으면 적을수록 유아가 요리활동 중에 흥분하게 되어 교사에게 요리활동은 더욱 버거운 활동이 되고 만다. 결과적으로 요리활동을 자주 하지 않는 학급일수록 요리활동을 계속 기피하는 악순환이 벌어지게 된다.

아이들 중에는 요리활동에 아예 관심을 보이지 않거나 적극적으로 참여하지 않는 경우도 더러 있다. 익숙하지 않은 활동이 주는 두려움이나 요리활동에 대한 부정적인 경험이 그 원인으로 작용할 수 있다. 유아들은 참여자들이 요리활동을 즐기는 모습을 보거나 요리활동 환경을 매력적으로 구성할 때 요리활동에 대한 동기가 유발된다. 요리활동에 참여하지 않는다고 해서 '간식을 늦게 혹은 못 먹는다'라고 위협하여 참여를 강요해서는 안 된다. 요리활동을 하지 않더라도 요리한 것을 간식으로 먹을 수 있도록 전체 음식량을 고려해서 요리활동을 계획함으로써 넉넉한 인심을 경험시켜 주는 것도 요리활동이 제공하는 보너스가 될 것이다.

(3) 놀이와 활동의 예

◆ **교육적 지원**

〈활동〉 핫케이크 만들기(5명 유아가 요리할 때)

활동 자료: 핫케이크 가루 500g, 우유 500ml, 달걀 5개, 식용유, 시럽, 개인 요리재료접시 5개, 개인 보울 5개, 개인 거품기 5개, 계량컵 5개, 핫케이크 가루 담아 측정할 그릇. 저울, 전기렌지(인덕션), 후라이팬, 뒤집개, 음식 담을 개인접시5개, 포크, 요리순서표

활동 방법

① 오늘 요리할 핫케이크에 대해 유아들의 사전경험을 이야기해 본다.

② 요리순서표를 보고 만드는 방법에 대해 이야기 나눈다.

③ 핫케이크 만들기에 필요한 재료를 살펴본다.

가. 우리 조에 준비된 전체 재료를 세어 보거나 무게, 양을 재어 본다.

나. 각 재료들을 측정하는 방법이 다름에 대해 이야기 나누어 본다. 저울로 측정하는 것에는 또 어떤 것이 있는지, 계량컵으로 측정하는 것은?

다. 교사는 유아들이 탐색할 수 있도록 여분의 재료를 준비하여 돌아가면서 유아들이 각 재료들을 만져 보거나 맛보면서 오감을 통해 경험하고 재료들의 특성을 탐색한다(액체와 고체에 대해 경험한다).

④ 순서표에 맞추어 요리를 시작한다.

가. 각자가 필요한 만큼의 재료를 측정하여 요리접시에 담아 나눈다.
계란 1개, 핫케이크 가루 100g, 우유 100ml

나. 요리 보울에 계란을 깬다. 계란을 깨기 전과 후의 차이를 비교해 본다.

다. 우유를 요리 보울에 붓는다.

라. 우유와 계란을 거품기로 잘 섞이도록 젓는다. 섞이기 전과 후의 변화되는 과정을 살펴보고 비교한다.

마. 충분히 섞였으면 요리 보울에 핫케이크 가루를 붓는다.

바. 가루와 우유계란 물이 잘 섞이도록 젓는다. 변화과정을 탐색하고 이야기 나눈다. 프라이팬에 굽는다면 어떻게 변화할지 생각해본다.
** 열기구를 사용하는 것은 교사가 실시한다.

사. 프라이팬을 인덕션 위에 올리고 달군 후 기름을 넣는다.

아. 각 유아가 만든 핫케이크 반죽을 부어 굽는다. 반죽 상태에서 점차 구워지는

과정을 자세히 관찰하고 그 과정을 이야기해 본다.
자. 완성된 핫케이크를 개인접시에 올린다.
차. 간식테이블로 옮겨 시럽을 발라 맛있게 먹는다.
카. 먹은 후 뒷정리를 한다.

* 요리활동은 5명 내외의 소집단으로 진행해야 개별 유아들이 재료를 탐색하고 측정해 보는 등 요리과정에 적극적으로 참여할 수 있으며 교사가 그 과정에서 충분한 상호작용을 할 수 있다.

6) 음악

(1) 교육적 의의

유아들은 음악을 듣고 리듬에 맞춰 움직이며, 노래 부르고 악기를 다루는 등의 음악활동을 통하여 자신을 표현하고 주변과 소통한다. 또한 다양한 음악을 듣고 느낌을 표현해 보는 경험을 통하여 음악적 감각을 발달시킨다. 유아기의 이러한 음악적 경험은 향후 자신의 음악적 능력을 완성하는 기초가 되는데, 특히 개인이 자신의 음악문화에 참여하여 이를 향유하기 위해 요구되는 기본적인 음악적 능력이 대략 생후 10년 이내에 계발되므로(박형신, 2020; Gembris, 2002) 유아기는 음악적 능력의 계발에 있어 매우 중요한 시기라 할 수 있으며 그 시기의 음악적 경험 역시 교육적 차원에서 중요하게 고려되어야 한다.

유아기 음악경험은 탐색과 감상, 노래 부르기, 악기 다루기, 신체표현하기로 구분될 수 있으며 이 중 **탐색과 감상**은 음악의 예술적 내용에 민감하게 반응하는 과정을 의미(Mursell, 1991)하는 것으로 음악의 구성 요소를 분별하고 그들의 상호관계를 파악하며, 요소들이 조직되는 원리를 지각하는 경험이라 할 수 있다(이홍수, 1990). 또한 음악의 심미적 특성이나 가치를 음미하고 이해하며 이를 즐기는 활동으로 정의될 수 있다(엄정애, 김경남, 2003). 따라서 탐색과 감상활동에서는 음악을 주의 깊게 듣고 음악의 주제를 이끌어 가는 음악적 요소, 즉 악곡에 내재한 리듬과 멜로디의 특징을 이해하는 과정이 수반되어야 한다(박형신, 김정주, 2010; Bresler,

2004). 유아들은 이를 통해 음악의 미적 특질을 경험할 수 있으며 멜로디와 리듬에 대한 기초적인 음악지식을 습득할 수 있다(김영연, 2002; Gembris, 2002). 또 음악적 지식이나 느낌을 감정적 반응으로 표출해 보는 과정에서 자연스럽게 자신의 감정을 미적으로 질서 있게 표현하는 방법을 학습하게 된다(김소정, 박형신, 2016). 더욱이 음악활동의 모든 분야는 감상활동과 밀접하게 연관되며 음악에 대한 홍미나 동기 역시 탐색과 감상으로부터 유발될 수 있으므로, 유아를 위한 음악활동에서 광범위하게 적용될 필요가 있다.

노래 부르기는 유아들에게 특별한 훈련이나 지적 학습을 경험하기 이전에도 가능한 기초적인 활동으로(이성천, 1991), 유아의 일상생활에서 가장 쉽게 경험할 수 있는 음악적 표현활동 중 하나이다. 노래 부르기는 시각 · 청각 · 운동감각 음악활동을 포함하는 보편적인 음악활동으로 유아의 음악적 욕구를 충족시키는 기회를 제공한다.

유아들은 이른 시기부터 사람의 육성에 편안함을 느끼고, 유아와 눈을 맞추며 부드러운 음색의 목소리로 노래하는 성인의 노래에 더욱 귀를 기울인다. 유아는 2~3세경에 노래의 짧은 음구를 부를 수 있게 되며, 이후 대략적인 멜로디를 따라 부를 수 있게 된다. 또한 시행착오를 거쳐 4세경이 되면 노랫말과 리듬, 형식 등이 완성된 노래를 부를 수 있게 된다(Shuter-Dyson & Gabriel, 1981). 유아들은 노래를 듣고 이를 완성하여 부르게 되는 동안 다양한 리듬형과 빠르기, 셈여림, 박자, 멜로디와 형식과 같은 음악적 요소를 경험하게 되므로 이러한 음악적 요소의 인지능력과 이를 표현하는 능력을 발달시킬 수 있다. 또한 노랫말의 의미를 이해하고 기억하여 노래로 표현해 보는 과정에서 언어능력과 지적 능력의 발달을 이루게 되며, 노래와 음악적 요소 간의 관련성, 즉 노랫말의 장단과 리듬 간의 관련성 및 노랫말의 고저와 멜로디 간의 관련성을 이해할 수 있게 된다(박형신, 2014).

유아는 자신의 신체를 이용하여 소리를 만들어 보는 시도와 더불어 다양한 도구를 이용하여 소리를 만들기도 한다. 악기는 몸이 만드는 소리의 연장이며, 사람이 표현하기 불가능한 새로운 음역과 음색의 소리를 만들어 낼 수 있다. 유아가 자신의 능력으로 새로운 소리를 만들 수 있게 되면 스스로에게 만족감을 갖게 되고, 창의적인 표현에 홍미를 보이게 된다. 그러므로 악기를 활용한 음악교육은 유아의 무한한 창의성을 계발하기 위한 효율적인 교육방법이다. 유아기의 **악기 다루기**는 느낌을 악기소리로 내 보는 놀이 같은 음악표현이 적절하며 기능 측면을 강조해서는 안 된다.

음악과 움직임은 밀접한 관련을 맺고 있으며, 유아들은 천성적으로 음악을 신체운동과 연관시킨다. 이는 유아들이 어린 시기부터 음악에 맞춰 자연스럽게 몸을 움직이는 모습을 통해서도 알 수 있다. 음악과 신체적인 표현을 결합한 형태의 교수 방법은 매우 효과적이라 할 수 있는데, 이는 유아가 다양한 음악을 듣고 움직이는 활동에 직접적이고 적극적으로 참여할 때 창의적인 욕구를 충족시켜 줄 수 있으며, 음악적인 개념을 쉽게 이해할 수 있기 때문이다.

이상에서 살펴본 바와 같이 유아를 위한 음악활동은 주변의 소리를 주의 깊게 탐색하고 음악을 감상하며, 익숙한 노래를 부르거나 악기를 연주하고, 음악에 맞춰 자발적으로 움직여 보는 등의 활동으로 구분될 수 있다. 또한 유아의 발달 특성을 고려하여 이러한 음악활동이 다양한 방법으로 통합되고 확장된 형태로 적용될 수 있다.

(2) 교수・학습방법

유아의 능동적인 음악활동을 촉진하기 위해서 교사는 좋은 음악적 모델이자 환경제공자로서의 역할을 수행해야 한다. 유아들이 소리에 관심을 갖고 탐색하도록 하기 위해서는 눈을 감고 사물의 소리를 듣고 이름을 맞혀보도록 하거나, 한 유아가 스크린 뒤에 숨어서 서로 다른 리듬 악기를 연주해 보고 다른 유아들이 악기의 이름을 맞혀보도록 지도할 수 있다. 또 녹음된 친구의 목소리를 듣고 누구의 목소리인지 맞혀보게 할 수도 있으며 유아들이 실로폰 소리를 들으면서 위나 아래로의 소리의 모양을 그려 보도록 하는 방법도 좋다.

- **감상지도**를 위해 교사는 **다양한 장르와 문화권의 음악**을 들려주어야 한다. 음악이 만들어진 문화적 배경 등을 설명해 주어야 한다. **촉각/운동감각, 시각, 청각 등의 여러 감각을 활용**하여 이루어지도록 하며, 유아들에게는 같은 음악을 여러 번 들을 수 있는 기회가 제공되어야 하며, 매 감상 시마다 활동을 수정 및 확장하여 진행할 수도 있다.

- **노래지도** 시 교사는 유아들과 함께 노래를 하며, 음의 높낮이를 손으로 그려 주거나 손뼉을 쳐 주는 방법으로 멜로디와 리듬을 이해하도록 유도할 수 있다. 유아들이 원에서 중간에 즉흥적 노래의 이야기를 한 아이에게 한 번에 한 단계씩 할 수 있도록 권장하는 것이 좋으며, 진행 중인 주제와 관련된 노래를 선정하여 노래를 통해 주제를 깊이 있게 경험할 수 있도록 돕는다. 또 노래를 부르는 동안 흔들고, 끄덕이고, 두드리는 등 다양한 방법으로 음악을 표현해 보도록 이끌어 주는 것이 바람직하다.
- **악기지도**를 위해서 교사는 유아들에게 자신을 몸으로 만들어 낼 수 있는 소리를 경험해보도록 하며, 교실 안의 모든 악기들을 모아 다양한 방법으로 소리 만들어 보도록 하고 악기의 연주방법, 재료, 음색 등의 특성을 비교, 분류해 보도록 하는 것이 좋다. 또 친숙한 노래에 맞춰 악기를 연주해 보고 새로운 리듬 패턴을 만들어 보도록 격려해 준다. 이때 박자가 정확히 연주되도록 강요하지 않아야 한다.

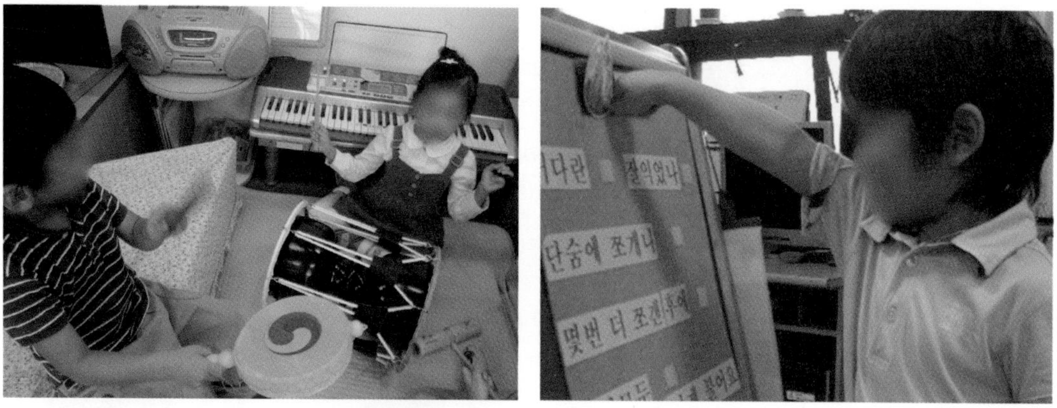

그림 7-13 악기 연주와 가사 탐색하기

(3) 놀이와 활동의 예

◆ **관찰 및 계획**

유아들이 교실에서 함께 익혀 부르던 4/4박자의 동요에 흥미를 보인다면, 신체를 이용하여 다양한 리듬패턴을 익히거나 창의적으로 리듬패턴을 만들어 보는 등 다양한 방법으로 4/4박자 리듬을 경험해 볼 기회를 제공해 줄 수 있다.

◆ **교육적 지원**

〈활동〉 '칙칙폭폭' 빠르게 느리게 높게 낮게

활동 자료: 리듬패턴 카드(리듬을 기차그림으로 표현한 카드), 노랫말 판, 북, 리듬악기

활동 방법

① 노래를 다양한 방법으로 불러 보고 익힌다.

② 기차소리 부분을 말리듬으로 주고받으며 표현해 봄으로써 4/4박자 리듬패턴을 익힌다.

③ 기차소리 부분의 셈여림과 빠르기를 다양하게 표현해 본다.

④ 기차소리 부분에 어울리는 새로운 리듬패턴을 말과 신체를 이용하여 표현해 본다.

⑤ 교사와 유아, 유아와 유아가 순서를 바꿔 가며 리듬패턴을 말, 신체, 악기로 표현해 본다.

⑥ 기차소리 부분을 새로운 리듬패턴으로 바꾸어 악기로 연주하며 노래를 불러 본다.

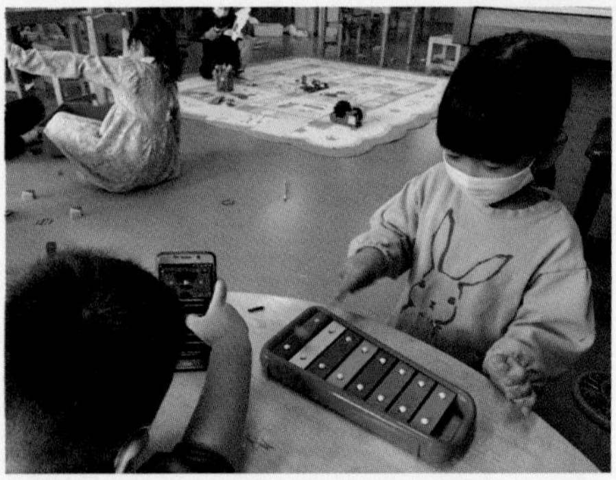

교사는 유아들이 다양한 리듬패턴을 경험할 수 있도록 기차소리 부분에 어울리는 새로운 리듬패턴을 말과 신체를 이용하여 표현해 보도록 제안할 수 있으며, 리듬악기뿐만 아니라 실로폰과 같은 선율악기를 이용하여 리듬을 연주하도록 하여 동일한 패턴의 리듬이 다른 멜로디와 빠르기로 연주될 때의 느낌이 어떤가를 경험하도록 안내할 수 있다.

◆ 관찰 및 계획

유아들은 종종 교실의 다양한 악기를 이용하여 음색과 소리의 세기를 실험하며, 몇몇 유아들이 어울려 합주를 하며 노래를 부르기도 한다. 교사는 음악감상을 통해 악곡 내에서 소리의 세기가 어떻게 변하는지, 그에 따른 느낌이 어떠한지 경험하도록 활동을 계획할 수 있다.

◆ 교육적 지원

〈활동〉 놀람교향곡

활동 자료: 하이든 사진, 〈하이든-놀람교향곡〉(한솔음반, 루크북스), 〈놀람교향곡〉의 음 세기가 표현된 영상 자료, CD(1악장), 지휘봉

활동 방법

① 하이든 사진을 제시하며 하이든과 감상할 곡을 소개한다.
② 음악을 감상하고 느낌을 이야기 나눈다.
③ 〈놀람교향곡〉이 만들어지게 된 배경을 동화로 소개한다.
④ 동화를 듣고 느낀 점을 이야기 나눈다.
⑤ 〈놀람교향곡〉의 영상 자료를 감상하며 어떻게 지휘하면 좋을지 생각해 본다.
⑥ 유아가 지휘자가 되어 음악을 감상하고 다른 유아들은 귀부인이 되어 이를 감상한다.

유아들이 액센트의 변화를 인식하고 지휘자, 연주자, 관객의 역할에 흥미를 보인다면 역할을 나누어 교실관현악단의 공연을 준비할 수 있다. 교사는 유아들이 교실관현악단의 공연을 계획하고, 지휘자, 연주자, 공연 홍보팀, 무대제작자 등의 역할을 나눌 수 있도록 지원해야 하며, 유아들이 교실에서 함께 부르던 동요의 목록을 작성하거나, 연주를 위한 리듬악보를 제작하고, 동생들을 초대하기 위한 공연포스터를 만들고, 무대를 제작하는 과정에 함께 참여할 수도 있다.

7) 동작

(1) 교육적 의의

동작활동은 유아가 몸을 움직여 자신의 생각과 느낌을 표현하는 활동을 의미하며, 기본 운동과 조작운동 창의적 동작표현을 포함한다. 유아는 본능적으로 몸을 움직여 주변을 탐색하고 이를 모방하여 표현하거나 자신의 생각과 느낌을 표현하는데, 피카(Pica, 2004)는 이러한 경험이 유아의 전인 발달에 기초가 되며, 모든 영역의 발달에 우선적인 자원이 된다고 보았다. 유아는 움직임을 통해 자신의 신체기능을 인식하게 되고, 감각기능을 발달시키며, 신체 조절력과 운동능력을 향상시키게 된다. 또한 공간의 위치, 방향 및 기하적 정보를 인식하고 공간과 사물의 관계를 파악해 나간다(김은정, 이정욱, 2009; Graham, 2004). 또한 대상의 이미지를 표현해 봄으로써 상상력과 창의적인 표현력을 기르게 되고, 긍정적인 방법으로 에너지를 발산하게 되어 정서적인 만족감과 건강을 유지하게 된다.

동작활동 중 **기본 운동**에는 공간 속에서 신체의 위치를 바꾸는 이동 동작, 신체의 위치를 이동하지 않고 수평적, 수직적으로 움직이는 비이동 동작, 사물과의 관계 속에서 힘을 가하고 받게 하는 조작운동이 포함된다(Gallahue, 2004). 이 중 이동 동작은 걷기, 뛰기, 팔을 아래위로 흔들며 걷기 등 공간을 이동하며 하는 동작을 말한다. 비이동 동작은 손뼉 치기, 무릎 굽혔다 펴기, 두 팔 위로 뻗기와 같이 중력에 대해 자신의 중심을 유지하며, 위를 변경하지 않고 움직이는 동작을 말한다(Gallahue & Ozmun, 1988).

조작운동이란 신체의 일부분을 이용하여 물체와 관계를 이루며 사물에 힘을 주고 사물로부터 힘을 받는 동작을 말한다. 한편, **창의적 동작표현**은 움직이면서 또는 제자리에서 할 수 있는 모든 운동 동작과 몸짓을 활용하여 표현하고자 하는 것을 다양하게 창조적으로 표현하는 활동을 의미한다. 즉, 음악과 이야기 또는 사건에 대한 느낌과 이미지를 상상하여 창의적으로 표상하는 활동이라 할 수 있다.

유아의 연령이 증가됨에 따라 신체표현 기능 역시 발달되어 표현의 정확성이 향상되므로 교사는 유아의 발달수준을 고려하여 다양한 신체표현의 기회를 제공해 주어야 한다.

(2) 교수・학습방법

- 동작활동은 **실내 또는 실외에서 매일** 이루어지는 것이 좋다. 소요 시간은 유아의 발달수준과 일과 가운데 **정적인 활동과 동적인 활동 간의 안배**를 고려하여 결정하는 것이 바람직하다.
- 활동의 유형과 전개 방법은 **주제와 유아의 발달수준, 흥미를 고려**하여 적용하는 것이 좋다. **일과의 흐름과 유아의 발달수준, 흥미, 주제의 특성 등을 고려하여 집단을 구성**하고 전개방법과 자료 등을 선정하여 활동을 전개하면 유아는 보다 적극적으로 활동에 참여하게 되며, 쉽게 주제에 대한 개념을 이해하게 되어 성취감을 경험할 수 있다.
- Read(1958)를 비롯한 학자들(박형신, 김영연, 2004; Miche, 2002; Pica, 2004)은 **예술 분야의 활동들** 간에는 긴밀한 연관성이 있으므로 이들 간의 **통합**이 유아의 예술적 감각과 창의적 표현력을 동시에 향상시킬 수 있다고 주장한다. 실제로 공간과 형태, 시간, 힘, 흐름, 리듬과 같은 움직임의 요소들은 음악의 주요 요소와 밀접하게 관련되므로 유아들은 음악을 들으며 자연스럽게 몸을 움직여 느낌을 표현한다. 음악은 유아의 움직임에 동기를 유발하고, 예술적 요소에 대한 이해를 도우며, 주제에 대한 새로운 아이디어를 제공한다. 따라서 신체표현 활동 시 적절한 음악 자료를 더 추가해 주어 유아의 표현력과 신체기능의 향상뿐만 아니라 주제에 대한 이해를 돕는 것이 바람직하다. 또한 이때 리본막대 또는 스카프와 후프 등의 도구를 첨가해 주는 것도 좋다.
- 동작은 움직임이 수반되는 활동이므로 **충분한 공간이 확보**되어야 하며, 대집단으로 전개되는 경우 자칫 혼란스러워질 수 있으므로 활동의 전개 방법과 순서를 사전에 꼼꼼히 계획하여 두는 것이 좋다. 또한 모든 유아들이 함께 움직이기보다 소집단으로 진행함으로써 혼잡을 막아 자유로운 표현이 이루어질 수 있도록 전개한다.
- 신체표현 활동에 흥미를 보이지 않거나 소극적인 유아에게 개별적인 표현을 요구하기보다 **흥미를 자극할 수 있는 도구를 첨가**해주거나 여러 유아와 함께 표현해 보도록 하여 심리적인 부담을 줄여 줄 필요가 있다.
- 신체표현 활동에 지속적으로 흥미를 보이는 유아가 있다면 자유놀이 시간이나

별도의 시간에 여러 차례 경험할 수 있도록 시간과 공간을 배정해 줄 수 있다.

그림 7-14 창의적 동작표현과 기본 운동 활동이 표함된 게임하기

(3) 놀이와 활동의 예

◆ **관찰 및 계획**

유아들은 움직임을 통해 시각적, 청각적 자극에 반응하고 자신의 생각을 표현하는 것을 즐긴다. 따라서 음률 영역에 움직임과 소리 등을 묘사하는 그림카드나 단어카드를 제시하는 것만으로도 유아의 창의적인 동작표현을 지원해 줄 수 있다. 유아들이 단어 표현하기에 흥미를 보이면 유아들 스스로 새로운 단어카드를 만들어 추가하도록 안내해 주는 것도 좋은 방법이다.

◆ **교육적 지원**

〈활동〉 단어 표현하기

활동 자료: 단어카드, 비밀상자, 거울

활동 방법

① 제시된 단어카드를 읽고 무엇을 묘사한 단어인지 이야기 나눈다.

② 비밀상자에 담긴 단어카드를 한 장씩 꺼내어 창의적인 동작으로 표현해 본다.

③ 거울을 통해 자신과 친구들의 동작을 관찰하고 서로 비교하며 이야기 나눈다.

창의적 동작활동은 <표 7-1>에 제시된 방법 등으로도 다양하게 전개될 수 있다. 교사는 가능한 다양한 접근방법을 활용하여 유아들에게 창의적인 표현의 기회를 제공해 주어야 하며, 적절한 자원을 제공해 주어야 한다.

표 7-1 창의적 동작활동의 예

동작과 소리로 단어 표현하기	• 짝이나 소집단으로 동작이나 의성어를 표현해 본다(하품하다, 쾅쾅거리며 걷다, 돌리다, 질질 끌다, 펄럭이다, 떨어뜨리다, 폭발하다, 깨지다, 휘두르다, 흐르다, 깨물다, 휘젓다, 뿌리다, 던져 넣다, 미끄러지다).
음악적 요소를 동작으로 표현하기	• 빠르게, 느리게, 세게, 약하게 등의 제시어에 따라 동작을 통해 표현해 본다.
동작으로 음악을 묘사하기	• 제시된 대상 또는 상황에 대한 아이디어를 리듬악기 등으로 표현해 본다.
시각적 이미지의 동작-음악을 창작하기	• 유아들에게 그림이나 사진을 제시한 후 대상의 특징을 탐색한 후 이를 논의한다. • 소집단으로 시각적 이미지를 동작으로 표상해 보고, 다른 집단의 유아들은 동작적 표상이 이루어지는 동안 시각적 이미지에 대한 느낌을 즉흥적으로 연주해 본다.
개별 동작을 모아서 하나의 동작 완성하기	• 유아들을 소집단으로 구성한 후 진행 중인 주제에 대한 동작을 만들어 본다. • 유아들의 동작에 대해 이야기 나누며 이들을 연결해 본다. • 교사는 주제와 관련된 음악을 제시하고 음악에 맞춰 전체 동작을 묘사해 본다.
동작으로 동시(노랫말) 표현하기	• 단어의 리듬을 따라가거나 깊은 인상을 준 이미지를 떠올리도록 하여 자유롭게 동작을 창작해 본다.
동작으로 이야기 표현하기	• 동작으로 표현할 수 있는 이야기를 선정한다. • 이야기의 줄거리를 요약하고 동작으로 표현할 부분을 토의한다. • 배경음악 또는 즉흥연주방법을 토의한다. • 역할을 정하여 준비한 후 이야기를 동작으로 묘사해 본다.

◆ 관찰 및 계획

유아들이 사회적 거리를 유지하며 신체활동을 하는 경우에는 공간, 시간, 힘, 리듬 등의 개념을 자연스럽게 익힐 수 있다. 교사는 유니바, 줄, 후프 등을 제공해 주어 유아들이 도구를 활용하여 놀이하는 동안 사회적 거리와 공간에 대한 개념을 먼저 이해할 수 있도록 돕는다.

◆ 교육적 지원

〈활동〉 따로 또 같이

활동 자료: 후프, 줄

활동 방법

① 후프, 줄을 이용하여 일정한 사회적 거리를 유지하며 이동할 수 있는 방법에 대해 이야기 나눈다.
② 유아들의 생각대로 사회적 거리를 유지하며 이동해 본다.
③ 사회적 거리를 유지하기 위해 어떤 점을 노력했는지, 친구들의 모습은 어땠는지, 이동하며 느낀 점은 무엇인지, 보완할 점은 무엇인지에 대해 이야기 나눈다.

사회적 거리를 유지하며 놀이하던 유아들은 공놀이 동안에도 일정한 거리를 유지할 수 있는 방법을 찾아볼 수 있고, 풍선놀이를 즐기는 과정에서는 앞과 뒤, 옆과 같은 위치의 개념을 위, 아래까지 확장하여 경험할 수 있다. 교사는 유아들이 직접적인 체험을 통해 동작개념을 이해할 수 있도록 배려해야 한다. 유아들은 힘의 세기에 따라 풍선이 움직이는 속도와 거리가 달라질 수 있음을 알게 되고, 풍선이 내려오는 모양을 관찰하며 움직임의 시간과 흐름을 이해할 수 있게 된다.

8) 미술

(1) 교육적 의의

미술은 인간의 가장 원초적인 소통 방식 중 하나다. 미술은 유아 자신이 세상에 대해 느끼고 이해한 것을 표현함으로써 타인과 소통하는 즐거운 경험이다. 아직 언어를 통한 의미 전달이 충분히 이루어지지 않는 유아 시기에 미술은 언어와 같은 상징체계로서 유아 자신이 어떻게 생각하고 느끼고 있는가를 보여 준다. 이러한 유아의 미술 능력은 자연스럽게 나타나는 능력이 아니라 성인과의 상호작용을 통해 유아가 적극적으로 획득하는 능력이다.

유아에게 미술교육을 실시해야 하는 이유는

첫째, 미술은 특별한 재능을 가진 사람들의 전유물이 아니라 생활의 일부분으로 우리 모두가 미술과 밀접하게 연결되어 있기 때문이다.

둘째, 미술은 자신을 표현하고자 하는 내적 욕구를 충족시켜 주는 주된 수단이기 때문이다.

셋째, 미술은 유아의 신체적·인지적·정서적·사회적 발달을 이루도록 하여 전인적 성장을 이끌기 때문이다. 따라서 미술교육은 다양하고 풍부한 감각적 경험을 통해 유아의 지각능력을 신장시키고, 시각적 이미지를 사용하여 자신의 생각 및 느낌을 창의적으로 표현하도록 하며 주변 환경 속에서 유아가 아름다움을 지각할 수 있는 눈을 가지고 생활 속에서 미술을 즐길 수 있도록 하는 데 그 목적이 있다(이정욱, 임수진, 2010).

(2) 교수·학습방법

유아 미술교육의 내용은 탐색, 표현, 감상으로 구분할 수 있다. **탐색**은 감각적·직접적 경험을 통해 주변의 미적 특질을 지각하는 것이고, **표현**은 시각적·공간적·조형적 형태로 창작하는 것이며, **감상**은 표현된 작품이나 자연의 미적 가치를 느끼는 것이다. 이러한 탐색, 표현, 감상의 내용 영역은 서로 독립적으로 분리되어 있지 않고 서로가 연관되어 있으므로 완전한 미술교육 프로그램이 되기 위해서는 이들 내용 영역이 통합되어야 한다(이정욱, 임수진, 2010).

Schirrmacher(2006)는 유아 시기 **미술교육의 교수방법**으로 네 가지 구성 요소를 제시하고 있다.

첫째, 감각적 경험이다.

유아는 자신의 개인적 경험을 통해 중요한 사물이나 사건, 사람, 느낌으로부터 아이디어를 얻는다. 병원, 공항, 우체국, 미술관 등을 방문하고 지하철, 버스 등을 타고, 하늘을 올려다보고, 요리를 하는 등 유아의 일상에서 보고, 듣고, 만지고, 냄새 맡고, 맛보는 것과 같은 감각적 경험과 움직임을 통해 세상을 적극적으로 탐색하고 탐구하면서 알게 되는 것들을 표현하는 것이다.

둘째, 미적 경험과 창의적 경험이다.

미적 경험은 선, 형태, 색, 질감, 공간의 아름다움에 대한 경험이다. 유아는 일상 환경에서 아름다움을 인식할 시간이 필요하다. 유아가 음악, 시, 이야기 등 생활 속에서 아름다움을 느끼고 이를 통해 미적 감각을 지닌 성인으로 성장하여 예술의 가치를 인식하고 다양한 예술에 참여하며 즐길 수 있도록 한다. 또한 아름다움에 대한 개념을 발달시킴으로써 다양한 삶의 문제를 인식하고 해결하는 데 도움을 준다(Schirrmacher, 2006).

창의성은 독창적인 사고로 기존의 관습적인 사고에서 벗어나 새로운 시각으로 사물을 볼 수 있고, 어떤 대상에 대한 다양한 접근을 시도하며, 여러 가지 요소를 함께 모아서 새로운 양식을 만드는 것이다(이정욱, 임수진, 2010). 미술교육은 유아가 자신만의 새로운 생각을 자유롭게 실험해 볼 수 있는 경험을 제공한다. 유아는 여러 표현 방식(그리기, 만들기 등)과 다양한 재료를 이용한 미술활동을 통해 상상력을 키우고 이전과 다른 새로운 생각, 남과 다른 자신만의 독특한 생각을 할 수 있게 된다.

셋째, 특정한 시간, 공간, 다양한 재료와 연결하여 표현하기다.

유아가 창의적이고 자신만의 개인적 표현을 하도록 교사는 "어제 어떤 TV 프로그램을 봤어?" "생일 어떻게 보냈어?" "우리가 오늘 읽은 이야기에서 제일 기억 나는 부분은 어디지?" 등과 같이 유아에게 개인적으로 특별한 장소나 시간, 사람, 물건에 대해 언급함으로써 유아가 미술과 자신의 경험 사이의 관계를 연결하도록 돕는 것이 필요하다.

넷째, 미술, 다양한 미술 형식과 스타일에 대한 소개다.

유아는 미술이 무엇이고 누가 미술가이며 왜 그들은 미술을 하는지 궁금해한다. 미술에 대한 학습은 삶과 동떨어진 것이 아니라 유아를 풍부한 미술적 유산에 노출시키는 것이어야 한다. 이전의 유아 미술교육은 미술 양식이나 스타일에 대한 학습이 삶과 동떨어져 이루어졌다. 그러나 점차 미술이 인간의 기본적 욕구로 인류가 시작된 이래 사람들이 자신의 존재를 나타내고 상징화하기 위해 미술을 만들었다는 것, 사람들이 있는 곳에는 어디나 존재하는 문화의 한 부분이라는 것을 이해함으로써 미술은 삶에 대한 이해로 전환되고 있다.

유아 미술교육을 실시하는 **교사는 다음과 같은 사항에 유의**해야 한다.

- 미술활동에 열정을 가지고 즐길 수 있어야 한다.
- 교사 자신이 창의적이고 독특한 개인으로서 유아가 창의적으로 표현을 할 수 있도록 돕는다.
- 유아가 교사의 행동을 보고 이야기를 들음으로써 도움을 받을 수 있도록 적절한 모델(예: 재료, 도구 사용)이 되어야 한다. 결과물에 대한 모델이 아닌 과정에 대한 모델을 보이는 것이 중요하다(Koster, 2001).
- 교사는 유아의 발달수준에 적합한 미술활동을 정기적으로 제공함으로써 유아의 미술활동을 촉진하고 자신의 작품, 친구의 작품, 미술가의 작품을 감상하고 서로 의견을 나눠 보는 기회를 제공하여 유아가 표현의 다양성, 창의성, 차이점을 발견하고 인정하도록 한다.
- 유아가 미술활동에 참여할 때 그 과정을 관찰하고 적절한 방법으로 인정과 격려, 도움을 주어야 한다. 작품의 결과보다는 표현 방법과 표현 의도, 노력 등의 과정에 초점을 두고 긍정적인 측면을 평가하거나 격려해 주도록 하며, 유아의 작품에 대한 칭찬과 반응을 구체적인 언어로 표현하는 것이 바람직하다(김금주, 유윤영, 오진희, 김은정, 박형신, 2012).
- 유아가 자신의 경험과 생각, 느낌을 다양한 방식으로 표현할 수 있는 기회를 제공한다. 유아는 다양한 도구, 방법과 매체를 사용하여 표현함으로써 새로운 미적 가능성을 발견할 수 있다.

(3) 놀이와 활동의 예

◆ **관찰 및 계획**

A 유아가 가정에서 키우던 사슴벌레를 가지고 등원한다.
교사는 A 유아에게 모임시간에 사슴벌레를 소개할 기회를 제공한다. 유아들은 사슴벌레를 가지고 온 A 유아에게 여러 가지 질문을 하며 관심을 보인다.

B: "사슴벌레 언제부터 키웠어?"
C: "안 물어?"
C: "먹이는 뭐 주는데?"
D: "사슴벌레 애기였을 때는 벌렌데⋯⋯ 되게 징그러워."
A: "아니야, 귀여워"
B: "벌레가 어떻게 사슴벌레가 돼?"

등등 질문을 하고 나서 교사에게 "선생님 사슴벌레 책 있어요?"라고 한다. 과학 영역에서 관찰하기로 한다. 많은 유아들이 진지하게 사슴벌레를 관찰한다. 하루 이틀 관찰을 하던 유아들은 다른 곤충으로 관심이 확장된다. 장수풍뎅이, 벌, 무당벌레 등. 다른 곤충들의 종류와 사는 곳 먹이 등에 대해 알아본다. 미술 영역에서 유아들은 자연스럽게 곤충 만들기를 시도한다. 한 유아가 사슴벌레를 만들어 다른 친구들에게 자랑한다. "와~~ 사슴벌레 잘 만들었다. 나도 만들어야지" 유아들은 미술 영역의 다양한 재료를 이용하여 곤충을 만든다.

◆ **교육적 지원**

〈활동〉 곤충만들기

유아들이 곤충만들기를 시작하기 전 유아들의 관심의 확장을 고려하여 미술 영역에 다양한 미술재료를 준비한다. 곤충 만들기에 도움을 줄 수 있는 재료를 준비한다. 유아들의 흥미와 관심, 학습의 과정을 관찰하고 학습을 지원할 수 있는 환경을 구성하고 유아들이 알게 된 것을 다양한 방법으로 표현할 수 있도록 지원한다. 곤충에 대한 도서, 곤충의 이름카드, 곤충을 관찰하고 기록할 수 있는 기록지, 곤충을 기를 수 있는 환경 구성(곤충 집, 먹이 등), 곤충을 그리거나 만들 수 있는 다양한 미술재료를 구비해 준다.

지원 자료: 은박접시 반 자른 것, 종이컵, 종이접시, 라면용기, 요구르트 병, 빵 끈, 꽃철사, 모루, 매직, 눈알 등

9) 이야기 나누기

이야기 나누기는 영유아와 교사가 함께 **생각과 의견을 나누는 시간**을 말한다. 이야기 나누기 시간에는 영유아들이 학급에서 지켜야 할 규칙을 정하기, 특정한 주제에 관해 토의하기, 활동 진행상황에 대해 이야기 나누기, 주말 지낸 이야기 및 활동 평가 및 다음 날의 활동계획 등 다양한 경험들이 이루어진다. **이야기의 주제나 상황에 따라** 집단 역시 **대집단만을 고집하지 않고 다양한 유형으로 운영**될 수 있다.

교사들은 대체로 한번에 많은 유아들과 동시에 상호작용할 수 있는 대집단 유형의 이야기 나누기를 선호하는 경향이 있다. 물론 대집단 형태의 이야기 나누기가 유익한 측면도 있지만 참여자 유아들의 동기를 유발하여 이들이 주도적으로 참여하는 이야기 나누기가 되기 위해서는 소집단 형태의 이야기 나누기가 보다 효과적이다. 이야기 나누기의 내용과 성격, 상황에 맞게 집단의 크기를 융통성 있게 조절하여 운영할 수 있다.

(1) 교육적 의의

이야기 나누기는 유아들 간에 다양한 경험이 공유되는 활동이자 유아들이 공동체 일원이라는 인식을 심어 주어 유아교육기관에서의 적응을 돕는 활동으로 중요한 교육적 가치를 지닌다.

- 유아가 자신의 생각, 경험, 느낌을 적절하게 언어로 표현함으로써 자신감을 얻으며, 이를 통해 자신의 이야기와 이야기를 듣는 상대를 고려할 능력을 키우게 된다. 이러한 능력은 의사소통 능력, 정서지능(EQ)의 발달은 물론 기본적인 대인관계 형성에 기초가 된다.
- 이야기 나누기를 통해 유아는 경험을 타인과 공유하는 과정에서 자신의 생각을 수정하거나 새로운 아이디어를 창출하여 공동 학습의 경험을 하게 된다.
- 이야기 나누기를 통해 유아는 다른 사람의 의견을 바른 태도로 경청하는 습관을 기르게 된다.
- 이야기 나누기를 통해 유아는 생각을 재정리하고 종합하는 가운데 사고력과

문제해결력이 향상된다.

- 유아들의 이야기 나누기는 교사로 하여금 유아의 흥미와 요구를 파악하여 이들에게 효과적인 교육계획을 수립하게 한다.

(2) 이야기 나누기 유형

■ 주말 지낸 이야기 나누기

주말 지낸 이야기 나누기는 주말을 지내면서 경험한 것을 다른 유아들에게 전달하고 경험을 공유하는 시간이다. 교사에게는 유아들을 이해하고, 유아들에게는 친구들의 생활을 서로 이해하는 중요 자원이 된다.

■ 소개하기(보여 주며 묻고 말하기)

유아들은 성인들과 달리 사물을 중심으로 관계를 형성하려는 경향이 있다. 따라서 유아가 평소 좋아하거나 소중히 여기는 놀잇감, 작품 등에 대해 자랑하고 싶은 것을 알리는 소개하기 시간은 유아들의 욕구에 맞는 활동이다. 그러나 유아들이 소개하기로 한 사물 혹은 놀잇감은 종종 다툼의 원인이 되므로, 교사들은 유아들이 소중히 여기는 물건이나 놀잇감을 교실로 가지고 오는 것을 허락하지 않는다. 이러한 분쟁을 예방하기 위해서 매주 소개하기를 하기보다 한 달에 한 번 정도 계획하는 방법을 택할 필요가 있다. 유아들이 소개하고픈 마음에 부모에게 새로운 물건이나 사물의 구입을 요청할 수 있기 때문이다.

과거 소개하기는 '보여 주며 말하기(show and tell)'의 형태로 운영되어 발표하는 유아를 제외한 다른 유아들이 조용히 앉아 수동적으로 활동에 임하게 한 것과 달리, 최근에는 '보여 주며 묻고 말하기(show and ask-tell)'로 진행하여 활동에 참여한 유아 모두가 적극적으로 경청하고 질문하는 등의 참여를 유도하고 있다.

■ 토의하기

토의하기도 토의 목적에 따라 다양한 형태로 운영할 수 있다. 유아들과 함께 규칙을 만들기 위한 토의활동을 진행할 수 있다. 일방적인 규칙의 전달에 비해 토의를 통한 규칙 정하기는 유아들에게 공동체의식을 갖게 하여 규칙을 이해하고 내면화 할 수 있게 한다는 점에서 의미가 있다.

이 밖에도 특정한 문제의 해결을 위한 토의, 구조물을 어떻게 구성할지에 대한 토의, 동극 무대 꾸미기나 배역 정하기 등과 같은 협동놀이 중에 해결해야 할 과제에 대한 토의, 도덕적인 갈등 상황이 제시된 가상적 딜레마 상황에 대한 토의 등 다양한 유형의 토의를 진행할 수 있다.

■ 일과 계획 및 평가하기

유아들이 하루의 계획을 세우기 위한 이야기 나누기는 주로 개별적으로나 몇몇 유아와의 상호작용을 통해 이루어지는 것이 일반적이지만, 새로운 자료를 소개하거나 놀이를 안내하는 경우와 간단한 전달 사항은 대체로 대집단으로 진행된다. 대집단으로 활동이 이루어진 뒤에도 교사는 필요로 하는 유아들이 개별적으로 혹은 소집단의 형태로 활동을 계획할 수 있도록 지속적으로 안내하는 것을 잊어서는 안 된다.

하루 일과의 평가는 개별 유아의 자유선택 활동 결과물, 유아의 생각과 아이디어 등에 대해 귀가지도 전 하루 일과를 회상하는 시간을 통해 이루어진다. 이때 유아들은 평가표에 자신들의 하루 일과에 대한 만족 정도를 평가할 수 있다.

다른 유아들의 하루 일과 평가를 지켜보면서 유아들은 그러한 경험을 공유할 기회를 얻게 된다. 또한 이러한 간접 경험은 유아들로 하여금 그 활동에 대한 동기를 유발하여 새로운 탐색을 가능하게 할 뿐 아니라, 그것과 관련된 정보를 획득할 기회를 얻게 한다. 교사의 입장에서의 하루 일과의 평가는 유아들의 반응, 흥미와 의견을 파악할 수 있는 귀중한 시간으로 이들의 의견을 수렴하여 다음 활동을 준비하는 등의 효율적인 교육을 꾀할 수 있다는 장점을 갖는다.

■ 주제에 관한 이야기 나누기

이야기 나누기는 유아들과 정보를 나누는 중요한 시간으로 활용되는 것이 일반적이나 교사만이 유일한 정보 제공자일 때 유아들은 수동적인 역할에 한정될 수 있다. 즉, 유아들의 적극적 참여를 끌어내기 어려워질 수 있다. 따라서 정보의 일방적 전달을 지양하며 유아의 흥미와 발달수준에 따라 주제를 선정하고 아울러 다양한 매체를 적절히 활용하여 유아의 적극적 참여를 유도할 수 있어야 한다.

유아들의 공동 관심사로 주제가 결정되면 주제 관련 정보, 개념, 지식의 공유를 위한 유아와 유아 간의 활발한 의견교환을 격려하고, 유아가 직접 조사, 탐구해 온 지식과 개념을 토대로 이야기를 진행하여, 유아가 주도되는 활동이 되어야 한다.

(3) 교수 · 학습방법

이야기 나누기를 효율적으로 운영하기 위해서는 다음과 같은 교수 · 학습 원리를 적용할 수 있다.

- 교사는 이야기 나누기에 대한 **목표를 분명히 인식**하고 지식이나 개념 전달보다 **유아가 지식을 획득하는 과정 및 방법에 더 의미를 둘 수 있도록 배려**해야 한다.
- 이야기 나누기를 통해 유아가 지식을 주체적으로 구성하고 구성한 지식을 사람들과 나눌 수 있는 사람으로 성장하기 위해서 **교사는 대화를 주도하기보다 이야기를 듣는 역할**에 더 치중해야 한다.

교사는 듣는 사람[1]

우리반 아이들은 가을부터 새에 대한 연구를 해 왔다. 몇몇 유아들이 마당과 현관 위에 있던 새 둥지와 태어난 아기 새에 대한 주제를 가져온 후 시작되었다. 이들의 관심은 11월 올빼미를 찾아 현장 견학을 나갈 때까지 이어지고, 12월에는 동물원의 펭귄으로 이어졌다. 펭귄은 몸의 곡선뿐 아니라 재미있는 습성으로 교사와 유아들을 매혹시켰다.

선생님은 유아들의 새에 대한 지식, 직관, 느낌에 대해 알고 싶었고, 아이들에게도 이에 대한 생각을 정리하고 반성할 기회가 필요하다고 생각했다. 그래서 이야기 나누기 시간, 견학지에서, 또한 새와 관련된 활동을 하는 중간 중간에 새에 대한 이야기를 나누었다. …… (중략) …… 이 과정에서 선생님들은 '정답'을 들으려 하지 않았다. 유아들이 무엇을 생각하고, 무엇을 느끼고 궁금해하는지를 알고 싶었다.

[1] Caldwell, L. B. (2008). 레지오의 삶과 실천[*Bringing Learning to Life*]. 홍순옥 외 공역. 창지사. (원저는 2003년에 출판).

선생님은 우리가 전혀 들어 보지 못했던 이야기를 이들의 이야기에서 듣게 될 것이라는 것을 안다. 어떤 일이 일어날지는 모른다. 단지 교사가 할 일은 조용히 듣고 있으면서 방해하지 않는 것뿐이다. 생생한 활력이 넘치는 가운데 지식을 추구하는 풍조를 만들고 싶기 때문이다. 이것은 전통적인 교육방법, 즉 지식을 일방적으로 전수하는 것과는 전혀 다른 것이며 궁극적으로 유아를 자유롭게 놔두며 유아들과 함께 궁금해하는 상황에 같이 참여하고 이들의 이야기를 들으려 하는 것이다.

- **가능한 모든 유아들에게 고르게 기회를 제공**해야 한다. 교사는 가능한 모든 유아들이 대화에 참여하도록 안배하며, 교사의 의도에 맞는 이야기를 하는 특정 유아에게 기회가 몰리는 일이 없도록 해야 한다. 간혹 의사표현을 하지 않던 유아가 발표 의사를 표명한 경우 먼저 이야기할 수 있는 기회를 마련하는 운영의 묘를 발휘해야 있다.
- **유아의 발달수준, 주의집중 시간, 집단의 크기 등을 고려**하여 이야기 나누기 시간을 준비한다. 이야기를 효율적으로 나누기 위해서는 유아의 수준 및 이들의 집중 시간을 고려하며 교육 목적과 내용에 활동 특성에 따라 대·중·소집단의 크기를 정한다. 3~5세 유아의 주의집중 시간이 10~20분에 불과하므로, 아쉽더라도 아직 이들의 흥미가 남아 있을 때 중지하는 것이 좋다.
- **유아-교사와의 상호작용이 활발히 이루어지기 위한 장소 및 배치** 역시 중요하다. 즉 안정된 곳에서 유아들의 수를 고려하여 원형, 반원형 등으로 구성하여 교사가 이야기 나누기 중에서 개별 유아들의 반응을 잘 관찰할 수 있어야 한다.
- 이야기 나누기 시 교사는 **다양하고 적절한 질문 활용**을 통해 유아의 사고를 확장시키고, 관심과 주의를 집중하여 이야기의 흐름을 잘 이해할 수 있도록 도와야 한다. 자신의 경험을 적절히 표현하지 못하는 유아들을 위해서는 보충적 질문을 통해 이들의 의사표현을 돕고, 한 가지 답을 유도하는 수렴적 질문과 다양한 이야기가 나올 수 있도록 발산적 질문을 적절히 사용해야 한다. 또한 유아에게 질문을 한 후에는 생각할 수 있는 시간을 충분히 할애하며, 이때 유아 간의 상호작용에서 발생되는 소란스러움을 자연스럽게 여겨야 한다.
- 유아의 동기유발과 이해, 흥미의 지속을 돕기 위한 **다양하고 적합한 매체를 활용**

함으로써 유아의 학습 특성을 만족시킨다. 주제의 특성에 따라 실물, 인형자료, 그림 및 사진, 영상자료 등을 활용하여 이야기의 내용을 충실히 살릴 수 있다.

- 이야기 나누기 시 교사는 **정확한 언어표현**, **태도**로 유아와 의사소통을 하며 주의집중을 위한 전략을 사용한다. 교사는 이야기 나누기 시 표준말과 구조가 단순하며 문법에 맞는 언어를 사용한다. 또한 적절한 제스처와 억양의 변화를 주며, 바른 경청태도를 보이는 것을 통해 유아와 긍정적인 상호작용이 원활히 일어나도록 한다.
- 유아에 따라 여러 사람 앞에서 발표를 두려워하는 유아, 너무 작은 소리로 이야기하는 유아, 길게 말하는 유아, 엉뚱한 이야기를 하는 유아, 산만하여 활동을 방해하는 유아 등이 있다. 이때 교사는 유아의 장황한 이야기를 정리해 주거나 엉뚱한 이야기를 하는 경우 이야기 주제를 다시 상기시켜 주는 등 이야기 나누기 흐름의 방해를 최소한 줄이고 주의를 집중할 수 있도록 하며 **끝까지 경청하는 모범**을 보여야 한다. 또한 "안 들리니까 크게 이야기 하세요."라고 말하기보다 모형 마이크와 같은 도구를 제공하는 등의 기지를 발휘할 필요가 있다.
- 이야기 나누기는 **반드시 이야기 나누기 시간에만 이루어지지 않는다**. 그렇기 때문에 이야기 나누기는 반드시 대집단의 형태로 또한 이야기 나누기라고 정해진 시간에만 행해지지 않는다. 유아들의 작품이나 활동을 찍은 사진을 벽에 게시한 기록물들은 또 다른 이야기 나누기 유형으로 볼 수 있다. 누구의 작품도 돋

그림 7-15 이야기 나누기

보이지 않은 천편일률적인 평등한 전시보다 게시된 자료가 개별 유아들의 이야기를 담고 있어 서로가 유언 혹은 무언의 상호작용을 할 수 있도록 환경 구성에 힘써야 한다. 또한 이러한 기록물의 전시된 작품에 대한 이야기 나누기는 이야기 시간을 다른 어떠한 주제보다 더 풍요롭게 해 주기 때문이다.

3 실외놀이

실외놀이는 영유아가 넓은 공간에서 자유롭게 활동하는 시간으로 유아교육기관의 하루 일과에서 빼 놓을 수 없는 매우 중요한 시간이다. 영유아는 맑은 공기를 마시며 자연을 느끼고 자유롭게 탐색하는 경험과 더불어 다양한 정적, 동적 활동을 통해 신체 · 인지 · 언어 · 사회 · 정서발달의 다양한 기회를 갖게 된다(Dempsey & Frost, 1993; Shin & Frost, 1995).

특히 영유아기는 대소근육 발달의 중요한 기초가 형성되는 시기이므로 영유아를 위한 대소근육 활동을 제공하는 것은 매우 중요한 일이다. 영유아는 실외의 다양한 놀이에 참여하면서 **대소근육 발달**의 기회를 많이 갖게 된다. 영유아는 유아교육기관 마당을 걷고 뛰거나 달리고 미끄럼, 그네, 오름판 등 놀이기구를 탄다. 줄, 공 등으로 놀이를 즐기고 자전거, 발이나 페달로 움직이는 자동차 등을 타기도 하며 이젤그림 그리기나 모래 파기 등을 하면서 대근육 발달의 기회를 갖는다. 또한 자연환경에서 동식물을 기르며 관찰하고, 물놀이와 모래놀이기구를 조작하고 놀이하면서, 책 읽기를 하면서, 크레용으로 그림을 그리는 등의 조형활동에 참여하면서 **소근육 발달**의 기회를 갖는다.

영유아는 매우 어렸을 때부터 공간에서 직접 몸을 움직이면서 오감각을 사용하여 **공간과 물체를 탐색, 경험하고 주변에 대한 인식을 확장**시킨다. 영아는 자신의 눈으로 물체의 형태, 패턴, 위치와 움직임을 인식하고 여러 가지 감각 정보를 통합하여 주변 환경과 물체를 지각하고 발견해 나간다(김은정, 이정욱, 2009). 영아는 움직임을 통해 즐거움과 자발적 흥미를 갖게 되고 스스로 더욱 적극적으로 주변 환경에 대해 깊이 있는 탐색을 하게 된다(Gilliom, 1970; Grineski, 1988). 이러한 경험은 영아의 **인**

지발달을 도울 수 있다.

Clearfield(2004)는 어린 영아가 기기와 걷기를 통해 특히 공간적 기억과 공간에 대한 인식을 활용하고 발달시켜 나가며, 더 많은 운동경험을 한 영아들의 공간 기억이 더 잘 형성된다고 하였다. Kermoian과 Campos(1988), Andrews(1996)는 영아가 동작 경험을 통해 대상영속성과 공간에 대한 탐색 전략을 발달시켜 나갔음을 밝혔고, Nilges와 Usnick(2000)은 동작과 수학에서 공간능력의 역할을 강조하였다. Poole, Miller와 Church(2006)는 0~6세의 영유아가 감각경험과 움직임을 통한 탐색을 통해 매우 많은 감각정보를 습득하며 관련 능력을 발달시켜 나간다고 하였다.

이 외에도 영유아는 신선한 공기를 마시며 자연의 변화에 따른 현상을 경험하고 동식물, 흙과 같은 자연환경을 관찰하고 물과 모래를 조작하고 탐색하며, 물의 증발, 빛과 그림자의 관계, 바퀴를 비롯한 물체의 성질과 움직임의 관계 등을 탐색하고 인식하면서 다양한 **물리적 지식**을 형성하고 발달시켜 나간다. 실외놀이는 영유아에게 다양한 문제해결의 기회를 제공하고 확대, 심화된 인지적 경험을 제공한다.

실외놀이는 제한된 실내 환경보다 다양한 경험을 제공해 줄 수 있어 영유아의 요구, 흥미와 호기심을 만족시켜 준다. 영유아는 실외놀이의 즐거운 경험을 통해 또래와 함께 놀이하고 협동적, 경쟁적 관계에서 다양한 정서를 인식, 조절, 표현하는 경험을 하게 된다. 영유아는 새로운 도전을 즐기며 정서적 긴장을 풀 수 있고 자아를 발견하고 자기효능감과 자신감을 기를 수 있다. 또한 영유아는 또래와 놀이하는 방법을 습득하고 타인과의 관계를 인식하고 존중하는 **사회정서발달**의 기초 경험을 하게 된다. 영유아는 실외놀이에서 또래, 교사와 활발히 상호작용하면서 관련된 어휘를 습득하고 상황에 적절하게 의사소통하면서 다양한 **언어발달**의 기회를 갖게 된다.

이처럼 실외놀이는 단순히 에너지를 방출하는 것 이상의 의미가 있으며, 영유아의 전인발달을 돕는 동시에 움직임에 대한 욕구와 주변 환경에 대한 호기심, 흥미를 다양하게 충족시켜 줄 수 있다.

실외놀이는 교실에서 이루어지는 교육과정이 연장되어 확대, 심화되도록 구성되어야 하므로, 교육과정의 여러 요소를 포함하여야 한다. 선행연구(Decker & Decker, 2001; Essa, 1981; Fowler, 1980; Frost, 1997)를 참고하여 실외놀이의 구성 원리를 제시하면 다음과 같다.

실외놀이의 구성 원리

- 실외놀이는 **영유아의 발달수준과 신체 크기에 알맞고 편안하도록 구성**하여야 하고, **안전하고 청결한 환경**으로 구성하여야 한다. 한 예로, 놀이시설은 매일 안전점검을 하고 모래놀이 영역의 모래는 정기적으로 소독을 실시하여야 한다.
- 실외놀이는 **영유아의 전인발달을 이끌 수 있는 활동**으로 구성되어야 한다.
- 실외놀이는 **영유아의 오감각을 자극**하여야 한다.
- 실외놀이는 영유아가 호기심과 흥미에 따라 **융통성 있고 자유롭게 놀이하도록 구성**하여야 한다. 실외놀이는 계절과 날씨에 따라 시간을 효율적으로 계획하고 운영하며, 실내외 활동이 서로 연계될 수 있도록 활동을 융통성 있게 구성한다.
- 실외놀이를 통해 영유아가 **자연환경을 관찰**할 수 있어야 한다. 영유아가 식물이나 동물을 관찰하고, 주변에서 볼 수 있는 흙과 땅의 다양한 지형(모래, 흙, 자갈, 잔디 등이 깔린 땅, 언덕, 낮은 땅, 나무들이 심어진 땅, 연못 등)을 관찰할 수 있도록 하는 것이 바람직하다.
- 실외놀이는 걷기, 달리기, 공 던지기, 자전거 타기 등 영유아의 다양한 **대소근육 활동을 격려**하여야 한다. 신체적으로 도전적인 시설을 제공하여 영유아의 신체적 발달욕구를 충족시킨다.
- 실외놀이는 모래놀이, 물놀이, 큰 블록놀이 등의 탐색 및 구성활동을 제공하여 영유아의 다양한 **인지발달**을 도울 수 있어야 한다. 실외에서도 그림책 읽기, 그림 그리기, 자연물 탐색하기 등의 정적 활동을 제공하여 영유아의 인지발달 및 창의성 발달을 도울 수 있다. 여러 가지 상황이 통합된 활동은 영유아의 호기심을 만족시키고 문제해결력을 기르도록 도울 수 있다.
- 실외놀이에는 **극화놀이, 상상놀이가 포함**되어야 한다. 영유아는 실외에서 모래놀이, 놀이집, 버스 등을 활용한 놀이를 하면서 다양한 사회적 상황을 활용하고 상상력을 발휘하여 놀이 에피소드를 만들고 지속할 수 있다. 이러한 놀이를 통해 영유아는 사회적 지식, 물리적 지식, 논리적 지식, 문제해결 능력, 의사소통 능력 등을 발달시킬 수 있다.
- 실외놀이는 유아가 **다양한 사회적 상호작용의 경험**을 할 수 있도록 구성하여야 한다. 유아는 개별 활동, 소집단 및 대집단 활동을 통해, 물체나 환경을 탐색하고 또래 유아, 교사와 상호작용을 통해 협력학습을 할 수 있다. 규칙이 있는 게임 등을 실외놀이로 제공한다면 유아가 사회적 규칙의 필요성과 인식을 발달시켜 나가고, 양보, 조절, 협력과 조절 등 다양한 사회적 기술을 발달시킬 수 있다.

- 유아에게 필요한 **적절한 휴식을 제공**하여야 한다. 유아가 개별적으로 휴식을 하거나 정적인 활동을 하고, 신체적 요구를 만족시킬 수 있도록 하여야 한다. 그늘이 있는 정자나 야외의자 등을 배치하여 유아가 휴식이 필요할 때 이용할 수 있도록 하여야 한다.

이러한 구성 원리를 바탕으로 실외놀이 영역의 공간 구성을 실내의 활동 영역처럼 흥미 영역으로 나누고, **동적 활동 영역과 정적 활동 영역으로 구분**할 수 있다. 전체 실외놀이 영역의 약 2/3 정도는 동적 활동 영역과 테라스로 구성하고 나머지 1/3 정도는 정적 활동 영역으로 배치하는 것이 좋다(Decker & Decker, 2001).

한편, Essa(1981)는 실외놀이 영역이 조용한 공간과 소음이 있는 공간, 사회적 놀이 영역, 개별적 놀이 영역, 조작할 수 있는 놀이 영역 등을 포함하여야 한다고 제시하였다. 그림 그리기, 점토놀이, 쌓기놀이, 악기 다루기 등의 활동도 실외에서 놀이할 수 있도록 자료와 책상 등을 준비해 주면, 영유아가 실내보다 소음이나 청소 등의 제약을 덜 받으며 활발하게 활동할 수 있다.

Fowler(1980)가 제시한 실외놀이 영역은 개방된 영역, 휴식 영역, 자연관찰 영역이다. 개방된 영역은 넓은 공간에서 게임, 공놀이, 술래잡기, 뛰놀기, 달리기 등과 같은 자유로운 활동을 하는 곳이다. 휴식 영역은 햇볕이 뜨거워질 때 활동적인 놀이를 하다가 지쳤을 때 쉴 수 있는 나무 그늘과 자연의 아름다움을 즐기고 쉴 수 있는 풀밭, 숲, 연못, 의자 등을 마련할 수 있다. 자연관찰 영역은 자연환경을 관찰할 기회가 적은 도시의 영유아에게 자연을 관찰하고 탐색하는 경험을 제공할 수 있다. 유아는 식물을 기르면서 식물의 성장주기를 관찰하고 생물학적 지식을 형성한다. 또한 실외 영역 한쪽에 동물 기르기 영역을 만들어 토끼, 닭, 거위 등을 기르며, 유아가 동물을 관찰하고 먹이를 주는 경험을 갖도록 하면 좋다.

정리하면, 실외놀이 영역은 대근육 놀이 영역, 조용한 놀이 및 휴식 영역, 물과 모래놀이 영역, 구성놀이 영역, 역할놀이 영역, 자연관찰 영역, 목공놀이 영역 등으로 구성할 수 있다.

1) 대근육 놀이

실외 대근육 놀이 영역은 실내보다 신체적 활동을 허용하는 공간이므로 영유아가 자유롭게 마음껏 뛰어놀 수 있다. 영유아는 잘 조직된 실외 대근육 놀이 영역에서 적극적이고 활발하게 놀이에 참여함으로써 건강을 증진시키고 또래와 다양한 상호작용에 참여하게 된다.

실외 대근육 놀이는 고정놀이시설 및 이동놀이도구를 이용하는 놀이와 주로 몸을 활용하는 신체놀이가 있다. 고정놀이시설을 이용한 놀이는 흔들말, 그네, 미끄럼, 시소, 흔들다리 등을 이용하는 놀이를 의미하며, 이동놀이도구들을 사용하여 노는 놀이로는 공놀이, 훌라후프, 타이어 굴리기 등이 있으며, 신체놀이에는 달리기, 술래잡기, 그림자놀이 등 몸을 움직여 노는 놀이가 포함된다.

실외 대근육 놀이를 위한 교수 · 학습방법

- 대근육 놀이시설 및 기구의 **이용규칙과 이용방법에 대한 사전 교육**을 충분히 실시한다.
- 영유아에게 실외 대근육 놀이에 사용되는 시설물과 기구를 관찰하고 탐색할 기회를 제공하여 안전하게 **이용방법을 스스로 찾을 수 있도록 한다.**
- 유아가 이동놀이도구를 이용한 놀이나 신체놀이에 대한 **놀이규칙을 자발적으로 의논하여 결정하는 기회를 제공**한다.
- 놀이시설 및 기구 이용 시 안전상에 문제가 없도록 **정기적으로 점검**하여야 한다.

(1) 고정놀이시설을 이용한 놀이

고정놀이시설은 바닥에 고정되어 있는 흔들말, 그네, 미끄럼틀, 시소 등으로, 영유아의 균형감각을 비롯한 다양한 운동감각, 신체운동능력, 대소근육 발달을 돕는다. 영유아가 안전하게 이용하기 위해서는 영유아의 신체 크기에 적합해야 하며, 모서리, 마무리 처리, 칠 등이 안전하게 처리되어야 한다. 고정놀이시설은 영유아가 기구를 이용하다가 바닥에 떨어져도 부상을 최소화하도록 20~30cm 깊이의 모래나 탄력 블록을 깔도록 한다. 고정놀이시설은 기다리는 공간과 각 놀이시설의 특성에 따라 움직임에 불편이 없도록 충분한 공간을 확보하도록 한다.

흔들말, 그네 및 시소는 영유아가 타고 놀이할 때 차지하는 움직임의 공간을 확보하고, 미끄럼틀은 영유아가 미끄럼을 타고 내려올 때 필요한 공간을 확보하도록 한다. 기구와 기구 사이에 충분한 공간을 두어 부딪침을 예방해야 한다(교육과학기술부, 2008a). 또한 놀이시설에 대한 안전점검을 정기적으로 실시해야 한다.

영유아가 고정놀이시설을 이용한 놀이를 할 때, 적어도 교사 1명은 관리감독을 하도록 한다. 영아는 발달수준의 차이로 인해 유아와 같은 공간에서 놀이할 때 활동에 방해받기 쉽고 안전에도 위험이 따르므로 영아를 위한 놀이공간과 유아를 위한 놀이공간을 따로 마련하는 것이 바람직하다.

■ 영아를 위한 고정놀이시설 놀이

영아는 발달 특성상 성장발달속도가 빠르고 개인차가 크다. 특히 신체의 크기는 영아의 월령에 따라 많은 차이가 나타나므로 월령에 적절한 크기의 놀이시설을 구비하여야 한다.

영아를 위한 **흔들말**은 발달수준에 따라 움직이는 각도가 알맞아야 한다. 흔들말은 12개월 이상부터 제공할 수 있고, 영아가 흔들말을 탈 때 교사가 반드시 함께 있어야 한다. 한 영아가 흔들말을 탈 때 다른 영아가 와서 흔들말을 흔들거나 하는 일이 없도록 지도해야 한다.

그네는 영아의 신체 크기에 알맞고 공포감을 느끼지 않도록 그네 줄이 너무 길거나 높지 않아 안정감 있게 앞뒤로 움직일 수 있는 것으로 한다. 영아는 아직 팔과 손, 발의 힘이 부족하므로, 3세 이하의 어린 영아를 위한 그네는 엉덩이를 감싸는 형태의 안장과 안전벨트가 구비된 것을 설치한다. 그네의 안장 재질은 나무보다는 고무, 가죽과 같은 유연한 재료를 사용하는 것이 영아의 엉덩이를 안정적으로 잘 받쳐 줄 수 있다. 영아는 아직 힘과 요령이 부족하여 자신만의 힘으로 그네를 움직이기 어려울 수 있으므로 교사가 그네를 밀어 주는 것이 좋고, 안전상 그네 타는 영아를 다른 영아가 밀어 주지 않도록 한다.

미끄럼틀과 오름판은 경사면을 미끄러져 내려오고, 경사면을 올라가거나 내려올 수 있는 시설물이다. 미끄럼틀은 영아의 연령별로 적절한 경사각도와 길이를 두어 영아가 어려움 없이 내려올 수 있도록 한다. 오름판은 영아에게 적절한 모험심과 성취감을 줄 수 있어 좋다. 오름판의 높이에 변화를 두어 영아의 수준에 적절한 도전의식과 성취감을 주도록 한다.

시소는 영아가 다른 영아와 함께 눈을 맞추며 상호작용하는 기회를 만들기도 한다. 영아가 시소에 앉았을 때 발이 땅에 닿을 수 있는 높이로 마련하고, 영아에게 적절한 기울기의 시소를 설치하도록 한다. 시소가 바닥에 부딪힐 때 충격을 완충해 줄 수 있도록 시소의 양 끝 바닥에는 타이어나 모래주머니 등을 깔아주는 것이 바람직하다.

■ 유아를 위한 고정놀이시설 놀이

유아는 그네를 타고 앞뒤로 흔들기, 높이 올라가기, 빨리 흔들기 등 움직임을 주로 하면서 리듬감 있는 움직임을 즐기고 신체운동능력을 발달시키게 된다. 그네의 안장은 고무, 가죽과 같이 유연성 있는 재료를 사용하거나 유아의 신체 크기와 모양을 고려하여 제작된 제품을 설치한다. 지나가는 유아가 그네에 부딪히는 일이 없도록 시각적인 경계를 지어 줄 필요가 있으며, 그네를 안전하게 이용하기 위해 기다리는 공간과 규칙을 정하여 지도하는 것도 필요하다.

흔들말은 유아의 몸무게를 충분히 지탱하면서 안전하게 이용할 수 있는 기울기로 설치하도록 한다.

미끄럼틀은 경사면을 미끄러져 내려오도록 하는 시설물이고, **오름판**은 경사면을 기어오르도록 하는 놀이시설이다. 유아는 미끄러지거나 기어오르며 도전감과 성취감을 경험하게 된다. 미끄럼틀과 오름판의 높이와 경사는 유아의 연령과 신체 크기에 적절해야 한다. 시설물이 지나치게 높으면 유아가 도전감을 상실하거나 안전사고가 일어날 수 있고, 시설물이 지나치게 낮으면 유아가 흥미를 느끼지 못하게 된다. 미끄럼틀, 오름판과 함께 흔들다리, 터널 등이 연결되어 있는 복합놀이기구를 설치하는 경우, 유아의 연령을 고려하여 가능한 놀이 영역을 분리하여 안전사고를 예방하는 것이 좋다.

시소는 유아가 양 끝에 마주보고 앉아 서로 발을 굴려 오르락내리락하면서 균형감각과 리듬감을 기르고, 협동심을 기르게 된다. 시소는 유아가 시소에 앉았을 때 발이 땅에 닿을 수 있는 높이로 마련하고, 유아에게 적절한 기울기로 설치한다.

그림 7-16 고정놀이시설 놀이

◆ 관찰 및 계획

유아들은 때때로 영역을 통합하여 놀이를 확장해 나간다. 물놀이 영역에서 물놀이를 즐기던 유아들이 경사면을 흐르는 물의 움직임을 좀 더 자세히 관찰하고자 유치원에서 가장 큰 경사 공간인 미끄럼틀로 자연스럽게 놀이 공간을 옮겨 왔다. 유아들은 물이 천천히 흘러내리며 물길을 만들고 서로 합해지는 과정을 자세히 관찰하였다.

◆ 교육적 지원

유아들이 안전하게 관찰할 수 있도록 미끄럼틀 위에서 물을 뿌려 주고, 물이 흘러내리는 모습을 선명하게 볼 수 있도록 색깔 물을 준비해 준다. 또 유아들이 물이 흐르는 모습과 물길의 모양을 적절한 언어로 표현할 수 있도록 "작은 물방울들이 모여서 어떻게 되었니?" "물줄기가 흐르는 모습이 어떠니?"와 같이 질문하고 언어적으로 상호작용한다.

(2) 이동놀이도구를 이용한 놀이

이동놀이도구는 영유아가 대근육활동을 할 수 있는 이동 가능한 놀이도구로 공, 훌라후프, 타이어, 줄넘기, 고리던지기, 팥주머니, 평균대, 이동식 오름대, 터널 등이 있다. 이동놀이도구를 이용한 놀이를 위해서 영유아가 자유롭게 움직일 수 있는 충분한 공간의 잔디밭이나 고무바닥을 확보하고, 놀이도구를 보관할 수 있는 별도의 보관 장소가 마련되어야 한다.

■ 영아를 위한 이동놀이도구 놀이

영아를 위한 이동놀이도구는 공, 타이어, 낮고 넓은 평균대, 터널 등이 있고, 발달수준에 따라 다양한 이동놀이도구를 구비할 수 있다. 영아가 자유롭게 놀이에 참여할 수 있도록 넓은 영역을 조성하고, 상대적으로 신체 움직임이 능숙하지 않은 영아를 위해 유아의 실외놀이 공간과 구분지어 영역을 조성하는 것이 바람직하다. 놀이도구는 종류별로 바구니에 담아 창고에 보관해 둘 수 있도록 한다.

■ 유아를 위한 이동놀이도구 놀이

유아를 위한 이동놀이도구는 공, 훌라후프, 타이어, 줄넘기, 고리던지기, 팥주머니, 여러 가지 높이의 평균대, 터널 등이 있고, 발달수준에 따라 다양한 이동놀이도구를 구비할 수 있다.

그림 7-17 이동놀이시설 놀이

◆ **관찰 및 계획**

유아들은 이동놀이도구를 활용하여 게임과 극놀이 등을 전개해 나간다. 유아들은 훌라후프를 자유롭게 배치하고 자유롭게 놀이하다가 약속카드를 만들어 주어진 방법으로 후프 길을 돌아오는 게임을 제안하기도 하였다. 또 이동식 오름대를 이용하여 텐트를 꾸미고 캠핑놀이를 시작하였다.

◆ **교육적 지원**

유아들이 새로운 놀이를 만들어 가는 동안 적절한 자료를 제안하거나 제공해 준다. 유아들이 놀이의 규칙을 만들고 놀이를 확장해 갈 수 있도록 약속카드를 만들 수 있는 자료를 제공해 주고, 텐트를 꾸미려는 유아들에게는 큰 보자기를 준비해 주고 오름대를 연결하여 좀 더 큰 공간을 확보하는 방법을 제안해 주어 더 많은 유아들이 함께 놀이할 수 있도록 지원한다.

(3) 신체놀이

신체놀이는 실외놀이 영역에서 특별한 시설이나 도구를 활용하지 않고 신체의 움직임만으로 놀이하는 것이다. 영유아들은 신체의 움직임만으로도 즐겁고 행복한 경험을 하여 긍정적인 정서적 경험을 통해 심리적 만족감을 가지며, 신체운동 능력을 발달시킬 수 있다. 술래잡기, 숨바꼭질 등의 신체놀이는 대부분 또래와 함께 이루어지므로, 영유아들은 사회성을 발달시키고, 놀이의 방법과 규칙을 지키고 만드는 가운데 규칙의 필요성을 인식하게 되며 의사소통 능력을 발달시킬 수 있다.

영아는 아직 신체조절 능력과 운동능력이 미숙하므로, **장애물이나 공간의 제약 없**

이 놀이하도록 넓고 바닥에 넘어져도 부상을 최소화할 수 있는 잔디밭이나 탄력블록이 깔린 공간에서 놀이하도록 한다. 더 나이가 많은 유아들의 방해를 받지 않는 별도의 공간을 마련하는 것도 좋다.

유아는 영아에 비해 신체운동 능력뿐 아니라 의사소통 능력과 인지능력이 보다 발달하여, 또래 유아와 보다 협력적으로 신체놀이를 할 수 있다. 그러므로 보다 복잡한 규칙의 신체놀이를 하거나 유아가 함께 규칙과 방법을 만들어 신체놀이를 할 수 있다. 신체놀이 경험이 신체운동 능력 발달뿐 아니라 인지발달 및 사회성 발달의 중요한 기회가 될 수 있다.

◆ 놀이 기록의 예

유아들은 안전하고 넓은 실외 공간에서 자유롭게 신체놀이를 즐긴다. 몇몇 유아들이 교실에서 이루어진 가면놀이를 실외 공간에서 하고 싶어 하였다. 공간의 제약 없이 가면놀이를 즐기던 유아들은 신호를 주고받는 방법 등 몇 가지 규칙을 만들고 공유하며 놀이를 확장시켜 나갔다.

(4) 탈것을 이용한 놀이

탈것을 이용한 놀이는 영유아의 대소근육 발달과 신체운동 능력 향상을 위한 중요한 놀이이다. 영유아는 탈것에 관심과 흥미가 매우 높으며, 자신의 힘으로 바퀴를 굴려 자전거나 차를 움직이고 이동하면서 자신감과 성취감을 느낀다. 자전거나 차 타기는 영유아가 즐겨하지만 안전사고의 위험이 있으므로 안전수칙을 잘 지켜야 된다. 또한 탈것을 이용한 놀이는 실외 영역에서 다른 활동을 하는 영유아에게 위협적인 요소가 되기도 하므로, 탈것이 다니는 길과 횡단보도 등을 따로 마련하는 것이 바람직하다. 즉, 자전거나 차가 다니는 길과 영유아가 걸어 다니는 길을 구분하고, 자전거 길을 영유아가 안전하게 건널 수 있도록 횡단보도 표시를 만들어 줄 수 있다. 신호등 모형도 함께 두면 **교통안전교육에 활용**할 수도 있다.

영아를 위한 탈것은 세발 자전거(페달이 없는 것과 페달이 있는 것), 발로 움직이는 차, 끌차, 유모차 등이고, 유아를 위한 탈것은 2~4개의 바퀴가 있는 자전거(페달이 없는 것과 페달이 있는 것), 차(발로 움직이는 것과 페달로 움직이는 것), 끌차, 스쿠터, 스케이트 보드 등이다.

자전거는 영유아의 월령, 연령별로 크기가 다르므로 대상 영유아의 신체 크기에 따라 다양하게 구비하도록 한다. 자전거의 높이는 안장에 앉았을 때 영유아의 다리가 약간 구부러진 상태에서 페달에 발이 닿는 정도가 알맞다. 자전거의 바퀴 수는 영유아의 수준에 따라 3개, 4개(뒷바퀴 양쪽으로 보조바퀴 2개가 더 달린 형태), 2개인 것으로 구비한다. 자전거를 탈 때는 반드시 안전모와 무릎보호대를 함께 해야 하므로 필요한 수만큼 구비한다.

차는 밑이 뚫려 영유아가 직접 발로 움직이는 차와 좀 더 수준이 높은 유아가 이용할 수 있는 페달을 굴려 움직이는 차 2종류를 구비할 수 있다. **스쿠터**는 한 발을 올릴 수 있는 보드에 바퀴 3개와 손잡이가 달린 밀차이다. 스쿠터 보드에 유아가 한 발을 올려놓고 다른 한 발로 밀어서 다닐 수 있고, 비교적 유아들이 특별한 기술이 없어도 안전하게 탈 수 있다.

그 외에 교사가 끌어 주는 유모차, 큰 수레차(끌차)나 스케이트 보드를 구비할 수 있다. 교사는 이 탈것들을 구비할 때 반드시 공인된 안전 검증을 받은 것으로 구비한다.

탈것을 이용한 놀이의 교수 · 학습방법

- **안전을 위해 규칙**을 지켜 활동하도록 한다.
  - 영유아는 자전거나 차를 자신의 신체에 적절한 것을 선택해서 탄다.
  - 자전거를 탈 때 반드시 안전모와 무릎보호대를 착용한다.
  - 자전거나 차는 정해진 안전한 장소인 자전거 길로만 다니고, 영유아는 자전거나 차가 다니는 길에 걸어 다니지 않는다.
  - 자전거나 차는 영유아가 횡단보도로 길을 건널 때 멈춰 선다. 앞에 다른 사람이 지나가면 브레이크를 잡고 멈춘다.
  - 영유아는 자전거나 차를 안전하게 탄다. 자전거나 차를 탄 상태에서 자신의 수준에 맞지 않는 무리한 기술을 시도하지 않으며, 너무 빨리 달리지 않도록 한다.
- 교사는 영유아의 안전을 위해 매일 자전거와 차의 핸들, 바퀴의 공기, 체인, 브레이크 등을 이상이 있는지 **점검**하여야 한다. 한동안 타지 않은 자전거의 바퀴는 공기가 빠져 있는 경우가 많으므로, 공기압 수치를 확인할 수 있는 펌프로 바퀴에 적절한 양의 공기를 넣도록 한다. 교사 또는 자전거 정비소의 협력을 받아 정기적으로 탈것들을 점검하도록 한다.
- 교사는 영유아가 **간편한 복장**으로 안전하게 탈 수 있도록 지도한다. 간혹 영유아의 치마, 넓은 바지자락 및 옷자락이 바퀴나 부품에 걸릴 수 있으므로 미리 점검하도록 한다.
- 교사는 영유아가 교통기관에 대해 흥미가 있거나 생활주제가 교통기관으로 운영될 때, 탈것 영역을 역할놀이와 **통합**하여 운영할 수 있다.

그림 7-18 탈것을 이용한 놀이

2) 조용한 놀이 및 휴식

실외에서의 모든 놀이가 동적 활동으로만 구성되는 것은 바람직하지 않다. 실외놀이에서도 영유아가 신체적 요구에 따라 휴식을 취하고 자연을 탐색하며 인지발달을 이룰 수 있는 조용한 활동들을 제공해야 한다. 또 언어, 조형놀이 등이 이루어질 수 있는 자료를 제공하는 것이 적절하며, 영유아가 활발한 신체활동 후에 필요한 휴식을 취하여 **피로감을 해소시키고 에너지를 재충전**하도록 해야 한다.

영유아의 발달수준과 흥미를 고려하여 실외에서의 조용한 활동과 놀이 자료를 제공하고 영유아가 이를 선택할 수 있도록 한다. 영유아가 책 읽기를 할 수 있도록 그늘이 있는 테이블과 의자를 마련하고 돗자리를 깔거나 정자를 마련할 수 있다. 또한 이젤 그림 그리기, 핑거 페인팅, 물그림 등의 조형놀이가 가능하다. 조형놀이를 위해 영유아가 작업할 테이블과 의자, 이젤을 제공하고, 작품 건조대를 준비해 준다. 햇빛이 강렬하거나 비가 올 때에는 이러한 활동이 어려운데 햇빛 가리개나 비를 피할 수 있는 지붕이 있는 테라스가 마련되어 있다면 날씨에 비교적 덜 구애를 받으며 실외에서 조용한 놀이가 다양하게 가능해진다.

실외의 조용한 놀이 영역은 영유아가 조용히 집중하여 활동에 몰입하도록 동적인 활동 영역과 떨어진 곳에 조성하고 필요한 경우 낮은 울타리 등으로 영역을 구분할 수 있다. 때로 실내와 실외 사이의 전이 영역을 활용할 수도 있다.

영유아는 실외놀이 시 개별 요구에 따라 별도로 마련된 정자나 그늘이 있는 벤치 등에서 휴식을 취할 수 있다. 특히 영아는 신체활동 시 피로감을 보다 쉽게 느낄 수 있으므로 휴식 영역은 반드시 필요하다.

휴식을 위한 공간에서 영유아는 이야기를 나누거나 다른 영아들의 놀이를 관찰할 수 있고, 책을 읽을 수도 있다. 주변에 산책하면서 다양한 지형을 탐색할 수 있도록 바닥은 흙, 모래, 자갈, 나무 등으로 다양하게 조성하고, 평지, 경사면, 언덕, 터널 등 다양하게 구성할 수 있다. 주변에 조용한 활동 영역인 자연관찰 영역을 배치하면 동물이나 식물을 관찰할 기회도 제공할 수 있다.

조용한 놀이와 휴식을 위한 교수 · 학습방법

- 실외에서도 다양한 발달과 교육이 이루어질 수 있도록 **다양한 정적 활동을 제공**한다.
- 실외놀이는 실내놀이의 연장이므로, **교실 내 놀이를 연계**할 수 있도록 지원해주어야 한다. 놀이와 활동의 위계성을 고려하여 사전놀이보다 확장, 심화된 활동을 계획하는 것이 바람직하다.
- 교사는 **영유아의 놀이를 관찰하고 영유아가 적절한 때 휴식을 취하거나 조용한 놀이를 할 수 있도록 돕는다.** 영유아는 놀이에 몰두하다 보면 신체의 피로감을 잘 느끼지 못하거나 조절을 하기 어려운 경우가 있으므로, 영유아의 활동상태를 관찰하여 동적 놀이를 오래 하거나 휴식이 필요하다고 판단될 때 휴식을 취하도록 안내한다. 또한 영유아가 휴식을 취하면서도 흥미에 따라 주변환경을 관찰하는 기회를 갖도록 배려할 수 있다.

그림 7-19 조용한 놀이와 휴식

3) 자연관찰

자연관찰은 영유아가 식물과 동물 기르기를 통해 동식물의 생태를 경험하고 생명의 존엄성을 느끼며 자연환경의 보호와 보존에 대해 바람직한 태도를 형성하도록 돕는다. 영유아는 오감각을 통해 자연을 느끼고 관심을 가지고 탐색하며 관련된 정보를 습득하게 된다.

자연관찰 영역으로 **식물 기르기 영역**과 **동물 기르기 영역**을 조성할 수 있다. 영역의 크기는 기관의 실정에 따라 융통적으로 조성한다. 영유아가 직접 식물이나 동물을 기르며 관찰하여 교육적 기회를 제공하는 영역이므로, 기관의 실정에 따라 영유아가 기르기 쉬운 식물과 동물로 선정하도록 한다. 다만, 영아는 발달 특성상 식물에 물 주기나 동물 먹이 주기가 어려울 수 있으므로, 수준에 따라 단계적으로 접근할 수 있다. 또한 영아가 식물과 동물을 탐색할 때, 교사는 개별 또는 소집단으로 상호작용해 주는 것이 필요하다.

식물 기르기 영역은 공간의 여유가 있으면 학급별로 유아들이 선택한 식물을 심고 길러 볼 수 있다. 주변에 수도나 물놀이대가 있으면 식물에게 물을 줄 때 편리하다. 동물 기르기 영역에 동물장은 출입문을 쉽게 열 수 없도록 하고 유아가 손을 쉽

자연관찰을 위한 교수 · 학습방법

- 자연관찰 영역은 영유아가 식물이나 동물을 기르며 관찰이 가능하도록 한다.
- 영아들은 식물에 물 주기나 동물에게 먹이를 주는 활동에 참여할 수 있으나, 교사는 물을 너무 많이 주게 되거나 동물에 물리지 않도록 세심하게 안전에 주의를 기울이고 안내를 하여야 한다.
- 유아는 영아보다 적극적으로 식물과 동물 기르기에 참여할 수 있다. 물 주기나 먹이 주기는 당번을 정하여 주도록 할 수 있다.
- 나이가 더 많은 유아의 경우, 흥미와 관심에 따라 기르고 있는 식물과 동물의 성장과정과 조건에 대해 탐구하고 조사할 수 있는 기회를 제공한다.
- 음식으로 사용하는 식물을 기를 때, 유아의 요리활동 재료로 사용할 수 있고 영양교육의 기회로도 활용할 수 있다.

그림 7-20 자연관찰

게 넣을 수 없도록 망을 설치한다. 동물장의 환경은 기르는 동물의 생태에 따라 적절하게 조성하여야 한다.

◆ 관찰 및 계획

자연물은 언제나 아이들에게 좋은 놀이 소재가 된다. 유아들이 알록달록 물든 가을 숲을 산책하다가 서로 다른 모양, 색깔을 가진 나뭇잎에 흥미를 보이며 탐색하였다. 몇몇 유아들은 비슷한 색깔과 모양의 나뭇잎을 모아 분류하는 모습을 보였다. 이에 나뭇잎의 특징을 비교하며 관찰할 수 있도록 나뭇잎 퍼즐 놀이를 계획하고 도화지를 준비해 주었다.

◆ 교육적 지원

〈활동〉 알록달록 나뭇잎

활동 자료: 유아와 함께 만든 나뭇잎 퍼즐

활동 방법

① 나뭇잎의 모양과 색깔을 알 수 없게 뒤집고 섞는다.
② 조각을 뒤집어 모양과 색깔을 탐색하며 같은 나뭇잎을 모아 퍼즐을 맞춘다.
③ 완성한 퍼즐의 모양과 색에 대해 친구들과 이야기 나눈다.

교사는 유아들이 나뭇잎을 탐색할 때 그 특징을 자세히 관찰할 수 있도록 "○○의 나뭇잎은 무슨 색이니?" "비슷한 색깔의 나뭇잎은 어디에 있을까?" "이 나뭇잎으로 무엇을 하면 좋을까?"와 같이 질문하고, 느낌을 자유롭게 표현할 수 있는 자료를 제공해 준다.

나뭇잎 퍼즐 놀이를 위해서는 유아들의 수준을 고려하여 두 가지 색깔의 도화지를 준비해 주는 것이 좋다. 몇몇 유아들은 나뭇잎의 모양과 색깔과 함께 도화지의 색깔을 단서로 퍼즐을 맞춰 나갈 수 있을 것이다. 유아들은 나뭇잎의 모양을 알 수 없게 뒤집고 섞은 다음, 모양과 색깔을 살펴 가며 퍼즐을 맞추며, 다른 친구들이 맞출 때까지 기다려 주기도 하고 친구의 도움을 얻기도 하며 퍼즐을 완성하게 된다.

4) 물 · 모래놀이

물과 모래는 영아와 유아 모두에게 큰 즐거움과 흥미를 주는 매체로서 수과학적 탐색을 도우며 다양한 인지발달, 사회성 발달과 대소근육 발달을 이루도록 돕는다. 실외에서의 물 · 모래놀이는 넓은 공간에서 이루어질 수 있고 주변 환경과 자료를 활용할 수 있기 때문에 교육적으로 더욱 확장된 경험을 제공한다. 영유아가 모래를 파고 흙탕물을 만들며 물 위에 나뭇잎이 뜨고 모래 위를 기어가는 개미를 관찰할 수 있어, 자연을 탐색하고 탐구할 수 있다.

물 · 모래놀이 영역의 크기는 유아교육기관의 실정에 따라 융통성 있게 조성한다. 물놀이대의 높이를 다르게 하면 물의 흐름을 포함한 다양한 탐색을 할 수 있다. 물놀이대의 높이는 영유아의 허리 높이를 기본으로 필요에 따라 다양하게 만들 수 있고 놀이대의 깊이는 20~25cm 정도가 적당하다. 모래놀이 영역의 크기는 비교적 넓은 것이 좋고, 두 개 이상을 만들어 영아와 유아가 따로 사용하여 서로 방해받지 않도록 할 수 있다. 모래놀이 영역의 모래는 최소한 1년에 한 번씩은 갈아 주고 정기적으로 소독하는 것이 좋다.

물놀이와 모래놀이 영역은 서로 인접하여 배치하는 것이 좋다. 두 영역을 인접하게 배치하면 모래에 웅덩이를 만들고, 모래가 물과 섞였을 때 더 잘 뭉쳐져 모양 찍기도 잘할 수 있으며, 물이 증발되는 과학적 경험을 할 수도 있어 보다 다양한 경험을 유도하게 된다.

물 · 모래놀이를 위한 교수 · 학습방법

- 실내에서의 물 · 모래놀이와 연계, 확장된 활동을 할 수 있도록 활동을 제공한다.
- 교사는 적절한 언어적 상호작용을 통해 **물이나 모래의 다양한 물리적 성질을 영유아가 탐색, 탐구하고 아이디어를 확장**하도록 돕는다.
- 삽과 같이 실내에서 사용하는 것보다 큰 도구를 제공할 때는 안전한 것을 선택하고, 영유아들과 **사용방법과 유의사항에 대해 미리 이야기 나눈다.**
- 영유아들 간의 상호작용을 촉진하도록 한다.
- 영유아의 흥미와 놀이의 진행을 관찰하고 이에 따라 물놀이나 모래놀이를 과학적 탐색, 구성물 만들기 또는 역할놀이로 연계하도록 도울 수 있다.

■ 영아를 위한 물 · 모래놀이

영아는 유아와 신체 크기가 다르므로 영아의 허리 높이에 맞는 별도의 물놀이대를 구비하는 것이 좋다. 실외 영역에 고정적으로 설치하는 것이 부담스럽다면, 실내에서 사용하는 이동식 물놀이대를 이용할 수 있다. 물놀이도구는 영아의 다양한 물놀이를 자극할 수 있도록 안전한 것으로 다양하게 구비한다. 영아가 물을 다양한 경로로 흘려 보고, 다양한 용기에 물을 담아 보며, 물을 흡수하는 것과 흡수하지 않는 것, 물에 뜨는 것과 가라앉는 것 등을 경험해 보도록 한다.

영아의 모래놀이를 위하여 다양한 크기의 용기들, 모양찍기 틀, 체, 구성놀이 소품, 양동이, 삽 등을 구비할 수 있다. 영아의 모래놀이를 다양하게 촉진하기 위하여 물놀이 영역과 연계하여 활동하도록 격려할 수 있다. 영아의 놀이가 안전하게 이루어지도록 유아의 모래놀이 영역과 구분할 수 있다.

■ 유아를 위한 물 · 모래놀이

유아는 물놀이를 통해서 물의 다양한 성질, 물이 떨어지는 거리, 물의 양과 힘의 관계 등을 다양하게 탐색할 수 있다. 다양한 탐색이 가능한 물체들(가볍거나 무거운 물체들, 물을 흡수하거나 흡수하지 않는 물체들 등), 비닐봉지, PVC관, 여러 가지

그림 7-21 물 · 모래놀이

◆ 놀이 기록의 예

빨래놀이를 즐기던 유아들은 손빨래와 세탁기 빨래의 차이에 관심을 보였다. 유아들은 직접 손빨래를 해 보며 그 차이를 알아보고 싶어 하였고, 물놀이 영역에서 유아들은 여벌 옷을 빨고 마르는 과정을 관찰하였다.

유아들은 모래놀이 공간에서 다양한 도구를 활용하여 역할놀이를 전개해 나갔다. 캠핑놀이를 즐기던 유아들이 가정에서 준비해 온 안경과 모자를 쓰고 바닷가 모래놀이를 즐겼다.

크기의 용기, 양동이, 삽, 국자, 여러 가지 크기와 방향으로 구멍을 뚫은 PET병 등 다양한 물놀이 자료를 구비한다. 유아의 모래놀이 자료는 다양한 찍기 틀, 삽, 그릇과 양동이, 구멍의 굵기가 다양한 체 등 활동의 목적에 따라 다양하게 구비할 수 있다.

5) 역할놀이

실외에서의 역할놀이는 영유아가 밝은 햇살을 맞으며 모래와 같은 실외의 자료를 이용하여 놀이하고, 마음껏 소리내고 자유롭고 활발하게 활동할 수 있는 장점이 있다. 가작화 놀이를 즐기는 영유아에게 역할놀이는 즐거움을 제공하고 일상경험의 지식과 기술을 직간접적으로 표상해 보며 상상력, 문제해결력, 추론능력 등을 기를 수 있다. 또한 역할놀이에서 또래와 상호작용하는 기회가 많기 때문에, 사회문화적 상황과 관련된 의사소통 능력과 사회성 발달의 기회를 갖게 된다. 넓은 공간에서 자유롭게 실외의 자료를 활용하는 경험은 다른 관점에서 새로운 경험을 하게 하여 유아가 융통성과 창의성을 기를 수 있도록 한다.

역할놀이를 위해서 놀이집, 놀이버스나 차 모형, 테이블 및 의자를 구비할 수 있다. 물·모래놀이 영역에 인접하게 배치하면 물·모래놀이와 인계되어 역할놀이가 보다 확장될 수 있다.

실외 역할놀이를 위한 교수·학습방법

- 영유아가 실외 환경을 활용하여 역할놀이할 수 있도록 돕는다.
- 교사는 영유아의 또래 간 상호작용이 활발히 이루어지도록 격려한다.
- 교사는 영유아의 놀이를 관찰하여 필요한 자료와 지원을 적절히 제공한다.
- 역할놀이를 물·모래놀이 영역 등 다른 흥미 영역과 통합하여 활동하도록 돕는다.

◆ **관찰 및 계획**

유아들은 종종 실내 역할놀이를 실외놀이와 연계하여 진행해 나간다. 유아들이 가정에서 보내 준 텐트와 캠핑의자로 놀이터에 캠핑장을 꾸미고 캠핑놀이를 즐겼다. 유아들은 캠핑의자에 앉거나 텐트 안과 밖을 오가며 놀이하고 나뭇가지를 주워 와 낚시놀이를 하기도 하였다. 며칠에 걸쳐 캠핑놀이를 하는 동안 물놀이와 캠프파이어 놀이가 추가되었다. 날씨로 인해 실외놀이를 하지 못하는 날에는 교실과 복도에 텐트를 설치하여 놀이를 이어 나갔다.

◆ **교육적 지원**

유아들이 실외 환경에서 다양한 놀이가 이루어지도록 지원해 볼 방법을 고민하던 교사는 유아들에게 실외 환경에서 무엇을 하고 싶은지 묻고, 실외놀이를 지원하지 위해 어떤 영역을 통합하고 자원을 조직해야 하는지, 실내외 공간을 어떻게 통합해야할지 고민하며 유아의 캠핑놀이를 지원해 나간다. 교사는 유아들의 사전경험을 바탕으로 역할놀이를 확장해 나갈 수 있도록 적절한 언어적 상호작용을 제공하고, 실외에서도 자료의 제약 없이 역할놀이를 이어 갈 수 있도록 돗자리, 천, 의자 등 다양한 자료를 추가해 줄 수 있다.

6) 목공놀이

목공놀이는 영유아의 대소근육 발달 및 신체운동능력 발달을 돕고, 물리적 지식의 형성, 공간 및 도형에 대한 인식, 문제해결력, 창의성과 같은 다양한 인지발달의 기회를 제공한다. 특히 영유아는 평소에 쉽게 접하지 않는 목공놀이 자료와 공구를 다루면서 자신감과 성취감을 느끼고, 부정적인 정서를 해소하여 안정적인 정서발달을 이루게 된다. 목공놀이를 통해 다양한 발달의 기회를 제공하려면, 무엇보다도 영유아가 할 수 있는 범위의 자료를 제공하고 목공도구도 **영유아의 수준에 따라 단계**

적으로 충분히 숙달되도록 지도하는 것이 필요하다.

목공놀이 자료와 도구에 따라 영유아의 대소근육 발달과 관련 기술이 다르게 요구되기에, 특히 영유아의 안전을 위해서는 환경을 잘 조성하여야 한다. 목공놀이 영역 공간은 공구의 사용이 용이하고 안전해야 하므로 다른 활동에 방해를 받지 않도록 적절하게 **넓고 독립된 조용한 공간**이 좋다. 그러므로 실외의 대근육 활동 영역과 떨어진 조용한 영역에 배치하여야 한다. 그리고 목공놀이 영역은 반드시 **교사의 감독 아래에 운영**되어야 하며, 목공놀이 자료와 도구는 놀이를 하지 않는 동안에 유아가 만질 수 없도록 관리해야 한다.

■ 영아를 위한 목공놀이

영아의 목공놀이는 영아의 대소근육 발달을 돕고 눈과 손의 협응력, 공간지각능력 및 정서발달에 긍정적인 영향을 미칠 수 있다. 영아를 위한 목공놀이에서는 실제 목공이나 유아의 목공놀이와 달리 안전하게 놀이할 수 있는 상품화된 목공놀이 세트(플라스틱 목공놀이대, 플라스틱 못과 망치)를 주로 활용한다. 상품화된 목공놀이 세트를 활용한 놀이 외에 밀가루 점토, 스티로폼 보드에 가벼운 나무망치(또는 플라스틱 망치)로 나무못(또는 플라스틱 못) 박기 활동을 제공하기도 한다. 영아의 목공놀이는 실내에서도 안전하게 놀이할 수 있으므로 실내외 공간의 제약을 받지 않으며, 대체로 실내의 홍미 영역에 많이 조성된다.

■ 유아를 위한 목공놀이

목공놀이는 자료의 특별한 기술적 문제들 때문에 수준에 따라 단계적으로 제공해야 한다. 3세 유아는 밀가루 점토, 스티로폼 보드에 나무못(또는 플라스틱 못) 박기를 할 수 있고, 4세 유아는 스티로폼이나 나무를 접착제로 붙여 만드는 구성활동을 할 수 있다. 이때의 목공놀이는 결과물이 잘 나오지 않을 수 있으므로 교사는 탐색과정 중심으로 상호작용해 주고 격려해 준다. 5세 유아에게는 목공놀이에 실제로 사용하는 공구를 조금씩 소개할 수 있다. 목공도구는 한 번에 한 가지씩만 소개한다. 도구를 소개할 때 교사는 올바른 사용법을 미리 알려 주고 필요에 따라 올바른 도구의 사용법을 시범 보이도록 한다.

못 박기를 먼저 소개하고 나중에 톱질방법을 소개하는 것이 좋다. 유아가 못 박기를 어려워 하면 스티로폼이나 나무를 접착제로 붙이도록 할 수 있다. 5세 유아는 스티로폼 블록이나 나무를 톱으로 자르고, 쇠망치로 못 박기를 할 수 있다. 유아가 톱질을 할 때는 나무결 반대방향으로 톱질하도록 한다. 톱질할 때 조임쇠(바이스 또는 시클램프)를 사용하여 스티로폼이나 나무를 고정하고 톱질을 할 수 있다. 처음 제시하는 공구를 사용할 때는 스티로폼 조각으로 충분히 활동해 본 후 나무를 이용하여 활동해 보도록 한다. 이후에는 대패를 사용하도록 할 수 있는데, 대패를 사용할 때 못을 박은 위를 대패질해서는 안 된다.

5세 유아는 점차 결과물을 생산할 수 있게 되며, 작품에 대한 처음의 아이디어가 바뀌고 활동을 끝마치지 못하더라도 격려해 주는 것이 필요하다. 같은 연령의 유아라 하더라도 목공기술이 매우 다르므로 교사는 유아의 수준과 흥미를 잘 관찰하여 자료와 도구를 단계적으로 제시하도록 한다. 그리고 교사는 유아가 작품 만들기에서 어떤 흥미를 가지는지 관찰하여 다른 자료들을 추가적으로 제공하며, 목공놀이 방법에 대한 이해를 돕고 아이디어를 보다 확장시킬 수 있다.

유아의 목공놀이 도구를 보관하는 장은 평소에 잠궈 두었다가 사용할 때마다 열어 놓고 쓰도록 한다. 추천되는 유아용 목공놀이 자료와 도구는 다음과 같다 (Huber, 1999; Wellhousen, 2002).

- 목공놀이대(유아 허리 높이이며 적당히 넓은 크기의 책상)
- 톱질용 목공의자(60×30×35cm)
- 톱질, 못질할 때 나무를 고정시키는 조임쇠(바이스 또는 시클램프)
- 망치: 못을 박을 때 쓰는 도구로 손잡이가 고무로 되어 있고, 망치의 머리부분과 자루의 무게 균형이 맞는 것이 좋다(유아용 망치의 적정 무게: 198.5~368.5g).
- 쇠지레(박힌 못을 빼는 도구)나 망치의 장도리
- 여러 종류의 못
- 나사못, 일자와 십자 드라이버
- 톱: 약 40~50cm 길이로 가로톱, 세로톱, 실톱(마무리용), 줄톱을 제공할 수 있다.
- 구멍 뚫는 공구: 손으로 돌리는 수동 핸드드릴, 송곳

- 다듬는 공구: 대패
- 그 외 자료: 모래종이(sandpaper), 목공용 접착제, 보호안경, 기타 자료(줄자, 분필 및 연필, 철사 자르는 공구, 바셀린 연고, 간이 진공청소기, 빗자루와 쓰레받기)

유아의 목공놀이는 실제 공구를 사용할 수도 있으므로 특히 안전을 염두에 두어야 한다. 목공놀이 시 유아가 반드시 보호안경을 착용하도록 하고, 유아가 선택한 자료와 도구를 사용하도록 하며, 사용한 자료와 도구는 제자리에 정리하도록 한다(Huber, 1999).

그림 7-22 목공놀이

활동해 봅시다

1. 언어활동: 영유아의 일상생활에서 말하기, 듣기, 읽기, 쓰기 놀이를 찾아 함께 해봅시다.

2. 사회활동: 영유아를 위한 역할놀이의 주제를 찾아보고, 이를 지원할 수 있는 소품 또는 적절한 환경구성방법을 찾아봅시다.

3. 과학활동: '비' 주제로 할 수 있는 과학놀이나 활동을 구상해 봅시다.

4. 수학활동: 영유아가 수학을 재미있게 경험할 수 있는 활동에 대해 토의해 봅시다.

5. 요리활동: 연령(3~5세)에 적합한 요리활동을 찾아보고, 영유아의 요리활동을 지원할 수 있는 요리순서표를 만들어 봅시다.

6. 음악활동: 영유아의 음악놀이를 지원하기 위한 교사역할에 대해 토의해 봅시다.

7. 동작활동: 동작 경험을 지원할 수 있는 소리, 단어, 음악, 이미지, 이야기 등을 선정하여 창의적으로 표현해 봅시다.

8. 미술활동: 우리 주변에서 미술 재료를 찾아보고 그 재료를 중심으로 한 미술놀이를 해봅시다(직접 하기 어렵다면 그 과정을 생각해 제시해 봅시다).

9. 이야기 나누기: 교실 상황에서 발생할 수 있는 이야기 나누기 주제를 생각해보고 교사가 되어 이를 전개해 봅시다.

10. 실외놀이: 영유아의 놀이를 지원하기 위한 실외놀이 공간의 활용방안에 대해 토의해 봅시다.

제8장

일상생활 지도

1. 영유아의 적응 돕기
2. 전이
3. 간식과 급식

생각해 봅시다.

1. 일상생활지도에서 가장 중요한 것이 무엇일지 생각해 봅시다.

1 영유아의 적응 돕기

영유아기 동안 일관되고 안정적인 보호는 필수적이다. 영유아는 교육·보육기관에 다니게 되면서 양육자(부모)와의 헤어짐, 새로운 환경, 낯선 교사와의 만남 등으로 불안감과 긴장감, 스트레스를 받을 수 있고 적응에 어려움을 겪는다.

1) 적응의 정의

'적응'은 원래 생물학의 진화론적 관점에서 생긴 용어로서, 종의 생존을 도와주는 생물학적인 구조와 과정이다. 적응은 생물이 생활하고 있는 환경에 가장 적합한 것만 살아남고 부적합한 것은 멸망해 버린다는 자연선택(natural selection)의 원칙을 나타낸다. 과거 심리학에서의 적응은 개인이 사회적·물리적 환경 속에서 생존하고 살기 위한 노력이다(Lazarus, 1976). 이러한 정의는 개인이 외부 세계의 요구에 끊임없이 맞추어 갈 것을 강조하는 개념이다. 한편, 건강한 **'적응'은 개인을 주어진 환경에 적응시키는 것과 개인의 요구에 맞추어 환경을 변화시키는 것의 두 가지 측면이 모두 충족되어야 한다**(Lazarus, 1976). 이러한 건강한 적응은 개인이 일방적으로 환경에 순응하는 것이 아니라, **개인과 환경 간에 양방향으로 이루어지는 조화와 균형**이 필요하다는 것을 말한다.

영유아교육의 관점에서 적응이란 영유아가 환경과 조화 및 균형을 이루어 나가는 상태이다. 기관에 대한 적응은 영유아가 불안감·두려움을 느끼지 않으며 집단의 규칙과 기대를 따르는 것을 포함하며, 일상생활에서의 문제를 원만히 해결해 나가고 적극적으로 환경과 조화를 이루며 행동을 변화시켜 나가는 것이다. 영유아 교육기관에서의 적응이란 영유아 자신의 심리적 측면인 불안감, 애착상태, 기질 등과 환경적 측면인 영유아의 교사 및 친구들과의 관계, 놀잇감, 영유아 주변 시설 사이에서 영유아가 자신의 생리적 요구를 합리적이고 주체적·능동적으로 해결해 나가는 행동과정이다(이동영, 2009).

이렇듯 적응은 개인과 환경 간의 상호적인 관계로 서로 연결되어 작용하므로 영유아의 초기 적응은 이후의 인간 발달에 많은 영향을 미치게 된다(김영희, 2003). 영유아가 원만한 적응을 하였을 때, 영유아는 집단생활을 즐기게 되고 또래나 교사와의 사회적 관계를 긍정적으로 확립하게 된다. 또한 영유아의 자아존중감과 확신을 향상시킬 뿐만 아니라 이후에 경험하게 되는 여러 집단생활에 있어 긍정적인 적응을 경험하도록 도와준다(Kim, 2009).

2) 적응에 영향을 미치는 요인

영유아가 새로운 환경에 적응하는 것은 영유아 자신과 외적 환경이 어떠한가에 영향을 받는다. 적응에 영향을 주는 요인으로는 영유아의 기질, 정서, 성별과 같은 개인적 특성과 부모, 교사와 같은 외적 요인을 들 수 있다.

■ 영유아의 개인적 특성

영유아는 기관에 적응하는 과정에서 불안감과 긴장으로 어려움을 겪는다. 이러한 불안감을 극복하는 과정은 개인적 특성인 성별, 연령, 기질, 교육기관 경험 등에 따라 달라진다. 영유아의 기질은 적극적이고 새로운 자극에 빨리 접근하며, 좋은 기분을 나타내고, 한 활동을 오래 지속할수록 적응성이 높다(김난영, 2000). 또한 활동수준이 높고 반응이 민감한 경우 초기 적응 시 친구관계를 형성하고 긍정적인 감정을 갖는 데 어려움이 있으며 까다로운 기질의 영아는 낯선 환경에 더 불안해한다.

영유아는 정서지능이 높을수록 기관에 더 잘 적응하고 또래와 바람직한 사회관계를 형성하며 교실생활에 잘 적응한다. 성별의 차이에서는 남아가 여아에 비해 초기 적응력이 낮은 반면, 여아는 기관에서 친사회적 행동 그리고 일과 적응에 관련된 긍정적 행동을 더 많이 한다.

대체적으로 남아보다는 여아, 연령이 낮은 경우보다 높은 경우, 순한 기질, 기관 경험을 지닌 영유아일수록 적응수준이 높다.

■ 부모

부모의 역할은 영유아가 기관에 적응하는 데 매우 중요하다. 어린이집에서 오랜 시간을 보내는 영아에게서 나타나는 부적응 행동은 부모로부터 양육되지 못하는 것에 대한 반응이 아니라 어린이집에서 경험하는 영유아의 스트레스를 해소시켜 주지 못하는 부모의 역할 부족과 무능력 때문에 나타나는 것이다(Ahnert & Lamb, 2003).

영유아의 적응은 부모와의 분리, 부모-영아 간 초기 애착형성에서 나타나는 불안감에 의해 영향을 받는다(김소희, 2006). 또한 어머니의 양육태도가 영유아의 적응에 영향을 미치는데, 어머니가 통제적이고 거부적인 양육태도, 과보호적인 양육태도를 보이는 영유아는 어린이집의 적응에 문제행동을 보인다(장성덕, 2007). 어머니가 일관성 있고 허용적인 양육태도를 가지고 양육 스트레스가 적을수록 영유아는 더 긍정적인 적응행동을 보인다.

부모는 영아가 자신 외에 처음으로 다른 사람과 관계를 맺는 필연적인 인적 환경이다. 영유아의 안정적인 적응을 위해서 부모는 영유아의 사회적 능력과 발달을 중요시해야 하고 감정적이고 친숙한 양육을 하는 것이 중요하다.

■ 교사

교사는 영유아가 부모와 헤어져 낯선 환경에서 만나는 가장 영향력 있는 인적 환경이다. 특히 영유아기는 물리적 환경보다 인적 환경의 영향을 더 많이 받기 때문에 교사의 자질은 기관 적응에 매우 중요한 요소이다. 교사는 상호작용을 통해 영유아의 발달을 촉진하며 특히 사회적인 능력과 또래 간 상호작용에 긍정적 영향을 미치기에(심현정, 2002), 교사의 태도는 영유아의 기관 적응에 결정적이다.

- 교사가 영유아의 요구에 민감하게 반응하는 것은 영유아의 사회적 유능감을 형성하게 하고 교사와 보다 안정된 관계를 형성하도록 하여 적응에 기여한다.
- 교사가 영유아와의 비언어적 의사소통을 이해하고 반응하는 과정, 즉 교사의 긍정적 반응, 따뜻한 반응, 느낌이나 사고를 언어화해 주는 행동, 의견 존중과 같은 긍정적 상호작용은 영유아가 어린이집 환경에 적응하는 단계에서 중요한 기능을 한다.
- 영유아의 스트레스를 줄이는 적응과정에서 교사는 영아와 안정된 애착을 형성함으로써 도움을 줄 수 있다.

박찬옥, 구수연, 이옥임(2010)은 연령별 적응과정에 영향을 미치는 요인에 대해 다름과 같이 제시하였다.

표 8-1 연령별 적응과정에 영향을 미치는 요인

구분	0세	1세	2세
환경	교사와의 애착을 통한 환경 탐색	움직임을 통한 환경 탐색	이해를 통한 환경 탐색
일과	자기중심적인 일과	신체적인 익숙함에 의거한 일과	일과의 순서에 대한 이해
교사	애착을 형성하는 대상으로서 자신과 동일시	자율적 존재로 성장하기 위해 교사에게 의지하며 동시에 독립하려는 태도	애착을 형성하는 대상이면서 교실의 규칙과 질서를 대변
또래	정서를 공유하는 존재	병행놀이, 소유물 다툼 존재	애착 대상이면서 집단생활의 어려움을 야기하는 존재
놀이	교사와의 놀이	혼자놀이, 병행놀이	병행놀이, 초기 연합놀이

3) 적응행동

영유아의 적응행동은 영유아의 연령과 속한 집단에서 기대되는 자립능력으로 정의할 수 있으며, 일반적으로 사회성 적응준거와 교육기관 내의 적응준거라는 두 가지 개념으로 이원화하여 설명할 수 있다(이영숙, 서소정, 2006). 영유아가 새로운 집단에 적응을 하기 위해서 먼저 환경의 특성을 발견하고 그 집단 혹은 그 환경에서의 생활을 다룰 수 있어야 한다. 이러한 사회적 요구를 수용하는 데 실패하게 되면 사회생활은 위축되며 적응에 어려움을 겪게 된다. 영유아가 교실에 적응하는 과정에서 대표적으로 나타내는 행동 중 '집에 가고 싶은 행동'은 적응 스트레스로 인한 귀가욕구 행동이다. 귀가욕구 행동은 세 가지로 구분될 수 있는데, 첫째, 얼굴 표정과 울음으로 그리움을 표현하고, 불안한 상태에 빠지고, 위축행동을 보이는 애착 관련 귀가욕구 행동, 둘째, 소유쟁탈, 언어 · 신체적 공격, 화풀이, 피로감 등 신체 증상으로 보이는 스트레스와 관련된 귀가욕구 행동, 셋째, 교실에서의 인정 추구와 놀이행동에서 나타나는 귀가욕구 행동이 있다.

이러한 스트레스는 다양한 형태로 적응해 간다. 스트레스가 적응으로 나아가는 과정을 살펴보면, 첫째, 기관에 처음 들어올 때 보이는 거부행동과 엄마의 부재로 인해 느끼는 스트레스의 표현은 새로운 애착(물건, 교사, 다른 성인)을 형성함으로써 적응해 간다. 둘째, 낯선 환경에서 낯선 교사와의 만남으로 나타나는 불안, 두려움, 포기와 수용 등은 기관이 엄마와 헤어져 있는 곳임을 이해함으로써 적응한다.

적응과정은 낯선 환경, 낯선 사람과의 만남과 엄마와의 헤어짐으로부터 오는 스트레스를 극복하는 과정이다. 이때 영유아는 영유아 스스로 자신을 위로하고 상황을 이해하는 내적 과정과 교사나 다른 성인의 위로, 다른 또래의 관심과 같은 외적 과정을 통해 적응해 간다.

4) 적응 프로그램

어린 영유아가 난생처음으로 보육기관에 가게 되었을 때 환경과 일과에 적응하는 것뿐만 아니라 애착의 대상이 부모에서 교사로 확대되는 과정을 겪게 된다. 애착형성이 확대되는 과정에서 충분한 시간을 가지고 점진적으로 이루어지는 것이 필요하다. 특히 영아 개개인의 기질과 상황에 따라 융통성 있게 실시하는 것이 무엇보다 중요하다.

(1) 목표

어린이집 표준보육과정에 기초한 영아보육 프로그램(보건복지부, 2013a)에서는 어린이집 원아의 적응 프로그램의 목표를 교사와의 애착 형성 돕기, 어린이집을 안전하고 편안한 장소로 여기기, 어린이집 환경에 적응함으로써 안정된 생활하기에 두었다. 신입영아가 새로운 환경과 일과에 적응하고 익숙해짐으로써 교사 및 또래와의 친밀감을 형성하여 긍정적 애착을 형성하고, 주변 환경에서 편안하게 스스로 즐겁게 놀이하고 생활하며 안정된 생활을 할 수 있게 되는 것이다.

삼성어린이집의 원아 적응 프로그램의 목표는 영아가 부모를 포함한 주 양육자와 헤어지는 것에 대해 두려워하지 않고 어린이집을 안전하고 편안한 장소로 느끼도록 하고, 교사와 또래 친구들에 대해 친밀감을 느끼며 신뢰감을 형성하도록 돕는 것이다(삼성복지재단, 2003).

이와 같이, 어린이집 영유아의 적응 목표는 교사와 또래와의 애착 형성, 어린이집 환경에 대한 안정감 형성, 일과생활과 환경의 적응하도록 하는 것이다.

(2) 내용

어린이집 신입원아의 적응 프로그램의 내용은 어린이집 일과와 환경 친숙해지기, 교사와 또래친구와 신뢰감 있는 관계 형성, 주 양육자와 자연스럽게 분리되기, 어린이집 활동에 참여하기 등이다(보건복지부, 2013a).

■ 어린이집 일과 및 환경에 대해 친숙해지기

부모를 비롯한 주 양육자는 영아가 어린이집을 방문하기 전에 미리 기관에 대해 소개해주어 새로운 어린이집에 대한 흥미를 유도한다. 등원 첫날 영아는 주 양육자와 함께 어린이집을 둘러봄으로써 안정감을 가지고 낯선 환경을 탐색할 수 있다. 이는 짧은 시간 동안 기관에 머무르면서 이루어지는 것이 바람직하다.

그 다음날부터 일주일간은 영아가 주 양육자와 함께 교실을 탐색하고 놀이를 하며 교사와 친밀감을 형성하도록 한다. 매일 점진적으로 어린이집 일과에 시간을 늘려 참여하며 환경에 대해 친숙해지도록 한다. 어린이집 일과 및 환경에 친숙해지는 것과 더불어, 교사 및 또래영아들과도 함께 친숙해지도록 한다.

조금 익숙해지면 영아가 짧은 시간 보호자와 떨어져 놀이하는 기회를 가지고 보호자는 영아가 불안해하기 전에 돌아와 안정감을 줄 수 있다.

■ 교사 및 또래영아와 친해지기

영아가 어린이집에서 일과를 보내기 시작하면, 교사와 신뢰감을 형성하도록 교사와 영아의 개별적인 놀이가 충분히 이루어지도록 한다. 영아가 애착을 가지는 물건이나 영아가 흥미 있어 하는 놀잇감을 제공하면, 영아의 불안감을 덜 수 있고 다른 사람과의 상호작용도 도울 수 있다. 영아가 흥미를 갖는 놀이의 경우, 교사와 함께 놀거나 또래영아와 조금씩 놀아봄으로써 다른 사람과 친해지는 경험을 할 수 있다.

■ 주 양육자와 자연스럽게 분리할 수 있기

영아의 불안도와 개인차에 따라 첫째 주에서 셋째 주 사이에 주 양육자와 자연스러운 분리를 시도할 수 있다. 매일 점진적으로 어린이집에서 영아가 지내는 시간을 늘리면서, 주 양육자와의 상호작용도 점차 감소시키도록 한다.

첫날은 주 양육자와 영아가 어린이집에서 모든 활동을 같이 하고, 둘째 날에서 셋째 날부터는 영아가 주 양육자와 놀거나 함께 하는 시간을 점차 줄여나간다. 그 다음에는 주 양육자가 교실 한 쪽에 앉아있고 영아는 교사나 또래 영아들과 함께 놀도록 한다. 나중에는 주 양육자가 교실 밖에서 영아의 초기 활동을 관찰하다가 집으로 먼저 돌아가도록 할 수 있다. 이때 주 양육자가 언제쯤 집으로 돌아갈 것인지, 영아와 언제 다시 만날 것인지 미리 얘기해주어, 영아의 상황을 예측할 수 있도록 한다.

■ 어린이집 활동에 참여하기

영아는 어린이집에서 처음 호기심을 갖는 놀이나 활동부터 참여함으로써 즐거운 어린이집 생활에 참여할 수 있다. 영아의 흥미에 기초하여 어린이집 활동과 놀이를 점진적으로 경험해보고 또래영아에게도 호기심을 나타내는 경우, 또래 영아와 함께 어린이집 활동에 참여하도록 할 수 있다. 모든 것은 자연스럽고 편안하게 진행될 수 있도록 한다.

이와 같이, 적응 프로그램의 내용은 영아의 개인적 특성을 고려하면서 동시적으로 점진적으로 다루도록 한다.

(3) 운영

일반적으로 영아의 안정적인 어린이집 적응이란 울지 않고 주 양육자와 헤어지며, 급간식과 배변, 낮잠 등의 일상적 양육과 보육활동에 무리 없이 참여하는 것이다(보건복지부, 2013a). 학기 초의 적응 프로그램은 부모 등의 주 양육자와의 분리, 어린이집 적응의 두 단계에 걸쳐 이루어진다.

어린이집 표준보육과정에 기초한 적응프로그램(보건복지부, 2013a)에서 제시한

0~2세 영아의 적응과정은 〈표 8-2〉 〈표 8-3〉과 같다.

초기 1~2주 동안 영아가 적응하는 과정에서는 첫날 1~2시간으로 짧게 어린이집을 방문하여 주 양육자(보호자)와 놀이한다. 영아가 적응하는지 적응에 어려움을 겪는지에 따라 시간을 융통성 있게 운영하면서 점진적으로 어린이집 활동에 참여하도록 한다. 영아와 함께 하는 보호자의 참여 역시 점진적으로 시간을 줄여 나간다.

표 8-2 영아 적응과정의 예(보건복지부, 2013a)

기간	내 용	적응정도에 따른 보육시간	
1~2주	짧게 방문하기 보호자와 함께 놀이하기 오전 간식 먹기	적응 시	10:00 ~ 12:00
		부적응 시	10:00 ~ 11:00
	오전 놀이와 점심식사	적응 시	10:00 ~ 식사 후 13:00
		부적응 시	10:00 ~ 12:00 이전
	보호자와 잘 헤어지기 선생님과 놀이하기	적응 시	10:00 ~ 식사 후 13:00
		부적응 시	10:00 ~ 12:00 이전
	보호자와 웃으며 안녕하기 낮잠 자보기	적응 시	9:30 ~ 낮잠 잔 후 15:30
		부적응 시	9:30 ~ 식사 후 13:00
	친구들과 함께 놀이하기 편안한 마음으로 낮잠 자기	적응 시	9:30 ~ 낮잠 잔 후 17:00
		부적응 시	9:30 ~ 식사 후 14:00
	하루 종일 지내기	적응 시	9:30 ~ 낮잠 잔 후 18:00
		부적응 시	보호자와 상담 후 귀가시간 조정

영아의 적응과정은 연령과 개인의 특성에 따라 다르게 운영될 수 있다. 영아들은 공통적으로 보호자와 함께 어린이집 탐색, 교사와 안정적 애착 형성, 보호자와 안정적 분리 등의 내용으로 적응하지만, 영아의 연령과 발달수준에 따라 구체적인 교사의 역할과 상호작용, 환경구성은 다르게 운영될 수 있다.

0세 영아의 경우, 또래영아와의 상호작용이 제한적인 만큼 교사를 중심으로 애착을 형성하고 어린이집 환경과 일과에 적응해 나간다. 1세 영아는 보다 다양한 감각적인 활동이 참여하면서 교사와 또래영아와 상호작용을 하며 신뢰성 있는 관계를 만들어 가기 시작한다. 2세 영아는 개별적인 요구, 정적 활동과 동적 활동, 다양한 움직임을 위한 공간에서 교사와 또래와 관계를 맺으며 놀이를 즐기도록 한다.

표 8-3 0~2세 영아의 적응과정, 교사의 역할 및 환경구성

구분	적응과정	교사의 역할 및 상호작용	환경구성
0세 영아	• 보호자와 함께 어린이집 탐색 • 적절한 거리 두고 접근하기 • 보육교사와 안정애착 형성하기 • 보호자와 안정적인 분리	• 교사와 마주 보기 • 교사의 얼굴 탐색 • 선생님의 따뜻한 손길을 느낄 수 있는 활동 • 선생님과 함께 하는 감각놀이 • 보육실 환경 탐색	• 영아의 담요나 푹신한 인형, 베개 등으로 가정과 유사한 안락한 공간 마련 • 영아에게 친근한 물건이나 호기심을 유발시킬 수 있는 놀잇감 배치 • 영아의 가족사진 전시 • 일상생활을 위한 시설과 설비
1세 영아	• 보호자와 함께 어린이집 탐색 • 보육교사와 안정애착 형성하기 • 보호자와의 분리 • 보육교사의 도움으로 일상생활 및 놀이하기 • 보육교사와 안정적으로 일상생활 및 놀이하기 • 보호자와 안정적으로 헤어지기	• 어린이집 환경 이해하기 • 감각적인 활동 - 색 밀가루 점토 놀이 - 마카로니 쏟고 담기 놀이 • 선생님과 관계 형성 • 신체놀이 - 손바닥 쳐보기, 매트 위에서 뛰기	• 쿠션, 담요, 인형 등으로 안락하고 쉴 수 있는 공간 마련 • 넓은 보육실 공간 • 교구장을 벽 쪽에 배치하고 신체활동을 충분히 할 수 있는 공간 • 충분한 수의 놀잇감 배치 • 영아들의 수준차를 고려한 놀잇감 배치를 통해 영아가 유능감과 만족감을 느낄 수 있는 환경 구성
2세 영아	• 보호자와 함께 어린이집 탐색 • 보호자와의 점진적인 분리 • 교사와 관계 맺기 • 또래와 관계 맺기 • 놀이 즐기기 • 하루일과 적응하기(급·간식, 낮잠, 배변 등)	• 각 영역 소개하기 - 어린이집 둘러보기 - 보육실 둘러보기 - 영역 둘러보고 놀이하기 • 선생님 알기 • 또래 알기 • 신체놀이를 통한 긴장 해소	• 조용히 쉴 수 있는 개별 공간 • 조용한 활동/움직임이 활발한 활동을 위한 공간 • 구조화된 움직임을 유도하는 공간/자유롭게 움직일 수 있는 공간 • 먹고 씻고 잘 수 있는 일상적인 욕구를 해소하는 공간

적응 프로그램은 대상 영아의 요구와 수준에 따라 약 2 주~1달 정도 진행되는데, 초기에는 영아가 편안하게 교사나 다른 또래 친구들, 어린이집의 환경에 대해 관찰할 기회를 갖게 한다. 교사는 부모를 통해 영아에 대한 다양한 정보, 성격과 기질, 가정환경, 생활 습관 등을 파악한다. 교사는 영아가 좋아하는 놀잇감, 놀이, 음식은 무엇인지 알아보고, 수면습관, 질병이력과 특이사항, 전체적인 생활 리듬 등에 관한 정보를 파악하도록 한다.

교사는 영아의 초기 적응을 위한 환경을 준비하고 부모와 영아가 어린이집에서 함께할 수 있는 놀잇감과 활동들을 준비한다. 적응을 위한 구체적인 놀이나 활동들은 영아에게 즐거움을 선사하고 영아가 자연스럽게 교사와 또래영아들과 상호작용을 할 수 있는 계기를 마련한다.

0세 영아는 분리불안이 극대화 되는 시기이므로, 분리불안 극복을 위한 활동과 감각을 자극하는 환경을 구성한다. 0세 영아는 냄새나 온도 등을 통해서도 환경을 민감하게 느끼므로, 어린이집에서 가정과 같이 편안함과 안전함을 느낄 수 있도록 신뢰를 주는 환경을 마련해주어야 한다. 1세 영아는 활발한 신체 움직임을 통해 환경을 탐색하므로 안전한 환경에서 마음껏 신체활동을 할 수 있도록 환경을 마련해 주는 것이 바람직하다. 2세 영아는 개별적으로 다양한 방식의 적응과정을 거치므로, 교사는 영아가 또래, 놀잇감에 개별적인 과정과 속도, 방식에 맞춰 적응할 수 있도록 돕는다.

주 양육자의 적응을 위한 방법

- 어린이집에 대한 전반적인 내용을 오리엔테이션을 통해 부모에게 전할 수 있도록 프로그램을 계획한다.
- 적응 기간 동안 부모의 역할에 대해 안내한다.
- 부모와 파트너십을 형성한다.
- 부모에게 영아 및 일과에 대한 정보를 제공한다.
- 어린이집에서 제공하는 프로그램을 부모에게 소개해 준다.
- 부모의 적응을 돕는 과정에서 부모와의 긴밀한 관계를 형성함으로써 정보를 얻고 공유할 수 있다.

한편, 교사들은 부모를 포함한 주 양육자 역시 어린이집에 자녀를 보내는 데 적응을 하도록 지원하여야 한다. 영아와 주 양육자가 함께 적응을 잘 하였을 때, 영아의 어린이집 생활을 보다 안정적이고 영아의 보육과 교육의 효과가 극대화 될 수 있다.

이처럼 영아가 어린이집에 안정적으로 적응하도록 교사는 물리적 환경을 제공하고, 개인 영아의 특성에 따라 프로그램을 운영하고 상호작용하며, 부모 및 주 양육자가 적응 프로그램을 이해하고 교사와 함께 파트너십을 형성하여 협조하도록 하여야 한다. 교사 자신도 적응과정에 대한 중요성을 인식하고 노력하면 교사, 영아, 부모 모두 안정감을 느끼고 생활하게 하는 데 크게 공헌할 수 있다.

2 전이

1) 등원

등원은 **유아교육 · 보육기관에서 경험하게 될 일과의 시작**을 의미한다. 등원 시 영유아는 가정으로부터 분리되어 유아교육 · 보육**기관의 일과에 참여하며 정서적인 전환을 경험한다.** 교사는 개별적인 상호작용과 가벼운 신체 접촉(체온 체크 등)을 통하여 영유아의 상태를 파악하고 영유아가 편안하게 일과에 참여할 수 있도록 한다. 영유아는 등원 시 친구들과 유아교육 · 보육기관의 여러 교사를 만나게 되므로 사회적 상호작용과 의사소통을 경험하게 된다. 따라서 교사는 매일의 일과에서 반복적으로 진행되는 등원시간에 **영유아에게 따뜻함과 편안함을 느낄 수 있는 만남, 즐거움과 흥미를 유발할 수 있는 환경을 제공**하여 유아교육기관의 일과에 영유아가 자연스럽게 동화될 수 있도록 세심하게 배려하여야 한다.

등원의 구체적인 지도방법은 다음과 같다.

■ 교사는 영유아가 등원하기 전에 교실환경을 정비한다.

교사는 등원 전 교실을 환기하고 놀이 환경과 활동 자료 등을 점검한다. 또한 영유아와 개별적으로 인사를 나누며 밝고 편안한 분위기로 맞이한다.

■ 필요에 따라 영유아에게 아침식사나 간식을 제공한다.

아침을 먹지 않고 등원하는 영유아에게는 아침식사나 적절한 간식을 제공하고, 이른 등원으로 수면이 부족한 영유아를 위해 조용한 공간을 제공하여 수면을 취하거나 휴식할 수 있도록 한다.

■ 등원시간이 이른 영유아를 위한 배려를 고려한다.

정해진 시간보다 일찍 등원한 영유아의 경우에는 언어 영역, 조작 영역 등 교실의 일부 영역을 제한적으로 열어 정적인 활동을 하며 시간을 보내도록 한다. 그러나 계획된 일정과 달라 매일의 등원시간이 빠른 영유아가 있다면 부모와 상의하여 등원시간을 조절하거나 담당교사를 정하여 영유아를 맞이하고 별도의 공간에서 시간을 보내도록 배려한다.

■ 영유아의 건강상태와 심리상태를 개별적으로 파악한다.

영아의 경우에는 가정에서의 식사, 배변, 수면상태를 점검하고 안색을 면밀하게 살피며 열을 재어 보는 등의 방법으로 건강상태를 확인할 필요가 있다. 또한 건강 또는 심리상태가 불편한 영유아의 경우에는 개별적으로 일과를 조절하는 것이 좋으며, 등원시간뿐 아니라 일과 운영 동안에도 지속적으로 관찰하여 적절한 조치가 필요한 시기를 놓치지 않아야 한다.

■ 부모와 개별 소통을 한다.

교실 입구 또는 현관에는 부모에게 전달할 내용이나 메모를 붙여 두고 부모들이 영유아를 데려온 시간을 기록할 수 있도록 기록용지를 준비한다. 부모와 함께 등원하는 영유아의 경우에는 부모로부터 영유아에 관한 특별한 정보를 직접 듣고 확인한다. 특히 어린 연령의 영유아인 경우 부모와 그날에 필요한 정보를 교환하여 하루 일과 지도에 참고하는 것이 매우 중요하다. 그러나 버스로 등원하는 영유아의 경우에는 부모 기록지 또는 간단한 메모지를 활용하여 교사에게 알리고 싶은 사항을 전달하도록 안내한다.

■ 부모 기록지를 활용한다.

부모 기록지에는 영유아의 건강상태와 심리상태, 영유아가 경험한 특별한 사건, 가정의 행사 등 교사에게 알려야 할 내용을 간단히 기록하도록 한다. 일과 운영 중에 담임교사는 자리를 비우기 어려우므로 전화 통화가 원활히 이루어질 수 없음을 미리 안내하여 부모로 하여금 부모 기록지를 활용하도록 하는 것이 바람직하다. 그러나 특별한 이유로 부모가 전화를 통하여 영유아의 상태를 알리고자 하는 경우에는 통화가 가능한 다른 교직원이 전화의 내용을 정확하게 기록하여 담임교사에게 전달하도록 한다.

■ 투약이 필요한 영유아의 경우 투약의뢰서와 약을 함께 제출하도록 한다.

주 양육자는 투약 방법과 시간, 분량 등을 기록한 투약의뢰서를 약과 함께 교실 또는 현관 입구에 비치된 투약상자에 두도록 한다. 버스로 등원하는 영유아의 경우에도 차량지도교사에게 투약의뢰서와 약을 전달하도록 안내하여 이를 반영할 수 있다.

■ 개인사물함에 신발, 옷, 개인용품을 스스로 정리하도록 지도한다.

어린 연령의 영유아의 경우 교사가 이를 도울 수 있다.

■ 영유아가 스스로 자신의 출석을 표시하게 한다.

영유아의 출석 표시를 위해 영유아의 이름과 사진 등으로 제작된 이름표와 출석판을 준비한다. 영유아는 자신의 출석을 표시하면서 자연스럽게 친구들의 출석 상황을 파악하게 되며 이때 글자에 대해 흥미를 느낄 수 있다.

2) 정리정돈

자유선택활동이 끝나면 영유아는 자신이 각자 가지고 놀이를 한 자료들을 정리

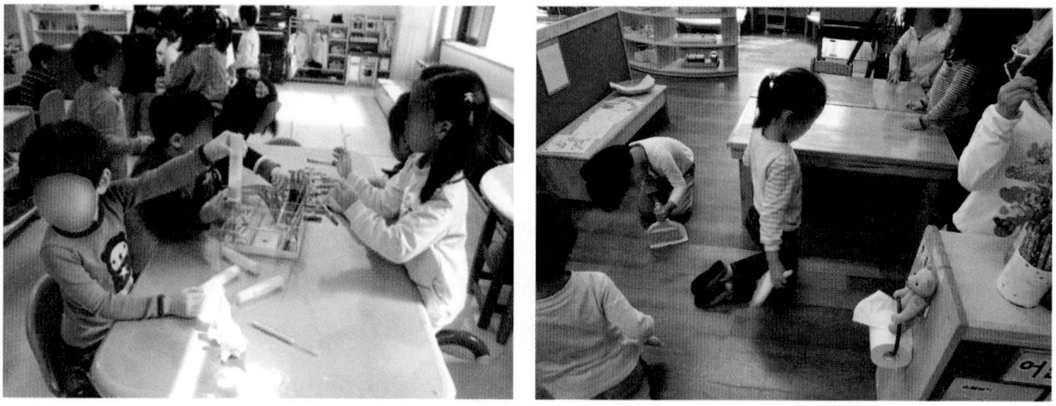

그림 8-1 **정리정돈**

정돈한다. 정리정돈은 영유아가 책임감을 가지고 자신이 사용했던 자료들을 제자리에 정돈하여 배치하는 것이다. 정리정돈은 영유아의 책임감과 독립심을 기르고, 성취감을 느끼게 하여 긍정적 자아개념을 형성하도록 돕는다. 또한 정리정돈은 다른 영유아와 함께 하거나 도와줌으로써 사회성 발달의 기회가 된다.

정리정돈 시간은 미리 알려 주어 영유아가 시간을 예측하여 놀이하고 정리정돈을 할 수 있게 해 주고, 활동의 성격에 따라 시간을 융통성 있게 둘 수 있다. 자유놀이 시간 후의 정리정돈 시간인 경우 자료 정리를 하는 데 시간이 특히 많이 걸리는 흥미 영역은 미리 정리정돈을 시작하는 것도 좋다.

3) 전이시간

전이(transition)는 두 가지 의미를 가진다. 첫째, 전이는 어떤 교육기관에서 진급하는 때와 같이 삶에서 일어나는 변화의 시간을 의미한다. 둘째, 전이는 하루 일과 중 한 활동에서 다른 활동으로 옮겨지는 때를 의미한다(Wittmer & Petersen, 2011). 유아교육기관의 하루 일과는 규칙적으로 여러 활동이 이루어지기 때문에 각각의 활동이 연결되는 과정인 전이시간을 갖는다. 전이시간을 어떻게 계획하고 운영하는지에 따라 하루 일과의 흐름이 편안하게 흘러가거나 어수선하게 흘러갈 수 있으며, 전이시간의 교실 풍경을 통해 교사가 얼마나 학급을 잘 운영하는지를 파악할 수 있다.

한편, 2세 보육 프로그램(육아정책개발센터, 2007)에는 일과 중 활동의 하나로 전이활동을 포함하고 있다. 주로 주제와 관련된 두 활동 사이의 연계, 도입 및 주의집중의 성격으로 전개되고 있으나 이를 통해 전이시간의 교육적 운영의 필요성을 확인할 수 있다.

영유아가 유아교육기관에서 처음으로 시작하는 전이시간은 가정에서 교육기관으로 옮겨지는 등원이다. 이 전이시간은 교사가 어떻게 준비하는가에 따라 그날 영유아들의 교육기관의 하루가 결정될 정도로 중요하다. 대부분 영유아는 교육기관에 즐거운 마음으로 등원하지만 그렇지 못한 날도 있다. 그러므로 교사는 등원하는 영유아들이 기쁜 마음을 가질 수 있도록 인적 · 물적 환경을 준비해 놓아야 한다.

일반적으로 교사들이 전이시간을 운영할 때 범하기 쉬운 실수 중 하나는 전이시간의 의미를 인식하지 못하고 이 시간을 다음 활동 혹은 시간을 위해 스쳐 가는 순간쯤으로 여기는 것이다. 전이시간을 잘 운영하기 위해 고려할 점은 다음과 같다(유윤영, 2006; Dodge & Colker, 1995).

■ 개별 영유아의 전이시간은 다를 수 있다.

모든 영유아가 한꺼번에 새로운 활동으로 움직일 수 있다고 기대해서는 안 된다. 간식시간 뒤 실외놀이 시간이 이어진다고 해도, 간식을 먼저 먹은 아이들은 친구들이 함께 실외놀이를 나갈 때까지 조용히 퍼즐을 맞추거나 책을 읽는 시간을 가져야 한다.

■ 영유아가 이해할 수 있는 방법으로 전이시간을 알려야 한다.

전이시간은 기존의 활동을 정리하고 새로운 활동이 시작됨을 의미하므로, 교사들은 전이시간을 미리 공지해야 한다. 이때 영유아의 수준에 따라 어느 시간에 정리할 것인지 알려 주거나(예: "긴 바늘이 6자에 가 있으면 정리를 할 거예요."), 정리까지 남아 있는 시간동안 놀이나 활동을 어느 정도 할 수 있는지에 대해 이야기 나눌 수 있다(예: "10분 후에 정리할 텐데, 지금 네가 하는 퍼즐을 다 맞추면 시간이 알맞겠다." "15분 후에 정리할 텐데, 지금 네가 하는 놀이를 어느 정도 할 수 있겠니?"). 이렇듯 남은 시간과 영유아의 능력과 속도에 따라 놀이에 소요되는 시간을 유추해 보도록 도울 수 있다.

■ 충분한 시간을 제공하되 융통성 있게 운영해야 한다.

정리정돈 시간은 어떤 놀이나 활동을 정리정돈하느냐에 따라 길거나 짧게 편성하게 된다. 정리정돈 시간은 치우기 위해 영유아들을 몰아치는 시간이 되지 않도록 해야 한다. 한편, 전이시간이 본 활동의 주의집중을 유도하기 위한 목적으로 활용될 때 너무 길게 할애되면 오히려 본 활동에 방해가 된다. 전이활동도 활동의 성격과 목적에 따라 시간 운영에서 융통성을 요한다.

그림 8-2 전이

■ 다양한 방법을 활용한다.

간식을 먹기 위해 손을 씻으러 가거나 급식시간, 실외놀이 시간, 귀가시간처럼 영유아가 장소를 이동해야 하는 전이시간에는 안전을 위해 교사가 영유아를 한두 명씩 호명하여 이동해야 할 장소로 보낸다. 교사는 유아들을 '바른 자세를 취한 유아'라는 기준에서 호명하게 되면 영유아는 교사의 눈에 들고자 바른 자세를 경쟁적으로 취하지만 모든 이름을 동시에 부를 수 없기에 영유아들의 실망은 커지며, 단지 교사의 눈에 들기 위해 애쓰고 교사에게 지나치게 의존하게 될 수 있다.

그러므로 교사는 다양한 사고를 촉진하기 위해, '옷에 빨간 색이 있는 유아' 등과 같이 여러 가지 기준을 활용할 수 있고, 간단한 수수께끼나 동작을 표현하는 유아를 호명할 수 있다. 또한 전이시간을 교육적 자극을 제공하는 시간으로 운영하기 위해, 배웠던 노래를 부르거나 간단한 손유희, 다양한 사전지식을 활용하는 수수께끼, 끝말잇기, 이야기 연결 짓기, 그림 보며 순서 연결하기, 수 세기, 그림이나 사진에서 관찰하고 탐색한 것 발견하기, 리듬게임, 동작을 활용한 간단한 게임 등 다양한 활동을 할 수 있다.

■ 융통성 있게 지도한다.

영유아는 놀이나 활동에서 자주 몰입한다. 몰입은 성취감으로 이어져 이후의 삶에서 중요한 역할을 한다. 블록으로 동네 꾸미기에 한창인 유아나 그림 그리기에 빠져 있는 유아에게 정리를 알리는 신호는 방해로 인식되며, 이러한 일이 반복될 경우 영유아는 몰입에 대해 부정적인 인식을 갖게 되기도 한다. 따라서 영유아가 특정 놀이나 활동에 몰입한 경우 예외를 두어 활동을 마무리 지을 수 있도록 전이 시간을 융통성 있게 운영할 필요가 있다.

4) 손 씻기, 기저귀 갈기와 화장실 가기

(1) 손 씻기

손 씻기는 영유아로 하여금 올바른 청결 습관을 기르도록 돕는다. 국내외 연구에 따르면 손 씻기만으로도 수인성 감염병 50~70%를 예방할 수 있고, 특히 설사성 질환, 급성 호흡기 감염, 회충 및 피부 · 안구 감염을 예방할 수 있기 때문에, 영유아의 건강을 위하여 손 씻기는 매우 중요하다.

손 씻기는 영유아의 손이 더러워지거나 씻을 필요가 있을 때, 간식과 식사 전후, 약을 먹기 전, 실외놀이나 조형활동 후, 화장실을 다녀온 후, 물놀이나 견학 또는 나들이를 다녀온 후 등 일과 중에 반복적으로 이루어진다. 따라서 화장실과 세면대는 위생적이면서도 안전하고 영유아에게 친근감을 줄 수 있어야 한다. 바닥은 안전사고가 일어나지 않도록 미끄럼 방지 처리를 하며, 세면대에는 손 씻는 순서와 방법 등을 알려 주는 그림을 붙이도록 한다. 비누를 통해서도 세균에 감염될 수 있으므로 가급적 물비누를 사용하거나 고체비누 관리를 자주 해 주는 것이 바람직하다.

또한 유아교육기관의 영유아가 100명 이상일 경우에는 손 세척 및 손 소독시설을 설치해야 한다(교육인적자원부, 2007). 수건은 개인 수건을 사용하는 것이 좋으나 영유아의 수만큼 수건을 걸어 두고 사용하기 어려우므로 수건의 상태를 수시로 점검하여 교체해 주고, 특히 장마철과 같이 습기가 많은 날씨에는 하루에 한두 번 수건을 더 교체하는 것이 좋다. 한편, 교실 내 싱크대나 세면대를 이용하여 손 씻기를 하는 경우에도 위생을 고려해야 한다.

교사는 손 씻기의 중요성과 손을 씻는 방법, 손을 씻어야 할 때를 지속적으로 지도해야 하며, 교사 스스로가 손을 항상 청결히 유지하고 올바로 씻는 모습을 보여주는 것이 바람직하다. 학기 초나 유아교육기관에 처음 오는 영유아에게는 교사가 직접 손 씻는 방법을 시범보이며 지도하는 것이 좋다. 또한 세면대 주위에 올바른 손 씻기 방법에 대한 그림과 설명을 붙여 두고 어린 연령의 영유아를 위해서는 교사가 영유아의 손 씻기를 도와줄 수 있다.

다음은 손 씻기 지도 시 교사가 참고할 청결하게 손을 씻는 방법이다.

- 손에 물을 적신 후 물비누를 손에 약간 덜어 놓는다.
- 양 손바닥과 양 손등을 비벼 닦는다.
- 손가락 사이를 닦은 후, 손가락 끝과 손톱 밑을 비벼 닦는다.
- 양 엄지손가락과 양 손목을 닦은 후, 비눗기가 남지 않도록 흐르는 물에 깨끗이 씻는다.
- 물을 잠그고 손의 물기를 가볍게 턴 후 수건으로 손을 닦는다.

그림 8-3 손 씻기

(2) 기저귀 갈기

어린 연령의 영유아기에는 기저귀 갈기가 중요한 일과 중 하나다. 기저귀를 갈 때는 가정과 같이 편안한 분위기를 조성하여 안정감을 느끼도록 배려해 주어야 한다. 기저귀 가는 공간은 영유아가 잠자는 곳과 가까우면서 수면을 방해하지 않고, 교사가 드나들기 쉬울 정도의 충분한 공간에 마련한다. 또한 해가 잘 들어 따뜻한 곳이어야 하며, 영아를 눕히기에 적당한 크기의 청소하기 쉬운 마감재로 된 매트를 사용하는 것이 좋다. 기저귀, 물휴지, 소독용 티슈, 일회용 위생장갑 등은 미리 배치해 두고 처리한 기저귀는 폐기용 비닐로 밀봉하여 뚜껑이 있는 쓰레기통에 버리도록 한다. 또 모빌을 비치하여 영아가 기저귀를 가는 동안 움직임을 탐색할 수 있도록 하는 것이 좋으며 교사는 영유아와 부드러운 음성으로 이야기를 나누는 등 친밀감을 갖도록 한다.

다음은 기저귀를 갈 때 교사가 유의해야 할 사항이다(육아정책개발센터, 2007).

- 기저귀를 가는 일정한 장소를 정해 놓고 위생적으로 관리한다.
- 기저귀를 가는 장소 근처에 영아가 흥미를 가질 수 있는 그림이나 모빌을 달아 주고 기저귀를 갈 때는 손에 장난감을 쥐어 주면 좋다.
- 월령이 낮을수록 적절한 때에 수시로 기저귀를 갈아 주고, 기저귀를 가는 동안 영아와 눈을 맞추며 이야기를 해 주고 노래를 불러 주면 기저귀 갈기가 놀이처럼 즐거운 경험이 될 수 있다.
- 기저귀, 물휴지, 발진크림 등 기저귀 가는 데 필요한 모든 준비물은 쉽게 사용할 수 있도록 가까이에 준비해 둔다. 기저귀를 가는 동안 영아를 눕혀 놓은 채 물품을 가지러 다른 곳에 가면 절대 안 된다.
- 기저귀 갈기 전후에 교사는 반드시 손을 씻고, 영아의 배변상태를 보고 건강상태를 점검한다. 기저귀를 갈 때 가급적 물로 깨끗하게 씻어 주어 청결하고 쾌적함을 느낄 수 있도록 한다.
- 개개인의 시간표에 맞추어 수시로 기저귀를 점검해 주고 수유 이후, 낮잠 자기 전에는 반드시 기저귀를 갈아 주어야 한다.
- 영아의 건강상태가 좋지 않은 경우는 물론이고 평상시에도 기저귀를 간 횟수

와 대변의 상태 등을 기록하여 귀가 시 부모에게 알려 준다.

(3) 화장실 가기

대부분의 영아는 2세가 지나면서 대소변을 가리기 시작한다. 이 시기의 영아는 기저귀를 차지 않고 유아교육기관에서 하루 일과를 보내는 것이 가능하기는 하지만 자주 실수할 수 있으므로 교사의 세심한 배려가 필요하다. 즉, 수시로 영아를 관찰하고 편안함을 느끼도록 배려하면서 여벌의 옷을 갈아입히며, 영아가 배변 의사를 표현하고 시도하는 것에 대해 격려해 주고 자신감을 갖도록 지도해야 한다.

배변훈련을 해야 하는 영아는 변기 사용에 대해 두려움을 가질 수 있으므로 이동식 변기나 영아용 변기를 사용하는 것이 좋으며, 옷을 벗어 아래로 내리기, 변기에 앉기, 용변 보기, 일어나기, 옷 입기, 물 내리기 등의 순서를 재현해 봄으로써 스스로 배변을 시도할 수 있도록 지도하는 것도 좋은 방법이다. 그러나 강압적인 훈련으로 영유아가 실수에 부담을 느끼거나 배변에 스트레스를 받지 않도록 주의하는 것이 무엇보다 중요하다.

다음은 대소변을 가리고 화장실을 사용할 때 교사가 주의해야 할 사항이다.

- 배변은 하루 일과 중 수시로 일어나며 시기에는 개인차가 있으므로 개별적인 배려와 주의가 필요하다. 교사는 이를 인식하고 정리정돈, 식사 후, 낮잠 전과 후에는 화장실 가는 시간을 갖게 하여 자연스럽게 대소변을 가릴 수 있도록 도와준다.
- 영유아가 놀이에 열중하면 배변 실수를 할 수 있으므로 화장실 가는 시간을 미리 알려 주도록 한다.
- 화장실에는 대소변을 볼 때의 순서 사진을 벽에 붙여 주어 영유아 스스로 화장실 가기, 옷 벗고 입기, 배변 후 물 내리기, 손 씻기 등을 할 수 있도록 안내해 준다.

영유아가 만 3세가 넘어 손이 엉덩이에 닿으면서 휴지로 용변 처리를 할 수 있는 시기가 되면 보다 독립적으로 행동할 수 있다. 유아교육기관의 화장실은 영유아가

그림 8-4 화장실 가기

편안하게 용변을 보기 좋도록 조성하지만, 영유아에 따라 화장실을 편안히 이용하기 어려운 경우가 있다. 그러므로 교사는 영유아의 생활과 화장실 이용 정도를 관찰하여 개별 영유아에 따라 점차적인 용변 지도를 해 주는 것이 좋다. 화장실의 청결과 쾌적함을 유지하기 위하여, 교사는 화장실 바닥이 항상 건조한 상태로 유지되도록 하고 환기를 점검해야 한다.

화장실은 여러 사람이 함께 이용하므로 영유아가 화장실을 이용할 때 사회적 규칙을 지킬 수 있도록 안내하는 것이 필요하다. 화장실의 문을 갑자기 열면 안에 사람이 있을 경우 실례가 되므로, 화장실 안에 사람이 있는지 노크를 하여 확인하도록 한다. 여러 사람이 몰릴 경우 줄을 서서 차례를 지켜 들어가도록 한다. 화장실은 깨끗이 이용하도록 하고, 용변 후 휴지를 사용하여 적절히 닦도록 한다. 영유아는 때로 휴지를 사용할 때 휴지 양을 신경 쓰지 않는 경우도 있다. 그러므로 화장실 이용을 초기에 지도할 때, 소변과 대변에 따라 휴지의 양을 얼마나 사용하면 좋은지에 대해 이야기 나누고 구체적으로 안내하도록 한다.

5) 낮잠과 휴식

낮잠과 휴식은 영유아가 오전활동으로 쌓인 피로를 풀어 주며 활기차게 오후활동에 참여하도록 돕는다. 영유아는 대사활동이 왕성하고 활동량이 많기 때문에 적절한 일과 중에 쌓인 피로를 낮잠과 휴식으로 해소해야 한다. 낮잠과 휴식은 영유아의 뇌발달뿐 아니라 면역력을 높여 주어 건강을 유지하고 질병으로부터의 감염을 막아 준다(김명순, 김의향, 배선영, 한찬희, 2005). 수면시간이 부족한 영유아는 성장 · 발달의 저하와 질병 발생 등의 문제가 생길 수 있으므로 안정된 숙면을 취할 수 있도록 환경을 만들어 주어야 하며 교사는 영유아가 낮잠뿐 아니라 하루 중에 개별적 휴식을 취할 수 있도록 배려해야 한다. 이처럼 영유아의 발달특성상 낮잠과 휴식은 하루 일과에서 매우 중요한 부분이다.

다음은 낮잠 지도 시 교사가 주의해야 할 사항이다.

■ 낮잠은 영유아의 개인차가 고려되어야 한다.

낮잠 지도 시, 영유아의 연령과 개별 유아의 생리적 차이, 습관과 그날의 활동량 등에 따른 개인차가 고려되어야 한다. 생후 12개월 미만의 영아는 낮잠을 오전과 오후에 각 1회, 또는 하루 1회로 하는 것이 좋다. 만 2세 영아는 오후 1회 정도의 낮잠을 자는 것이 적절하다. 만 3세 유아의 경우 만 4, 5세 유아보다 휴식이 좀 더 요구되며, 이러한 특성은 교육과정 계획에 반영되어야 한다. 만 4, 5세 유아의 경우 일찍 일어난 유아를 위한 조용한 활동 장소 준비 및 활동의 계획이 있어야 한다(이영자, 양옥승, 1991).

■ 교사는 영유아 개인의 수면정보에 대해 파악하여야 한다.

영유아마다 잠들기 전의 습관, 잠들기까지의 시간, 총 수면시간, 잠버릇, 잠 깬 후의 습관이 다르기 때문에 부모 인터뷰, 질문지 조사, 영유아의 행동 관찰 등을 통해 이를 파악하고 지속적으로 이에 주의를 기울여야 한다(이영자, 1995).

■ 낮잠은 매일 일정한 시간에 자도록 한다.

매일 일정한 시간의 낮잠은 규칙적인 신체 리듬을 갖도록 하는데 도움을 준다.

■ 낮잠을 자기 전에는 대소변을 꼭 보게 하고 이를 닦고 세수를 하게 한다.

■ 침구 사이에 어느 정도 간격을 두어 영유아가 서로를 방해하지 않도록 한다.

■ 침구를 위생적으로 사용한다.

이를 위해 머리를 두는 부분과 발이 닿는 부분을 색, 무늬, 모양 등으로 표시하여 구분해서 사용하도록 한다.

■ 영아의 개인차를 고려하여 낮잠지도를 한다.

영아는 월령에 따른 발달차와 수면에 대한 개인차가 크기 때문에 영아가 개별적으로 잠드는 것을 도와주어야 한다. 잠투정이 심한 영아는 부드럽게 안아 주고, 침착해지도록 낮은 목소리로 자장가를 불러 주거나 등을 토닥거려 다른 영아를 방해하지 않고 잠을 청할 수 있도록 도와주어야 한다.

■ 쾌적한 수면을 위해 온도, 습도, 조명 등을 적절하게 조절해준다.

교사는 방의 온도, 습도, 조명 등을 적절하게 조절하여 주고 영유아의 정서적 안정감을 위해 개인 담요, 베개, 인형 등의 개인적인 물건을 허용하는 것도 좋다. 또한 직접 자신의 이불과 베개를 챙겨서 잠자리를 마련할 수 있도록 점차적으로 지도한다.

■ 영유아가 편안하게 수면에 들 수 있도록 돕는다.

간편한 옷차림으로 잠자리에 들게 하고 잠들 때까지 조용한 음악을 들려주거나 정서적으로 편안한 동화를 들려주어 영유아가 편안하게 수면에 들 수 있도록 한다.

■ 영유아가 잠든 후에도 교사는 지속적으로 살펴야 한다.

교사는 영유아의 낮잠시간 동안 항상 교실에 머무르며 수면 중에 일어날 수 있는 갑작스러운 사고에 대비하고 개별적인 보살핌이 필요할 시 즉각적으로 반응해준다. 또한 중간에 깨서 우는 영아의 경우 기저귀를 살펴 주거나 다독거려 주고 자장가를 불러 주어 편안함과 안정감을 갖고 다시 잘 수 있도록 해 준다. 신체적인 불편함이나 환경의 문제 때문에 깰 수 있으므로 실내 온도나 잠자리 등을 확인해준다.

그림 8-5 **낮잠과 휴식**

■ 수면시간이 다른 영유아들을 모두 배려하여야 한다.

먼저 잠에서 깬 영유아가 다른 영유아에게 방해가 되지 않도록 조용히 다른 영역으로 이동하여 책을 보거나 조용한 놀이를 하도록 미리 준비해 주는 것이 좋다.

■ 영유아의 개인적인 수면 요구를 수용해 준다.

자기 전에 잠투정을 하는 경우 안아 주거나 개별적인 요구를 받아 주는 등 옆에 있어 준다. 심리적인 안정감을 줄 수 있는 음악이나 인형, 놀잇감을 통해 스스로 잠들 수 있도록 도와준다. 너무 피곤하거나 흥분되는 경우 잠을 잘 수 없으므로 자기 전에 영유아의 마음을 가라앉히고 수면을 도울 수 있는 조용한 음악을 들려주거나 이야기를 들려준다.

■ 교사는 잠자리에서 깨어난 후, 오후 교육활동으로 잘 전환될 수 있도록 돕기 위한 배려를 한다.

잠을 깨서 잠투정을 하는 것은 충분히 잠을 자지 못해서 나타나는 행동으로, 다음 활동에 영향을 줄 수 있으므로 교사는 안아 주거나 함으로써 영유아가 편안하게 잠을 깰 수 있도록 도와준다. 천천히 여유 있게 잠에서 깨어나도록 교사는 부드럽고 긍정적인 목소리로 영유아를 반겨 준다. 또한 영유아가 밝기와 소음, 주위 환경에 적응하도록 충분한 시간을 준다(이영자 외, 2009).

■ 낮잠을 원하지 않는 영유아의 경우 강압적으로 자게 하는 것은 바람직하지 않고 조용히 휴식을 취하게 한다.

놀이를 더 하기를 원하는 영유아의 경우는 낮잠시간 이후에 놀이 시간을 주겠다고 약속하거나 일정 시간 동안 조용한 놀이를 더 하도록 허락한다. 이때 다른 영유아가 잠자는 것을 방해하지 않도록 분리된 영역을 마련해 주어 조용한 놀이나 휴식을 취하게 한다.

■ 유아의 경우 잠에서 깬 후 스스로 겉옷을 입고 이불과 베개를 정리하도록 지도한다.

■ 낮잠을 위한 침구류는 자주 소독하거나 세탁하여 항상 청결을 유지한다.

유아교육기관에서 세탁이 여의치 않은 경우 주말에 가정으로 보내 세탁해 오도록 하는 것이 바람직하다.

6) 귀가지도

귀가지도는 영유아가 하루의 활동을 평가하고 즐거운 마음으로 집으로 돌아갈 수 있도록 안내하는 시간이다. 귀가지도에는 일과 평가, 옷과 소지품 챙기기, 인사, 집으로 돌아가는 길 지도가 포함된다. 일과 평가는 영아의 연령이 어리거나 개별적으로 시간 차이를 두고 귀가하는 경우에 생략될 수 있다. 유아의 경우 일과를 전체적으로 회상하면서 어떠한 놀이를 하였는지, 활동의 좋았던 점, 어려운 점이나 보완점 등을 평가한다. 일과 평가 후, 교사는 영유아의 옷 입기를 도와주며, 소지품(영아의 경우 젖병이나 이유식 관련 소지품, 손수건, 가방, 가정통신문 등, 유아의 경우 가방, 약, 작품, 가정통신문 등)을 챙기도록 안내한다. 교사는 영유아와 인사하고 영유아끼리도 서로 인사를 나누도록 한다. 영유아가 안전하게 집으로 돌아가도록 부모나 보호자의 인계를 확실히 한다. 부모나 보호자가 기관에 와서 영유아를 데려가는 경우, 부모나 보호자가 귀가일지를 작성하도록 하고 인수인계를 확실히 한다. 이때 교사는 부모에게 영유아와 관련된 특별한 사항(영유아의 몸상태 등)을 전달할 수 있다. 차량을 이용하여 귀가하는 경우, 교사는 영유아가 안전하게 탑승하는지, 안전벨트를 착용하는지 점검하고, 반드시 동승하여 영유아의 승하차 안내를 하여야 한

그림 8-6 귀가지도

다. 영유아가 도보로 귀가하는 경우, 교사는 안전한 곳에서 영유아를 부모나 보호자에게 인계하도록 한다.

3 간식과 급식

1) 간식

간식은 성인보다 신진대사가 활발하여 체질량 대비 높은 열량이 필요한 영유아에게 반드시 필요한 보조 에너지원이다. 하루에 적절한 간식으로는 영유아의 1일 필요 열량의 10~15% 정도를 제공해야 하며, 오전과 오후 간식으로 나누어 제공해야 한다.

한국영양학회(2010)의 한국인 영양섭취 기준에 따르면, 1~2세 영아(기준체중 12.2kg)의 1일 필요 열량이 1,000kcal이므로 1일 간식 열량은 100~150kcal이고, 3~5세 유아(기준체중 17.2kg)의 1일 필요 열량이 1,400kcal이므로 1일 간식 열량은 140~210kcal이다. 간식은 주식의 보충 에너지원이므로 주식에 방해가 되지 않도록 식사와 식사 시간의 중간에 제공하여야 하고, 필요한 열량과 적절한 만족감을 제공하여야 한다. 그러기 위해서는 열량이 낮으면서 적당한 식감을 제공하는 간식으로 선정하여야 한다.

간식은 영아의 경우 개별 요구에 따라 제공하는 것이 바람직하고, 유아의 경우 필요에 따라 개별 간식으로 또는 전체 간식으로 운영할 수 있다. 영유아가 아침식사를 하고 등원한 경우와 그렇지 않은 경우에 따라 간식시간을 융통성 있게 운영한다.

2세 미만의 어린 영아가 이유식을 먹는 경우, 집에서 준비해 온 이유식을 먹이거나 어린이집에서 영아의 발달 시기별로 필요한 이유 식단을 짜서 이유식을 제공할 수 있다. 어린 영아는 필요에 따라 이유식 의자에 앉거나 낮은 책상에 앉아서 이유식을 먹도록 한다. 4세 이상의 유아들은 간식을 나누는 일에 참여할 수도 있고 당번제를 운영할 수도 있다.

간식시간에도 급식시간과 마찬가지로 영유아의 올바른 식습관을 기르기 위해 식기와 수저를 바르게 사용하도록 돕고 식사 예절을 형성하도록 지도한다. 유아는 간식을 먹으며 재료와 요리방법, 음식의 기호 및 기능에 대해 이야기 나누면서 음식에 대해 관심을 가질 수 있다. 이러한 간접적인 영양교육은 음식에 대한 이해를 도와 유아의 편식 습관을 개선하는 데 기여할 수 있다. 간식을 다 먹고 난 후 식기와 수저는 영유아가 스스로 정리하도록 격려한다.

2) 급식

영유아기는 신체적인 성장이 빠르고, 왕성하게 에너지를 소비하는 시기다. 따라서 영양학적으로 균형이 맞는 양질의 음식을 제공해야 한다.

특히 1세 미만 영아들은 수유와 이유가 필요하기 때문에, 별도로 특별하게 관리하여야 한다.

1세 미만 영아들을 위해서는 수유 및 이유식을 위한 별도의 영역을 마련해야 한다. 우유는 냉장고에 보관하고, 분유는 영아의 개월 수에 따라 양을 소분하여 밀봉하고 습기가 차지 않도록 한다. 개인이 사용하는 우유병과 젖꼭지는 각 가정에서 매일 소독하여 제공한다. 여러 번의 수유로 매번 소독하기 어려운 경우, 소독된 우유병과 젖꼭지를 필요한 만큼 준비하도록 한다. 냉장고에 보관하였던 우유는 적당한 온도로 데워 제공하며, 먹다 남은 우유로 재수유해서는 안 된다.

대부분 1세 이상의 영유아에게 제공되는 급식은 12시를 전후한 점심시간에 이루어진다. 급식은 영유아에게 필요한 영양을 공급하고 체질 형성에 기여할 뿐 아니라, 영유아가 올바른 식습관을 형성하고 영양과 음식에 대한 올바른 인식을 하도록 운영하여야 한다. 음식은 영양과 비용을 고려하면서 몸에 좋은 조리방법으로 만들어 제공하여야 한다.

교사는 먼저 영유아가 점심을 즐겁고 편안하게 먹을 수 있도록 아늑하고 편안한 환경을 제공해야 한다. 점심을 먹는 동안에 가능하다면 편안한 배경음악을 틀어 주어 영유아가 차분한 마음으로 먹도록 할 수 있다. 또한 영유아와 함께 음식을 먹으면서 영유아의 식습관 등을 관찰하고 영유아가 조용하게 대화를 나누며 기분 좋게 음식을 먹을 수 있도록 안정되고 즐거운 분위기를 조성해야 한다. 교사는 급식시간에 편식지도를 하고 영유아가 바른 식사 예절, 감사하는 마음을 형성하도록 지도할 수 있다. 특히 어린 영유아의 경우에는 개별 식습관이 어떠한지를 알고 이를 배려해 주어 안정된 분위기를 조성해 줄 필요가 있다. 이후 다양한 시도를 통해 점차 영유아의 음식에 대한 선호를 넓혀 가며, 영양적으로 균형 있는 음식을 선택할 수 있도록 지도해야 한다.

식사를 마친 후에는 영유아가 자신이 먹은 그릇과 자리를 스스로 정리하고 양치하는 습관을 기르도록 지도해야 한다. 어린 연령 또는 학기 초의 영유아는 스스로 음식을 먹고 정리하는 것을 어려워할 수 있으나 연령이 증가함에 따라 또는 점차 유아교육기관에 적응해 감에 따라 점심을 먹기 전 스스로 손을 씻고 식사 준비를 할 수 있게 되며 다 먹은 후 자신의 그릇과 자리를 정리할 수 있게 된다.

급식을 제공할 때는 교사가 영유아들에게 직접 배식하기도 하고, 나이가 더 많은 5세 영유아의 경우 당번을 정하여 배식을 돕도록 할 수 있다.

교육인적자원부(2007)에서 제시하는 배식 단계에서의 주의할 점은 다음과 같다.

- 배식 직전에 깨끗한 행주로 식사할 식탁이나 책상을 닦는다.
- 배식할 때는 손을 깨끗이 씻고, 위생장갑을 착용한다.
- 배식대 및 배식 전용도구는 세척, 소독하여 건조된 것을 사용하며 음식별로 구분하여 사용한다.
- 조리실에서 급식 장소까지 운반할 때는 반드시 뚜껑을 덮어 이동한다.

그림 8-7 영아 급식

- 음식을 다른 장소로 운반할 때에는 보온, 보냉 상태를 유지하여야 한다.

급식시간은 영유아에게 영양을 공급할 뿐 아니라, 영유아가 올바른 식생활 습관과 예절을 형성하고 영양에 대한 올바른 이해를 통해 편식을 하지 않는 습관을 들이는 중요한 교육적 시간으로 운영하여야 한다. 급식시간에 영유아에게 지도하는 식생활 습관과 예절은 다음과 같다.

- 급식을 먹기 전에 손을 씻도록 한다.
- 음식은 천천히 꼭꼭 씹어 먹도록 한다.
- 모든 음식은 골고루 먹도록 한다.
- 연령을 고려하여 식생활에 관한 자조기술을 지도한다. 예를 들어, 2세 이상의 영유아의 경우 스스로 포크를 사용하여 음식을 먹어 보도록 지도하는 것이 바람직하며 3세경의 영유아에게는 컵에 물을 따르는 방법을 지도할 수 있다.
- 다른 영유아나 교사와 대화를 나누면서 즐거운 분위기에서 식사한다. 다만, 입 안의 음식을 모두 씹어 삼킨 후 이야기하도록 한다. 교사는 이야기를 나눌 때, 그날의 음식의 맛, 색과 향이 어떤지, 좋아하는지, 우리 몸에 무엇이 좋은지, 어떤 방법으로 만들었는지에 대해 이야기 나눌 수 있다.
- 급식 중간에 자리를 이동하면서 먹지 않도록 한다.

그림 8-8 유아 급식

- 급식을 모두 마친 후 자신의 식기와 자리를 스스로 정리하도록 한다.
- 식사를 마친 후에는 양치하는 습관을 기르도록 지도한다.

영유아가 편식을 하는 것은 이유기의 미각 및 촉각상의 이유, 생리적 · 심리적 원인, 사회 · 경제적 요인, 가정의 식사 환경이 문제다(정미라, 배소연, 이영미, 2007). 영유아의 편식 습관을 개선하여 올바른 식습관을 형성함으로써 적절한 영양을 제공하기 위해서는 다음의 방법을 사용할 수 있다. 우선적으로 편식지도는 강제적인 분위기에서 이루어지면 안 된다. 급식시간이 즐거워야 영유아는 음식과 먹는 분위기에 대해 긍정적인 정서와 태도를 가질 수 있다. 또한 편식은 가정 분위기의 영향을 받기 때문에 가족이 함께 편식 습관을 갖지 않도록 노력하여야 한다. 영유아가 싫어하는 음식은 다른 조리방법으로 요리하여 음식의 맛을 새롭게 접할 수 있도록 배려한다. 교사는 영유아의 식사량에 대해 지나치게 관심을 표하지 않도록 하고, 영양 공급이 충분하다면 문제 삼지 않아도 된다. 또한 영유아의 편식은 영양교육을 통해 간접적이면서도 효과적으로 개선하도록 도울 수 있다. 급식시간에 개인의 음식 기호와 영양에 대해 이야기 나누는 경험은 영유아가 음식에 관심을 갖게 하고 음식과 우리 몸의 관계를 인식하는 데 도움이 되며 음식을 골고루 섭취하여야 할 필요성을 인식하도록 하기 때문에 도움이 된다.

활동해 봅시다

1. 영아의 어린이집 적응을 위해 교사가 제공할 수 있는 놀이를 구상해 봅시다.

2. 실내외 안전과 관련하여 영유아가 즐겁게 생활습관을 들일 수 있는 놀이를 구상해 봅시다.

참고문헌

교육과학기술부(2008a). 유치원 지도서 1 총론.

교육과학기술부(2008b). 유치원 평가 편람.

교육과학기술부, 보건복지부(2013). 3-5세 연령별 누리과정 해설서.

교육부, 보건복지부(2019a). 「2019 개정 누리과정」 해설서.

교육부, 보건복지부(2019b). 「2019 개정 누리과정」 놀이실행자료.

교육인적자원부(2007). 유치원급식 운영관리 지침서.

김금주, 오진희, 김은정, 박형신(2016). 영유아 교수학습방법. 학지사.

김금주, 유윤영, 오진희, 김은정, 박형신(2012). 유아교사를 위한 일과 운영 방법. 학지사.

김난영(2000). 교사가 지각한 아동의 기질과 유치원 적응과의 관계. 연세대학교 교육대학원 석사학위논문.

김명순, 김의향, 배선영, 한찬희(2005). 유아보육프로그램. 서울특별시.

김소정, 박형신(2016). 국악감상에 기초한 통합적 예술활동이 유아의 국악능력과 국악흥미도에 미치는 영향. 열린유아교육연구, 21(2), 81-105.

김소희(2006). 영아 초기 적응프로그램에 대한 실태 및 교사의 인식도 조사. 신라대학교 교육대학원 석사학위논문.

김영연(2002). 유아음악교육론(개정판). 학지사.

김영호(1999). 레지오 에밀리아 접근법의 이론과 실제. 학지사.

김영희(2003). 신입 영아의 적응에 관한 실태 조사. 동남보건대학 논문집, 21(2), 319-332.

김은정, 이정욱(2009). 움직임을 통한 공간능력 향상 활동이 유아의 공간능력과 신체표현능력에 미치는 효과. 유아교육학논집, 13(6), 213-236.

김은희(1996). 다상징적 접근에 의한 유아의 사고과정 변화. 중앙대학교 대학원 박사학위논문.

박찬옥, 구수연, 이옥임(2010). 영아-교사 상호작용의 이론과 실제. 정민사.

박형신(2014). 국악요소에 기초한 유아국악교육 프로그램 개발 및 효과 검증. 열린유아교육연구, 19(2), 21-45.

박형신(2020). 전래동요를 활용한 통합예술활동이 유아의 국악능력과 국악흥미도에 미치는 영향. 예술교육연구, 18(2), 119-136.

박형신, 김영연(2004). 예술영역간의 통합적 국악활동이 유아의 장단개념 이해도에 미치는 영향. 음악교육연구, 27, 65-89.

박형신, 김정주(2010). 그림표현을 통한 음악요소 중심의 감상활동이 유아의 음악적 능력과 미술표현능력에 미치는 영향. 한국영유아보육학, 64, 205-226.

박희숙(2009). 만 2세반 영아의 소유권 갈등과 교사 중재에 관한 질적 연구. 이화여자대학교 대학원 박사학위논문.

보건복지가족부(2008). 보육프로그램 총론. 육아정책개발센터.

보건복지부(2010). 보건복지부고시 제2010-71호에 따른 표준보육과정의 구체적 보육내용 및 교사지침.

보건복지부(2013a). 어린이집 표준보육과정에 기초한 영아보육프로그램 운영의 이해. 경성문화사.

보건복지부(2013b). 표준보육과정.

삼성복지재단(2003). 삼성어린이집 영유아프로그램 총론. 다음세대.

서울특별시교육청(2014). 서울특별시 유치원 교육과정 편성 · 운영 지침 총론.

성원경, 이춘자(2007). 전문가 개념도를 통한 통합적 유아교육과정에 관한 논의. 육아지원연구, 2(1), 79-100.

신은수, 유윤영(1998). 유아의 지식 구성을 위한 사전 지식의 역할에 관한 논의. 사회과학연구, 5, 127-140.

심현정(2002). 영아의 새로운 환경의 적응 과정 탐색. 중앙대학교 대학원 석사학위논문.

양옥승, 김미경, 김숙령, 김영연, 김진영, 박선희, 서현아, 오문자, 장혜순, 조성연, 조은진, 최양미, 현은자(2001). 유아교육개론. 학지사.

엄정애, 김경남(2003). 음악감상활동이 유아의 음정감과 리듬감 발달에 미치는 영향. 대한가정학회지, 41(10), 75-84.

오문자(2010). 레지오 알아가기: 한국에서 레지오 교육의 재구성. 정민사.

오진희, 김은정, 유윤영(2011). 마음이론의 본질과 발달에 대한 이론적 고찰. 한국영유아교원교육학회, 14(3), 293-316.

유길준(1980). 건축계획 설계8: 유치원 · 어린이집. 산업도서출판공사.
유윤영(2003). 3세아의 "나의신체"에 대한 사전 개념. 미래 유아교육학회지, 10(3), 147-172.
유윤영(2006). 학습공동체를 위한 대집단활동. 다음세대.
유윤영(2010). Piaget의 개념 연구가 유아교육에 미친 영향에 관한 논의. 미래유아교육, 17(3), 349-372.
유윤영(2011). 지식구성의 특정 영역적 관점에서 본 영유아기 생물이론 발달에 대한 논의. 한국보육학회지, 11(2), 173-196.
유윤영(2012). 유아교육에서의 교수매체의 역사와 활용에 대한 논의. 어린이 미디어연구, 11(2), 111-132.
유윤영, 오진희(2011). 유아의 마음이론과 추론능력과의 관계. 한국영유아보육학, 66, 69-88.
육아정책개발센터(2007). 2세 보육프로그램.
이기숙(2000). 유아교육과정. 교문사.
이기숙, 조경자, 채종옥, 김소양(1992). 유아교육의 통합적 접근법에 관한 연구. 유아교육연구, 12(1), 91-111.
이동영(2009). 어린이집 영아의 초기적응에 대한 보육교사의 인식 및 지도방법. 충남대학교 교육대학원 석사학위논문.
이성숙(2001). 프로젝트 활동에 나타난 유아 그리기 표상의 교육적 해석. 중앙대학교 대학원 박사학위논문.
이성천(1991). 음악통론과 그 실습. 음악예술사.
이영숙, 서소정(2006). 유아의 적응행동에 관한 연구-유아와 어머니의 사회인구학적 변인, 유아의 기질 및 어머니의 양육태도를 중심으로. 대한가정학회지, 44(5), 143-155.
이영자(1995). 유치원 종일제 프로그램의 운영. 한국유아교육학회. 교육 개방화에 대비한 유치원 종일반 프로그램. 양서원.
이영자(2013). 유아언어발달과 지도. 양서원.
이영자, 신동주(2007). 유아교육기관 운영관리. 창지사.
이영자, 양옥승(1991). 종일제 유치원과 탁아소를 위한 종합적 유아교육과정의 개발. 유아교육연구, 11, 23-42.
이영자, 오애순, 정현주, 유연화, 양승희, 최영해(2009). 영유아 프로그램의 운영. 양서원.
이영자, 이기숙, 이정욱(2000). 유아 교수 · 학습 방법. 창지사.
이영자, 이종숙, 신은수, 곽향림, 이정욱(2001). 1, 2세 영아프로그램의 계획 및 운영. 다음세대.
이윤경, 문혁준, 안선희, 김선영, 김성희(2013). 유아교육개론. 창지사.
이정욱, 임수진(2006). 탐색, 표현, 감상의 통합적 유아미술교육. 창지사.
이정욱, 임수진(2010). 탐색 · 표현 · 감상의 통합적 유아미술교육. 정민사.
이홍수(1990). 음악교육의 현대적 접근. 세광음악출판사.
임재근(2010). 탐구과제에 대한 사전지식이 초등과학 영재의 관찰 방법과 의문에 미치는 영향. 과학교육연구지, 34(1), 105-112.

임재택(1997). 유아교육기관 운영관리. 양서원.

장성덕(2007). 어머니의 양육태도 및 취업이 유아의 유아교육기관 적응에 미치는 영향. 중앙대학교 교육대학원 석사학위논문.

정미라, 배소연, 이영미(2007). 영유아를 위한 건강 및 영양교육. 양서원.

최일선, 조운주(2010). 유아교육평가의 이론과 실제. 창지사.

한국영양학회(2010). 한국인 영양섭취기준. www.kns.or.kr/Data/FileRoom/2010KDRIs_open_final. pdf에서 2013년 2월 12일 인출.

한국유아교육학회(1997). 영유아를 위한 종일제 프로그램. 화곡유아교육연구소.

현은자, 강은진, 변윤희, 심향분, 최경, 나선희, 윤아해, 오정옥, 강은애, 육길나(2007). 그림책과 예술교육. 학지사.

Abbott, L., & Rodger, R. (1994). *Quality education in the early years*. Open University Press.

Ahnert, L., & Lamb, M. E. (2003). Shared care: Establishing a balance between home and child care setting. *Child Development*, *74*, 1044-1049.

Alexander, P., & Judy, E. (1988). The interaction of domain-specific and strategic knowledge in academic performance. *Review of Educational Research*, *58*(4), 357-404.

Andrews, A. G. (1996). Developing spatial sense: A moving experience. *Teaching Children Mathematics*, *2*, 290-293.

Asher, S. R. (1980). Topic interest and children's reading comprehension. In R. J. Spiro, B. C. Brue, & W. F. Brewer (Eds.), *Theoretical issues in reading comprehension*. Hillsdale, Lawrence Erlbaum, Associates.

Beaty, J. J. (1996). *Skills for the preschool teachers*. Upper Saddle River, Merrill/Prentice Hall.

Beaty, J. J. (2001). 유아를 위한 친사회적 행동지도[*Prosocial Guidance for the Preschool Child*]. 이기숙, 강숙현 공역. 이화여자대학교 출판부. (원저는 1999년에 출판).

Berk, L. E. (2008). *Child development* (8th ed.). Pearson/Allyn & Bacon.

Bollnow, O. F. (1972). Encounter and education. *Educational Forum*, *36*(4), 303-312, 465-472.

Bollnow, O. F. (1988). 교육의 인간학[*Pädagogik in anthropologisher Sicht*]. 오인탁, 정혜영 공역. 문음사. (원저는 1971년에 출판).

Bransford, J. D., & Vye, N. J. (1989). A perspective on cognitive research and It's implications for instruction. In L. B. Regnick & L. E. Klopfer (Eds.), *Toward the thinking curriculum: Current cognitive research* (pp. 173–205). Association for Supervision and Curriculum Development.

Bredekamp, S., & Copple, C. (1997). *Developmentally appropriate practice in early childhood programs.* NAEYC.

Bredekamp, S., & Rosegrant, T. (1992). *Reaching potentials: Transforming early childhood curriculum and assessment for young children I.* National Association for the education of young children.

Bresler, R. A. (2004). *Music and cognitive abilities: A look at the Mozart effect.* Unpublished Doctoral Dissertation. The Chicago School of Professional Psychology.

Brown, A., Campione, J., Metz, K., & Ash, D. (1997). The development of learning ability in children. In K. Harnquist & A. Burgen (Eds.), *Growing up with science: Developing early understanding of science* (pp. 7–40). Academic Europaea.

Brown, P. C. (1991). Developing as integrated unit for kindergarten. In B. Spodek (Ed.), *Educationally appropriate kindergarten practices* (pp. 23-35). A National Education Association Publication.

Browne, N., & France, P. (1986). *Untying the apron strings: Anti-sexist provision for the under-fives.* Open University Press.

Burns, M. S. (1985). *Comparison of "Graduated Prompt" and "Mediational" dynamic assessment and static assessment with young children.* Technical report No. 2 (October), Tulane University.

Caldwell, L. B. (2008). 레지오의 삶과 실천[*Bringing Learning to Life*]. 홍순옥, 김경철, 김은희, 서현아, 유경숙, 유구종, 임영심, 정수경 공역. 창지사. (원저는 2003년에 출판).

Campbell, P. S., & Scott-Kassner, C. (2010). *Music in childhood: From preschool through the elementary grades* (Enhanced ed., 3rd ed.). Schirmer.

Carey, S. (1985). *Conceptual change in childhood.* Bradford Books, MIT Press.

Carton, C. E., & Allen, J. (1999). *Early-childhood curriculum: A creative-play model* (2nd ed.). Merrill.

Clearfield, M. W. (2004). The role of crawling and walking experience in infant spatial memory. *Journal of Experimental Child Psychology, 89*(3), 214–241.

Clemmon, J., Laase, L., & Cooper, D. L. (1993). *Portfolios in the classroom: A teacher's sourcebook.* Scholastic, Inc.

Davis, O., & Tinsley, D. (1986). Cognitive objectives revealed by classroom questions asked by social studies student teachers. In M. Hammersley (Ed.), *Case studies in classroom research* (pp. 63–69). Open University Press.

Decker, C. A., & Decker, J. R. (2001). *Planning and administering early childhood programs*. Prentice Hall.

Dekkers, P., & Thijs, G. (1998). Making productive use of students' initial conceptions in developing the concept of force. *Science Education, 82*(1), 31-51.

Dempsey, J. D., & Frost, J. L. (1993). Play environments in early childhood education. In B. Spodek (Ed.), *Handbook of research on the education of young children* (pp. 306-321).

DeVries, R., & Zan, B. (1997). 유아를 위한 사회 도덕성 교육[*Moral classrooms, moral children*]. 이은화, 이경우, 곽향림 공역. 창지사. (원저는 1995년에 출판).

DeVries, R., Sales, C. (2014). 경사로 활동을 통한 구성주의 유아물리과학하기[*Ramps & pathways: A constructive approach to physics with young children*]. 이경우, 곽향림, 천선 공역. 창지사. (원저는 2011년에 출판).

Dixon-Krauss, L. (1996). Vygotsky's sociohistorical perspective on learning and its application to western literacy instruction. In L. Dixon-Krauss (Ed.), *Vygotsky in the classroom: Mediated literacy instruction and assessment* (pp. 7-24).

Dodge, D. T., & Colker, L. J. (1995). *The creative curriculum for early childhood.* Teaching Strategies Inc.

Edwards, C., Forman, G., & Gandini, L. (1998). *The hundred languages of children: The Reggio Emilia approach to early childhood education* (2nd ed.). Ablex Publishing.

Elkind, D. (1988). Early childhood education on its terms. In S. L. Kagan, & E. F. Zigler (Eds.), *In early-schooling: The national debate* (pp. 98-115). Yale University Press.

Essa, E. L. (1981). An outdoor play area designed for learning. *Day Care and Early Education, 9*(2), 37-42.

Forman, G. (1993). The constructivist perspective to early education. In J. L. Roopnarine, & J. E. Johnson (Eds.), *Approaches to early childhood education* (2nd ed., pp. 137-155). MacMillan.

Forman, G. (1994). Different media, different languages. In L. G. Katz, & B. Cesarone (Eds.), *Reflections on the Reggio Emilia approach* (2nd ed., pp. 41-53). ERIC Clearinghouse on Elementary & Early Childhood Education.

Forman, G. (1996). A child constructs an understanding of a water wheel in five media. *Childhood Education, 72*(5), 269-273.

Forman, G., Lee, M., Wrisley, L., & Langley, J. (1993). The city in the snow: Applying the multisymbolic approach in Massachusetts. In C. Edwards, L. Gandini, & G. Forman (Eds.), *The hundred languages of children: The Reggio Emilia approach to early childhood education* (pp. 233–250). Ablex.

Fowler, W. (1980). *Infant and Child Care: A Guide to Education in Group Settings.* Allyn and Bacon.

Frost, J. L. (1997). Nature and importance of play, creating play environments. *Children and Play Environment, 5*, 37–97.

Gallahue, D. L. (2004). *Developmental physical education for today's children* (2nd ed.). Brown & Communication, Inc.

Gallahue, D. L., & Ozmun, J. (1988). *Understanding motor development: Infants, children, adolescents, adults* (5th ed.). McGraw Hill.

Gandini, L. (1993). Fundamentals of the Reggio Emilia approach to early childhood education. *Young Children, 49*(1), 4–8.

Gardner, D. E. (1968). An ideal environment for learning. In S. Sunderland & N. Gray (Eds.), *Housing for Early childhood Education*. ACEI.

Gardner, H. (1979). Developmental psychology after Piaget: An approach in terms of symbolization. *Human Development, 22*, 73–88.

Gardner, H. (1993). 마음의 틀[*Frames of mind*]. 이경희 역. 문음사. (원저는 1983년에 출판).

Gatzke, M. (1991). Creating meaningful kindergarten programs. In B. Spodek (Ed.), *Educationally appropriate kindergarten practices* (pp. 97–109). A National Education Association Publication.

Gelman, S. A. (1988). The development of induction within natural kind and artifact categories. *Cognitive Psychology, 20*, 65–95.

Gelman, S. A., & Disendruck, G. (1999). A reconsideration of concept on the compatibility of psychological essentialism and context sensitivity. In E. K. Scholnick, E. K. Nelson, S. A. Gelman, & P. H. Miller (Eds.), *Conceptual development: Piaget's legacy* (pp. 79–102). Lawrence Erlbaum Associate Inc.

Gembris, H. (2002). The development of musical abilities. In R. Colwell & C. Richardson (Eds.), *The new handbook of research on music teaching and learning* (pp. 487–508). Oxford University Press.

Gilliom, B. C. (1970). *Basic movement education for children*. Addison Wesley.

Golinkoff, R., & Harding, C. G. (1980). Infant's expectations of the movement potential of inanimate objects. Paper presented at the International Conference on Infant Studies.

Gopnik, A. (1993). Theories and illusions. Author's response to open peer commentary. *Behavioral and Brain Science, 16*, 90–100.

Gordon, E. E. (1990). *A music learning theory for newborn and young children.* Publication Inc.

Graham, G. (2004). Movement concepts defined. In G. Graham, S. A., Holt/Hale, & M. Parker (Eds.), *Children moving.* McGraw Hill.

Grineski, S. (1988). Teaching and learning in physical education for young children. *Journal of Physical Education, Recreation & Dance, 59*(5), 91-94.

Gullo, D. F. (2000). 유아 발달과 교수 · 학습과정[*Developmentally appropriate teaching in early childhood*]. 이기숙, 강숙현 역. 창지사. (원전은 1992년에 출판)

Hebert, E. A. (1998). Lessons learned about student portfolios. *Phi Delta Kappan, 76*(8), 583-585.

Helm, J. H., & Katz L. G. (2001). *Young investigators: The project approach in the early years.* Teachers College Press.

Hendrick, J. (1997). *First steps toward teaching the Reggio way.* Merrill-Prentice Hall.

Hogg, A. C., & Foster, J. K. (1973). *Understanding teaching procedures.* Cassell Australia.

Holt, B. G. (1991). *Science with young children.* National Assosiation for Education of Young Children.

Huber, L. K. (1999). Woodworking with young children: You can do it! *Young Children, 54*(6), 32-34.

Huntley, M. A. (1998). Design and implementation of a framework for defining integrated mathematics and science education. *School Science and Mathematics, 98*, 320-327.

Inagaki, K. (1992). Piagetian and post-Piagetian conceptions of development ane their implications for science education in early childhood. *Early Childhood Research Quarterly, 7*, 115-133.

Inagaki, K. (1997). Emerging distinctions between naive biology and naive psychology. In H. M. Wellman & K. Inagaki (Eds.), *The emergence of core domains of thought: Children's reasoning about physical, psychological, and biological phenomena.* Jossey-Bass.

Ingram, D. (1979). Phonological patterns in the speech of young children. In F. Paul & G. Micheal (Eds.), *Language acquisition* (pp. 133-148). University Press.

Johnson, J. E. (1981). Water wet and wonderful. *Day Care and Early Education, 8*(3), 12-14.

Johnson, J. E., Christie, J. F., & Yawkey, T. D. (1989). *Play and early childhood development.* Scott, Foresman and Company.

Jonassen, D. H. (1996). *Computers in the classroom: Mindtools for critical thinking.* Prentice-Hall, Inc.

Jonassen, D. H., & Grabowski, B. L. (1993). *Handbook of individual differences, learning and instruction*. Lawrence Ewbaum Associates.

Kamii, C. (1973). Pedagogical principles derived from Piaget's theory: Relevance for educational practice. In M. Schwebel & J. Raph (Eds.), *Piaget in the classroom* (pp. 199-215). Basic Books, Inc.

Kamii, C., & DeVries, R. (1978). *Physical knowledge in preschool education implications of Piaget's theory*. Prentice-Hall International Inc.

Katz, L. G., & Chard, S. C. (1989). *Engaging childrens' minds: The project approach*. Ablex.

Keenan, M. (1998). Making the transition from preschool to infant/toddler teacher. *Young Children*, *53*(2), 5-12.

Kermoian, R., & Campos, J. J. (1988). Locomotor experience: A facilitator of spatial cognitive development. *Child Development*, *59*(4), 908-1007.

Kilmer, S. J., & Hoffman, H. (1995). Transforming science curriculum. In S. Bredekamp & T. Rosegrant (Eds.), *Reaching potentials: Transforming early childhood curriculum and assessment*, *2*. National Association for the Education of Young Children.

Kim, H. (2009). Infant early adjustment guidance by child care center type. *Ewha Journal of Educational Research*, *40*(2), 131-157.

Koster, J. B. (2001). *Growing artists: Teaching art to young children*. Delmar Publishers Inc.

Kousaleos, S., Martin Jr., R. E., & Rogers, D. L. (1988). Encouraging science through playful discovery. *Day Care and Early Education*, *Fall*, 20-23.

Krechevsky, M. (2001). Form, function, and understanding in learning group: Propositions from the Reggio classrooms. In C. Ciudici, C. Rinadi, & M. Krechewsky (Eds.), *Making Learning Visible: Children as Individual and Group Learners* (pp. 246-269). Reggio Children.

Krechevsky, M., & Mardell, B. (2001). Four features of learning in groups. In C. Giudini & C. Rinaldi (Eds), *Making learning visible: Children as individual and group learners* (pp. 284-294). Municipality of Reggio Emilia, Project Zero & Reggio Children.

Kritchevsky, S., Prescott, E., & Walling, L. (1977). *Planning environments for young children: Physical space*. NAEYC.

Krogh, S. (1990). *The integrated early childhood curriculum*. McGraw-hill Publishing Co.

Laishley, J. (1983). *Working with young children*. Paul Chapman Publishing.

Laudan, L. (1977). *Progress and its problems: Towards a theory of scientific growth*. University of California Press.

Lazarus, S. R. (1976). *Patterns of adjustment*. McGraw-Hill.

Lerner, J., Mardell-Czudnowski, C., & Goldenberg, D. (1987). *Special education for the early childhood years* (2nd ed.). Prentice-Hall.

Malaguzzi, L. (1993). History, ideas, and basic philosophy: An interview with Lella Gandini. In C. Edwards, L. Gandini, & G. Forman (Eds.), *The hundred languages of children: The Reggio Emilia approach to early childhood education* (2nd ed., pp. 49-97). Ablex Publishing.

Malaguzzi, L. (2000). Your image of child: 한국 레지오 어린이. 한국 레지오 연구회, Newsletter 제3호.

Manning, K., & Sharp, A. (1977). *Structuring play in the early years at school*. Ward Lock Eucational.

Martin, D. J. (1994). Concept mapping as an aid to lesson planning: A longitudinal study. *Journal of Elementary Science Education*, *6*(2), 11-30.

Martin, R., Sexton, C., Wagner, K., & Gerlovich, J. (1997). *Teaching science for all children* (2nd ed.). Allyn and Bacon.

Mayer, R. E. (1992). *Thinking, problem solving, cognition* (2nd ed.). Freeman.

Mayesky, M. (1995). *Creative activities for young children* (5th ed.). Delmar Publishers Inc.

McAllister, E. (1990). Anatomy of a crushed spirit. *Childhood Education*, *66*(4), 204-205.

Meisels, S., & Steele, D. (1991). *The early childhood portfolio collection process*. Center for Human Growth and Development. University of Michigan.

Miche, M. (2002). *Weaving music into young minds*. Delmar Publishers Inc.

Mindess, D., & Mindess, M. (1972). *Guide to an effective kindergarten program*. Parker.

Minick, N. (1987). Implications of Vygotsky's theories for dynamic assessment. In C. S. Lidz (Ed.), *Dynamic assessment: An interactive approach to evaluating learning potential* (pp. 116-140). Guilford.

Murphy, S., & Smith, M. A. (1990). Talking about portfolios. *The quarterly of the national writing project and the center for the study of writing*. University of California.

Mursell, J. L. (1991). Growth processes in music education. In R. Cowell (Ed.), *Basic Concepts In Music Education, II* (pp. 111-129). University Press of Colorado.

NAEYC (1991). Guidelines for appropriate curriculum content and assessment in programes serving children ages 3 through 8. *Young Children*, 64-84.

NAEYC (1998). NAEYC Position Statement on Developmentally Appropriate Practice in the primary Grades, Serving 5 through 8 year olds. *Young Children*, 64-84.

NAEYC (2021). *Position statement: Developmentally appropriate practice in early childhood programs serving children from birth through age 8.* http://www.naeyc. org/DAP.

Nilges, L., & Usnick, V. (2000). The role of spatial ability in physical education and mathematics. *Journal of Physical Education, Recreation & Dance, 71*(6), 29-53.

Nimmo, J. (1995). Emergent Curriculum. In P. F. Andrew (Ed.), *The Challenge of Reggio Emilia: Realising the potential of young children.* Conference Proceedings (pp. 199-214). Department of Early Childhood Studies, University of Melbourne.

Novak, J. D. (1983). Can metalearning and metaknowledge strategies to help students learn how to learn serve as a basis for overcoming misconceptions? In H. Helm & J. D. Novak (Eds.), *Proceedings of the international seminar on misconceptions in science and mathematics* (pp. 118-130). Cornell University.

Olds, A. R. (2001). *Child care design guide.* McGraw-Hill.

Osmon, F. L. (1971). *Patterns for designing children's centers.* Educational Facilities Laboratories, Inc.

O'Brien, M., Porterfield, J., Herbert-Jackson, E., & Risley, T. R. (1979). *The toddler center—A practical guide to day care for one and two year olds.* University Park Press.

Piaget, J. (1973). *Memory and intelligence.* Basic Books.

Piaget, J., & Inhelder, B. (1967). *The child's conception of space.* Norton.

Pica, R. (1995). *Experiences in movement with music activities and theory.* Delmar Publishers Inc.

Pica, R. (1997). Beyond physical development: Why young children need to move. *Young Children, 52*(5), 4-11.

Pica, R. (2004). *Experiences in movement: Birth to age 8.* Delmar Publishers Inc.

Poole, C., Miller, S. A., & Church, E. B. (2006). All about body awareness. *Scholastic Early Childhood Today, 20*(6), 25-30.

Prescott, E. (1980). Is day care as good as home? *Young Children, 33*(2), 13-19.

Proshansky, E., & Wolf, M. (1975). The physical setting and open education. In T. G. David & B. D. Wright (Eds.), *Learning environments* (pp. 30-48). University of Chicago Press.

Rainbow, E. (1981). A final report on a three-year investigation of the rhythmic abilities of preschool aged children. *Bulletin of the Council for Research in Music Education*, 66-67, 69-73.

Read, H. (1958). *Education through art*. Faber and Faber.

Rogoff, B. (1993). Play, cognitive development, and the social world: Piaget, Vygotsky, and beyond: Commentary. *Human Development*, *36*, 24-26.

Schirrmacher, R. (2006). *Art and creative development for young children*. Delmar Publishers Inc.

Seefeldt, C. (1980). *A curriculum for preschool*. Charles E. Merrill.

Seefeldt, C., & Barbour, N. (1998). *Early childhood education: An instruction* (4th ed.). Charles E. Merrill.

Seitz, H. (2008). The power of documentation in the early childhood classroom. *Young Children*, *March*, 88-95.

Shantz, C. U. (1987). Conflicts between children. *Child Development*, *58*, 283-305.

Shin, D., & Frost, J. L. (1995). Preschool children's symbolic play indoors and outdoors. *International Play Journal*, *3*, 83-96.

Shuter-Dyson, R., & Gabriel, C. (1981). *The psychology of musical ability* (2nd ed.). Methuen.

Stacey, S. (2009). *Emergent curriculum in early childhood education: From theory to practice*. Redleaf Press.

Tobias, S. (1994). Interest, prior knowledge, and learning. *Review of Educational Research*, *64*(1), 37-54.

Turney, C. (1985). *Anatomy of teaching*. Novak Publishing.

Valencia, S. W. (1990). A portfolios approach to classroom reading assessment: The whys, whats, and hows. *The Reading Teacher*, *43*(4), 338-340.

Valencia, S. W., & Place, N. (1994). Portfolios: A process for enhancing teaching and learning. *The Reading Teacher*, *47*(8), 666-669.

Vosniadou, S. (1997). On the development of understanding of abstract ideas. In K. Harnqvist & A. Burgen (Eds.), *Growing up with science: Developing early understanding of science*. Academia Europaea.

Vosniadou, S., & Brewer, W. (1987). Theories of Knowledge restructing in development. *Review of Educational Research*, *57*(1), 51-67.

Vygotsky, L. S. (1978). *Mind in society: The development of higher psychological process*. Harvard University Press.

Wellhousen, K. (2002). *Outdoor play, every day: Innovative play concepts for early childhood*. Delmar.

Wellman, H. M. (1990). *The children's theory of mind*. Harvard University Press.

Wellman, H. M. (1991). *The child's theory of mind*. The MIT Press.

Wellman, H. M., & Gelman, S. A. (1997). Knowledge acquisition in foundation domains. In D. Khun, & S. Sieglers (Eds.), *Handbook of psychology II* (pp. 523-573). Wiely.

Wikipedia (2018. 1). Emergent curriculum: From Wikipedia, the free encyclopedia. https://en.wikipedia.org/wiki/Emergent_curriculum

Wilson, L. C. (1986). *Infants & toddlers*. Delmar Publishers.

Wittmer, D., & Petersen, S. H. (2011). 영아발달과 반응적 교육: 관계중심 접근법[*Infant and toddler development and responsive program planning: a relationship-based approach*]. 이승연, 김은영, 강재희, 문혜련, 이성희 공역. 학지사. (원저는 2006년에 출판).

찾아보기

인명

내용

저자 소개

김금주(Kim, Geumju)
덕성여자대학교 유아교육과(학사)
덕성여자대학교 대학원 유아교육과(석사)
덕성여자대학교 대학원 유아교육과(박사)
현 강릉원주대학교 유아교육과 교수

오진희(Oh, Jinhee)
덕성여자대학교 유아교육과(학사)
덕성여자대학교 대학원 유아교육과(석사)
덕성여자대학교 대학원 유아교육과(박사)
현 강릉원주대학교 유아교육과 강사

김은정(Kim, Eunjung)
덕성여자대학교 유아교육과(학사)
덕성여자대학교 대학원 유아교육과(석사)
덕성여자대학교 대학원 유아교육과(박사)
현 학술연구교수

박형신(Park, Hyoungshin)
덕성여자대학교 유아교육과(학사)
덕성여자대학교 대학원 유아교육과(석사)
전남대학교 대학원 유아교육과(박사)
현 강릉원주대학교 유아교육과 교수

2019 개정 누리과정에 기초한
영유아 교수 · 학습방법
Teaching and Learning Method for Young Children

2021년 7월 15일 1판 1쇄 인쇄
2021년 7월 20일 1판 1쇄 발행

지은이 • 김금주 · 오진희 · 김은정 · 박형신
펴낸이 • 김진환
펴낸곳 • (주) 학지사
04031 서울특별시 마포구 양화로 15길 20 마인드월드빌딩
대표전화 • 02)330-5114 팩스 • 02)324-2345
등록번호 • 제313-2006-000265호

홈페이지 • http://www.hakjisa.co.kr
페이스북 • https://www.facebook.com/hakjisabook

ISBN 978-89-997-2450-3 93370

정가 20,000원

저자와의 협약으로 인지는 생략합니다.
파본은 구입처에서 교환해 드립니다.